지은이
**히스 램버트**
Heath Lambert

서던 침례신학대학원에서 목회학 석사(M.Div.)와 성경적 상담학 박사(Ph.D.) 학위를 받았다. 서던 침례신학대학원 보이스 대학의 교수이며, 켄터키 주 루이빌에 있는 크로싱 교회에서 상담 목사로 섬기고 있다. 성경적 상담 분야의 권위자인 저자는 세계적인 기독교 기관인 ACBC(성경적 상담자 협회)의 전무이사이며, BCC(성경적 상담 연합회)의 설립이사이다. 학술지《The Journal of Biblical Manhood and Womanhood》의 편집위원이고, 상담 관련 주요 콘퍼런스에서 강사로 활동 중이다. 저서로《Finally Free》《Counseling the Hard Cases》등이 있다.

옮긴이
**김준**

미국 웨스트민스터 신학대학원에서 목회학 석사(M.Div.)와 상담학 석사(M.A.) 학위를, 보스턴 대학교 신학대학원에서 목회심리학 박사(Th.D.) 학위를 받았다. CCEF와 필라델피아 가족치료센터에서 임상 훈련(엑스턴십 프로그램)을 수료했다. 현재 총신대학교 상담대학원의 교수이자 총신상담센터의 센터장이다. 옮긴 책으로는《중독의 성경적 이해》《성경적 관점으로 본 상담과 사람》이 있다.

# 성경적 상담의 핵심 개념

# 성경적 상담의 핵심 개념

히스 램버트 지음 | 김준 옮김

COUNSELING : THE BIBLICAL COUNSELING MOVEMENT AFTER ADAMS
BY HEATH LAMBERT | FOREWORD BY DAVID POWLISON

국제제자훈련원

성경의 충분성으로 세대를 일깨운 제이 아담스와

친절과 배려로 이 책을 태어나게 한 노먼과 벨리타에게

# 차례

성경적 상담 운동의 대두는 복음주의 기독교 안에 일어난 중대한 발전이며, 또한 이 시대에 촉망되는 분야가 아닐 수 없다. 적절한 시기에 출판되는 램버트의 저서는 성경적 상담 운동의 궤도와 신학을 기술한 핵심적 업적이다. 모든 진실한 성경적 지도의 기초를 위해 성경의 충분성으로 돌아감에 나는 깊이 감사한다. 이 책은 앞으로의 성경적 상담 운동에 훌륭한 길잡이가 되어 줄 것이다.

**앨버트 몰러** 서던 침례신학대학원 총장

교회사에서 중요하게 다루는 여느 교회 운동과 같이 성경적 상담은 많은 변화와 놀라운 성장의 주제가 되었다. 성경적 상담은 그리스도 교회의 변화를 위한 전 세계적이며 다문화적인 요인이 되었다. 램버트는 이 운동에 대해 하나님이 그분의 완벽한 주권 아래 이루신 핵심적 영향을 기술하고 있다. 사실에 입각한 이러한 기술은 어떻게, 왜 성경적 상담 운동이 깊고 지속적으로 영향을 끼칠 수 있었는지를 이해하는 데 크게 기여한다. 따라서 이 책은 성경적 상담 운동을 이해하고자 하는 이들에게 필수적이다.

**존 스트리트** 마스터스 신학대학원 성경적 상담 석사 과정 책임자

25년간 성경적 상담 운동에 몸담은 사람으로서 나는 램버트 박사의 놀라운 역작을 진심으로 추천한다. 그는 성경적 상담의 초보자와 경험자뿐 아니라 비판자들에게도 성경적 상담의 위대한 영웅들이 어떻게 서로의 영향 위에서 세워져왔는지 알려준다. 그리고 이 운동을 진정으로 이해하기 위해서는 역사적이고 성경적인 맥락에서 논의를 출발해야 함을 설명한다. 또한 성경적 상담 운동의 장점과 단점을 보여주며 이에 대한 분명한 관점을 제시해준다. 그는 독자들이 도전받고 서로 연합함으로 강건해져서 성경의 충분성에 대해 결단할 것을 제안한다.

**스튜어트 스콧** 서던 침례신학대학원 성경적 상담 교수


이 책은 성경적 상담의 발전에 관한 사려 깊은 분석이다. 램버트는 성경적 상담 운동의 흥미로운 역사를 조심스럽게 평가하고 있다. 또한 독자들이 성경적 상담의 유산과 발전 과정 속의 전환점들을 이해하고, 더 나아가 이 운동의 미래를 꿈꿀 수 있도록 현명하게 조언한다.

**제러미 렐릭** 미국 성경적 상담 연합회 회장

나는 아담스의 가르침이 내 삶과 저작, 가족, 사역에 미친 영향을 감사하게 여긴다. 그리스도를 따르는 자로서의 점진적 성화에 대한 아담스의 강조는 특히 나에게 의미가 있었다. 이 책은 아담스의 제자들이 그가 세워놓은 기초 위에 어떻게 성경적 상담 운동을 하나님의 영광을 위해 발전시키고 변화시켰는지를 기술하고 있다.

**랜디 패튼** 미국 권면적 상담 협회 총무

이 책은 성경적 상담의 성공과 실패를 설명하는 성경적 상담의 역사에 관한 책이다. 램버트는 성경적 상담 분야에서 보다 성장하고 발전하길 원하는 모든 이들에게 훌륭한 모델을 제시한다.

**데니스 리** 헤브론 중독 회복 프로그램 매니저

하나님의 사람들은 '상담'과 관계가 깊다.

사람들은 어떤 문제들 때문에 상담이라는 도움을 찾게 되는가? 그들이 가진 문제의 유형은 매우 복잡하지만, 이는 감정, 행동, 생각, 역경에 관련된 것으로 정리된다. '감정'은 음울한 단조로 걱정과 분노, 죄책감, 절망, 수치심을 연주하고, '행동'은 자기 자신을 파괴하는 강요와 중독의 두 바퀴를 굴린다. '생각'은 유익이 없는 내적 혼란과 집착을 증폭시키며, '역경'은 이루 말할 수 없는 지경까지 사람을 내몰아 넘어뜨린다.

그런데 때때로 꼭 언급되어야 할 중요한 사실이 간과될 때가 있다. 이렇게 삶을 힘들게 하는 문제들이 실은 매우 평범한 것들의 복잡한 집약이라는 점이다. 우리 내면에서 일은 꼬여간다. 인간은 받기를 바라며 살지, 베풀기 위해 살지 않는다. 인간의 본능은 스스로를 섬기는 데로 향하는데, 심지어 의식적으로 갖는 최선의 의도까지도 그러하다.

우리는 삶의 에너지를 허무한 것에 투자하여 혼란을 자초한다. 스스로 어리석음을 탐닉하여 고통을 거둔다. 관계는 실망스러워지고, 부서지고 소원해지며, 그리하여 고립된다. 타인이 당신에게 상처를 주고, 당신도 타인에게 상처를 준다. 우리는 고통에 직면할 수 있는 자원이 없음을 알기에 망가지고 압도당한다.

나이의 많고 적음에 상관없이 인간은 상실의 고통을 겪은 후에 결국 죽음을 맞는다. 우리 각자의 분명한 차이점들을 파고들어 살펴보면, 오히려 인간은 결국 비슷한 존재라는 것을 알게 된다.

그러나 적지 않은 사람들이 실패와 절망, 괴로움 속에서도 감정의 계속적인 압박에 눌려 있지 않은 모습을 보이는 것은 놀라운 일이다. 그들이 '일상의 삶'에서 보이는 안정감은 다음과 같은 사실을 분명히 증명한다. 즉, 하나님의 선하신 섭리는 모든 이에게 공평하게 비춘다는 것, 그러나 인간은 결국 '자기 파괴'의 씨를 뿌리는 세속적 즐거움에 현혹되어 산다는 것, 그리하여 안정되고 평범해 보이는 일상이 실제로는 매우 깨지기 쉽다는 것을 말이다.

실패와 연약함은, 그것이 평범한 것이든 집약된 것이든 그로 인해 누군가의 도움을 찾도록 하거나 도움을 받게 만든다.

이제 답을 생각해보자. 왜 하나님의 사람은 상담실을 찾아오는 사람들에게 관심을 가져야 하는가? 그것은 이러한 고통과 몸부림이 곧 보통 사람으로서 우리 자신의 것이기 때문이다. 또한 특별히 하나님의 사람으로서는, 이런 고집과 비애가 정확히 성경이 말하는 바이기 때문이다. 이것이 교회와 교회의 사역이 상담에 개입하려는 이유이다.

정말 성경과 예수님, 교회와 사역이 상담과 관련이 있는가? 혹시 우리의 믿음은 종교적인 형태의 신앙 활동이나 경험에만 사로잡혀 있지는 않은가? 그리고 상담은 대부분 세속적인 정신 건강 전문가들에게 속해 있지는 않은가?

우리는 실수하지 말아야 한다. 성경을 보면 성도의 믿음과 삶은 인간을 고통스럽게 하는 것들로 가득 차 있다. 예수님은 그 잘못된 것을 바로잡고자 우리에게 오셨다. 그리고 우리는 잘못을 바로잡는 그 일을 위해 이 땅에 투입된 그분의 지체이다. 개인과 전체로서 우리는 모두 지혜로운 상담을 주고받아야 할 필요가 있다(히 3:12-14; 엡 4:15, 29; 고후 1:4). 사실 우리에게는 창세기 1장부터 요한계시록 22장까지의 내용이 모두 필요하며, 또한 하나님을 마음에 간직한 형제자매들이 잘 연마해놓은 실제적인 지혜도 필요하다.

우리는 상담에 능숙해야 한다. 상담을 주고받는 데 최고가 되어야 한다. 인간의 불행에 대한 그 어떤 설명도 기독교의 설명보다 깊지 않다. 사람을 구성하는 요소인 마음과 영혼에 대한 설명도 그렇다. 이것을 잘 생각해보라. 다른 상담 모델들은 결코 사람이 하나님에 의해 창조되고 그분께 붙들린 바 된 것, 그분이 매 순간 우리를 찾으시고 보살피시는 것, 그리고 하나님이 있어야 설명되는 것들을 전혀 고려하지 않는다. 그들은 인간이 스스로의 본능과 선택에 의해 죄로 가득하다는 것을, 우리의 고난에 뜻이 있다는 것을, 예수 그리스도가 우리의 죄 때문에 십자가에서 돌아가셨다는 것을, 우리가 하나님의 자비와 능력으로 구원받을 수 있으며 변화될 수 있다는 것을 말하지 않는다. 그들의 설명과 답은 예수님의 사랑의 크기에 비교해볼 때 너무나 작고 초라하다.

우리는 상담에 능숙해야 한다. 영혼을 위한 실제적인 돌봄과 치유를 고안해낸 것은 성도의 믿음이다('영혼의 치유'가 심리치료의 원래 의미이다). 의도적이며 삶을 변화시키는 제자도는 기독교만이 가지고 있는 개념이다. 지난 100여 년 동안의 다른 시도들을 모두 부정하는 것은 아니다. 그러나 수그러들지 않는 세속성의 본질을 고려할 때 심리치료사들은 "그들이 딸 내 백성의 상처를 가볍게 여기면서 말하기를 평강하다, 평강하다 하나 평강이 없도다"(렘 8:11)라는 말씀을 피할 수 없다. 그들은 사람들의 상처 난 마음을 회복시키기 위해 밴드를 붙여주거나 진통제를 놓아준다. 그러나 우리는 생명의 하나님께 본질적 의존을 형성하면서 상처를 깊이 치유할 수 있다. 심리치료사들은 치료를 통해 더 행복하고 건설적인 삶, 자신과 타인에게 파괴적인 성향의 개선 등을 기대한다. 그러나 우리는 믿음을 목적으로 한다. 이 믿음은 자기희생적인 사랑 안에서 역사하는 것이고, 기쁨의 연못에서 흘러나오는 물을 마시는 것이며, 진정한 평안을 찾고 어떻게 화평하게 하는지를 아는 믿음이다.

우리는 상담에 능숙해야 한다. 친절하고 숙련되고 사려 깊은 상담을 하고, 신중하고 유익하고 실제적인 면에서 최고가 되어야 한다. 그러나 대개 우리는 융통성이 없고 어리석고 서투르다. 기계적이고 반사적으로 답하기도 하며, 성급하게 판단을 내리기도 한다. 마음을 다하지 않는 태도가 너무나 전형적으로 드러난다. 지속적인 친절은 어디 있는가? 전심으로 문제를 찾고 함께 심사숙고해주는 마음은 어디 있는가? 지혜롭고 적절하게 진리를 제시하는 일은 어디에 있는가? 유연하게 적용할 수 있는 지혜는 어디 있으며, 전개되는 과정은 어디 있는가? 예수 그리스도가 성육신하시고, 겸손함으로 사람들에게 민감하셨던 그 사랑은 어디 있는가? 우리는 긍휼의 하나님께 풍성한 은혜를 구해야 한다.

이 책은 상담에 능숙해지기 위해 도전하는 하나님의 사람들에 대한 내용을 다루고 있다. 다음 네 가지에 주목하며 이 책을 읽기 바란다.

첫째, 램버트가 추적하는 이야기의 중요성을 기억하라. 매우 유용한 이야기들이 이 책의 적소에 전개되어 있다. 그것은 삶 그 자체로서, 결코 정적이지 않으며, 시간이나 장소, 사람에 얽매이지 않는다. 이 책은 '하나님의 사람들인 우리는 함께 좋은 상담자가 되기 위해 협력할 수 있다'고 이야기한다. 우리는 상담에 있어 더 나아질 수 있고 더 탁월해질 수 있다. 예수님은 최고의 상담자이시며 가장 지혜로운 상담자이시다. 우리가 되고자 하는 바가 아직 이루어지지는 않았지만, 예수님을 바라볼 때 그와 같이 된다는 소망이 있다. 이 소망이 우리의 방향을 예수님께로 향하게 한다. 에베소서 3장 14절-5장 2절의 말씀에 선포된 비전은 시대와 장소를 뛰어넘어 모든 사람들에게 이루어질 것이다. 더 지혜로운 상담자가 되는 일이 당신의 삶과 우리의 삶 속에서, 그리고 그리스도의 교회 그 현장 속에서 실제로 이루어질 것이다.

둘째, 램버트 자신이 이 이야기 속에 있음을 놓치지 않길 바란다. 그는 공정하고 객관적인 양, 팔짱을 끼고 외부에서 문제를 대하는 제삼자적 태도를 취하지 않는다. 그는 일어나는 일을 살핀다. 이 이야기가 어떻게 전개될 것인가? 어디서 끝날 것인가? 이것은 그의 이야기인 동시에 당신의 이야기이다. 당신과 당신의 교회는 앞으로 일어날 일의 한 부분이다.

셋째, 램버트가 다른 사람을 잘 다루었다는 사실에 주목하라. 그는 자신이 인지한 결점들을 솔직하게 다루었다. 그는 허심

탄회하게 그것을 나누며 우리가 본질적인 지속성을 바르게 이해하고 하늘의 지혜를 제대로 깨닫기를 원한다. 또한 그는 우리가 차이점의 중요성을 바르게 이해하여 하늘의 지혜 안에서 성장하는 것의 진가를 알게 되기를 원한다.

넷째, 램버트가 결집된 지혜를 펼치면서 바람직한 다음 단계에 대해 언급한 중요한 사실들을 놓치지 말라. 이 이야기 속에 관련되는 많은 장(章)들이 있다. 우리는 어디를 향해 가는가? 어떻게 올바른 방향으로 향할 것인가? 미래로 가는 우리의 궤도를 논하는 것은 이 책에서 가장 중요한 내용이다. 이 책이 그리고 있는 큰 그림 안에서 우리는 협력의 지혜를 개발하기 위한 여섯 단계를 살펴볼 것이다. 이것은 선한 상담에서 '지혜로운 사랑'을 인식하고 성장시키는 데 필요한 과정이며, 우리가 함께 성장해야 할 과정을 설명하는 것이다.

1단계: 독특하고도 중요한 상담 사역에 교회가 부름받았다는 사실을 깨달아야 한다. 하나님은 개인의 고난과 상황의 어려움을 다른 상담 모델들과 전혀 다른 관점으로 해석하신다. 그분은 다른 모델들이 진행하는 것과는 전혀 다른 목적으로 우리를 격려하신다. 그분의 자녀로서 우리는 그가 보고 진행하시는 것을 따라 상담해야 한다. 이 비전의 결실은 매우 멀게 느껴질 수 있다. 지금 당신의 교회는 상담에 대한 인식이 심히 부족하거나, 혹은 잘못된 관점으로 상담을 하고 있거나, 아니면 그 사역을 아예 포기했을 수도 있다. 그러나 기묘자가 그의 백성을 매우 훌륭한 상담자, 더 나은 상담자로 만들기 원하신다는 것을 깨달을 때, 당신은 지금 하던 것을 멈추고 생각할 것이다. 무언가가 있음을 알게 될 때 우리는 비로소 동역하는 꿈을 꿀 수 있다. 그 무엇이 수면 위로 떠오를 때 동역은 가능성이 되는 것이다. 나는 당신이 그 부르심을 듣기를 원한다.

2단계: 그 비전이 바람직하다는 것에 동의해야 한다. 교회는 상담에 능숙해지는 것에서 그치지 않고, 이 상담 사역을 통해 지혜롭고 좋은 열매를 맺어야 한다. 하나님은 우리를 이 사역의 영역에서 자라가도록 부르셨다. 에베소서 3장 14절-5장 2절의 말씀을 '서로 상담하는 사역은 무엇을 의미하는가'의 시각으로 읽어보자. 성경적 지혜(하나님의 뜻에 따라 행하게 되는 것) 안에서 상담이 가능하다는 것을 깨닫는다면, 그것은 우리를 하나 되게 하고 헌신하게 한다. "예, 그렇게 되어야 합니다. 저는 아직 이것이 어떻게 될지 정확히 이해하지 못했지만, 이것이 행해져야 한다고 믿습니다"라는 반응이 당신의 응답이기를 원한다.

3단계: 각자 그 비전을 받아들이고 구현해야 한다. 이는 결정적이고 필수불가결한 단계이다. 성경은 당신에게 가장 깊은 고난과 가장 좋은 선물에 대해 가르친다. 하나님은 '가장 힘겨운 고난에 어떻게 직면해야 하는지'와 '가장 큰 축복에 어떻게 응답해야 하는지'를 당신에게 보이신다. 나는 죄와 슬픔, 은혜와 희락에 대한 하나님의 관점이 진정한 이해라고 믿는다. 낙담한 사람들과 세상을 격려하시는 하나님의 방법만이 참된 사랑의 격려라고 믿는다. 나는 이 모든 것을 진심으로 심령에 새기며 신뢰한다. 이것을 마음에 새길 때 우리는 시편과 잠언과 예언서와 역사서에서 말하는 역동적 변화에 접어든다. 당신은 당신을 위한 하나님의 상담 방법에 들어간다. 당신은 그분의 도를 배우는 하나님의 제자가 되며, 모든 시대의 지혜로운 성자들과 연결된다.

하나님의 일이 당신의 일이 된다. 당신은 어둠의 땅과 공상이 가득한 가상 세계를 떠나 현실에 살게 된다. 당신의 문제가 얼마나 심각한지에 상관없이 당신은 새로운 빛 안에서 자신을 이해하게 된다. 우리가 개인적으로 성경적 현실을 받아들이는 것은 무엇인가를 매우 중요하게 만든다. 내가 성경적 상담에 헌신한 것은 그저 한두 구절의 말씀이 내 마음에 꽂혀서 열정을 불러일으켰기 때문이 아니다. 내가 성경적 상담에 헌신한 것은 하나님이 나에 대해, 내가 살고 있는 세상에 대해, 그리고 성부, 성자, 성령의 진리에 대해 나에게 말씀하시기 때문이다. 그리고 나는 나 자신을 알아가는 이 진리의 빛으로 다른 사람들(당신, 나의 동료 고난자들, 나의 형제자매) 또한 인도될 것임을 안다.

상담 이론에 저자 개인의 삶과 특성이 드러나는 것은 성 경적 상담만의 특징은 아니다. 상담 모델을 제안한 많은 사람들과 이론들에도—프로이트, 아들러, 융, 볼페, 로저스, 프랭클, 게슈탈트, 글래서, 생의학적 정신병학, MFT(Marriage and Family Therapy, 가족치료), CBT(Cognitive Behavioral Therapy, 인지행동치료), ACT(Acceptance and Commitment Therapy, 수용전념치료), DBT(Dialectical Behavior Therapy, 변증법적 행동치료), EFT(Emotional Freedom Technique, 정서적 자유기법) 등에도—자전적 이야기가 있고, 때로는 이것이 적절히 혼합되기도 한다. 각 이론과 실제에는 그 창시자가 가장 중요하게 생각하는 신념이 드러난다. 지금으로부터 백여 년 전에 발명된 ABC라는 이론과 XYZ라는 치료법은 근본적으로 그 창시자의 자전적 요소를 나타낸다. 그것은 저자 개인이 어떤 입장에 있었는지에 따라, 나름대로 인간성을 해석하고 재구성하는 하나의 방법을 제공한 것이다. 만약 그 이해가 성경과 예수님(쓰여 있는 말씀과 성육신하신 말씀)에 대해 올바른 사실을 말하지 않는다면, 그것은 인간성에 대해 틀린 이론이다. 그것은 사람에 대해 거짓을 말하고 있는 것이다. 성경적 상담에 헌신한 사람으로서 나는 '내가 삶에 대해 어떻게 이해하고 있는지'를 '내가 어떤 삶을 살아가고 있는지'를 통해 증명한다. 나는 당신이 예수 그리스도 안에 살도록 부르심을 받은 것과 마찬가지로 지혜로운 상담으로의 부르심에도 들어가기를 바란다.

4단계: 훈련하고, 가르치고, 멘토링하고, 실습하고, 감독해야 한다. 성숙이란 언제나 교육 과정, 제자 훈련을 통해 이루어진다. 책을 읽고, 다른 사람들과 이야기를 나누고, 강의를 듣고, 그것을 삶에 적용하려고 노력하며, 또 피드백을 받는다. 당신이 겸손하다면 당신은 더욱 지혜로워질 것이다. 당신의 이해는 더 깊어지고 넓어질 것이다. 사랑에 대한 기술은 보다 적절하고 유연하게 발전된다. 이러한 도구 없이는 좀처럼 이해하기가 쉽지 않을 것이다. 우리 중 일부는 좋은 글이나 책을 읽기 시작할 것이고, 누군가는 토론 그룹을 만들 것이다. 또 일부는 성경적 상담을 체계적으로 공부하기 위해 학위 과정에 들어갈 것이며, 누군가는 교회의 훈련을 받게 될 것이다. 당신을 만드신 하나님과 그 하나님이 당신 안에서 어떻게 일하시는지에 대해 알맞은 배움을 찾기를 바란다.

5단계: 상담에 뛰어나야 한다. 당신은 하나의 이론으로서 성경적 상담을 열심히 수용하고 심지어 더 배우기 위해 학교에 갈 수도 있지만, 그럼에도 여전히 상담에 서투를지 모른다. 아마도 상담과 가장 비슷한 말은 '지혜로운 사랑'일 것이다. 지혜로운 사랑은 각 사람의 인생에 큰 차이를 만든다. 지혜로운 사랑을 주고받는 것은 당신을 현격히 다른 삶으로 인도한다. 진실한 돌봄, 예리한 질문, 동정과 이해, 그리고 완전하신 하나님의 진리, 실제적인 도움과 과정에서의 인내, 이 모든 것은 생명을 주는 일이다. 결론은, 당신이 사람들을 도울 수 있도록 더 성장해야 한다는 것이다. 이는 신성한 역설이다. 즉, 진실한 삶의 변화를 일으키는 일은 생명을 주시는 분(곧 목자이자 아버지이신 하나님)의 직접적인 일인 동시에, 그 하나님이 우리가 다른 사람에게 생명을 주도록, 서로를 목양하고 보호하며 격려하도록, 기꺼이 우리를 사용하시는 일이다. 기술을 얻는 데는 시간과 경험이 필요하다. 또한 늘 겸손하게 배우는 자세가 필요하다. 그리하여 기술은 열매를 맺고, 사람들의 삶을 따뜻하고 밝게 만든다. 상담에 능숙해지는 것을 목표로 삼으라.

6단계: 리더를 키워야 한다. 상담의 지혜는 의사소통 기술이다. 이 지혜는 반드시 다른 사람들과 소통되어야 하고, 널리 퍼져야 하며, 세대를 통해 전수되고, 더욱 발전해야 한다. 이를 위해 세 부류의 리더가 양성될 것이다.

먼저, 누군가는 다른 이들을 가르치는 리더로 키워질 것이다. 그들은 복잡한 과정을 잘 나눌 수 있다. 아름다운 음악을 잘 연주하기 위해서는 곡 전체를 이해함과 동시에 부분 화음에 대한 센스가 필요한 것과 같다. 또 그들에게는 부수적인 다른 기술(사람들을 적절히 평가하는 것, 좋은 후보자들을 선택하는 것, 현장 참여 교육과 일대일 멘토링, 통찰력 있는 감독, 사려 깊은 코칭 등)이 있다. 리더의 자질에는 분투 중인 사람들을 상담하는 능력뿐 아니라 분투자들을 상담하고자 하는 사람들을 가르치고 돕는 역량이 포함된다. 리더십은 기술이다. 그런데 앞서 말한 5단계의 실제적 기술이 6단계의 능란한 가르침으로 자연히 이어지는 것은 아니다. 7미터 장거리 슛을 가볍게 성공하는 농구선수를 생각해보라. 누군가 농구를 가르쳐달라고 했을 때 그가 "공을 던집니다. 그러면 공이 골 안에 들어갑니다"라고 답한다면, 그는 선수로서 명예의 전당에 들어갈 수 있을지는 몰라도 코치는 될 수 없다. 당신은 하나님이 다른 사람들을 훈련하는 일에 부르실 만한 사람인가?

어떤 사람들은 지적인 과정에 기여하는 리더가 될 것이다. 성경적 지혜는 더욱 발전해야 한다. 이 발전은 새로운 문제와 위협들을 다루고, 새로운 논쟁자들을 상대하며, 더 큰 지혜의 방향으로 나아가기 위해 새로운 필요를 찾아내는 작업을 통해 이루어진다. 누군가 익숙하지 않은 말 속에 친숙한 진리를 부여하고, 예상하지 못한 함축적 의미를 찾아낸다면 이는 모두에게 유익이 된다. 어느 한 사람이 한 걸음 물러서서 우리가 하고 있는 일을 돌아보고 나아가 우리의 강점과 약점을 찾아낸다면 모두에게 유익이 되는 것이다. 우리는 누구나 침체되기 쉽고 틀에 갇히기 쉽다. 그러므로 우리가 진리라고 이해하는 것의 넓이와 깊이를 확장시키기 위해 우리는 새로워져야 한다. 사역에 생기를 주고 새롭게 하는 연구개발에 기여하도록 하나님이 당신을 부르실지를 생각해보라. 말씀하시고 행하시는 그분께 더욱 신실하게 반응하며 살도록, 한계를 초월하는 더 높은 삶으로 당신을 부르실 것인가?

또 어떤 사람들은 사업가나 관리자로서의 능력을 가진 리더가 될 것이다. 영혼을 돌보고 치유하는 사역은 조직 구조와 제도개발, 전달 시스템, 지원 인력, 재정적 뒷받침을 요구한다. 모든 사역은 시간과 비용을 필요로 하며 이러한 관계 속에서 이루어진다. 기업을 세우거나 경영하는 은사가 있는 리더는 상담 기술이 가장 잘 사용될 수 있도록 적절한 구조와 지원 시스템을 만들고 유지할 수 있다. 그리스도의 몸인 교회가 상담이 필요한 사람들에게 선한 열매들을 전할 수 있도록, 건강한 교회와 사역기관을 세우는 일에 하나님이 당신을 부르실 것인지 생각해보라.

나는 이 책의 독자들이 이런 리더가 되기를 바란다.

당신이 성경적 상담의 가능성을 고려하고 있거나 혹은 이미 리더로서 빛을 발하고 있거나, 혹은 그 중간 어디쯤에 있든지 나는 이제부터 펼쳐질 이 책의 내용이 당신의 지혜를 자라게 하리라 확신한다. 《성경적 상담의 핵심 개념》은 우리의 성장에 관한 이야기이다. 이 이야기를 당신의 이야기로 만들라. 이 책 속으로 깊이 들어가서 다음 단계들을 밟도록 진심으로 격려한다. 여기에 언급된 책이나 논문, 기사 등을 읽는 데 열심을 내고 당신만의 독서 리스트에 기록하라. 당신의 교회가 어떻게 더 나은 상담자가 될 것인지에 대해 이야기를 나누는 일에 전념하라.

하나님의 현실 속에서 삶을 살아가는 우리 대부분은 지혜로운 사랑을 받는 데 익숙해지고 있을 것이다(3단계). 우리 각각은 다른 사람들을 돕는 지혜로운 사랑을 향하여 자라고 있다(5단계). 상담자가 스스로 좋은 상담자인지 평가하는 방법 중 하나는, '나는 내 부모와 내 자녀, 내 배우자를 나의 돌봄에 맡길 수 있는가? 그들의 분투를 지혜롭게 잘 다루고 있는가? 삶에서 아주 중요하고 값진 것을 그 돌봄 사역에 맡길 수 있는가? 내가 진심으로 도움이 된다고 증명할 수 있는가? 인생의 가장 힘든 일에 대해서도 그들이 나를 신뢰할 이유를 주었는가?'라는 질문을 던지는 것이다.

에베소서 4장 15-16절의 말씀이 우리 삶에 살아 있는 현실로 다가오기를 기대한다. 그리하여 깨어진 세계에 예수 그리스도의 평화를 가져오는 신뢰를 서로에게 나눌 수 있기를 소망하며 축복한다.

> 오직 사랑 안에서 참된 것을 하여 범사에 그에게까지 자랄지라 그는 머리니 곧 그리스도라 그에게서 온몸이 각 마디를 통하여 도움을 받음으로 연결되고 결합되어 각 지체의 분량대로 역사하여 그 몸을 자라게 하며 사랑 안에서 스스로 세우느니라(엡 4:15-16).

데이비드 폴리슨

COUNSELING: THE BIBLICAL COUNSELING MOVEMENT AFTER ADAMS
BY HEATH LAMBERT | FOREWORD BY DAVID POWLISON

1장

# 성경적 상담의
# 역사와 발전

이 책은 상담에 관한 책이 아니다. 당신은 상담에 대한 지식을 기대하며 첫 장을 펼쳤겠지만, 사실 이것은 사역(ministry)에 관한 책이다. 상담은 사역이고, 사역은 곧 상담이다. 상담은 문제나 어려움이 있는 사람이 해결책을 알고 있거나 도움을 줄 수 있을 만한 누군가와 대화하는 것이다. 그런데 이런 대화는 교회 사역자들이 매일같이 하는 일이 아닌가. 설사 당장은 이런 일을 하지 않더라도 그들은 마음만 먹으면 언제든지 이 같은 사역을 할 수 있다는 것을 안다. 그러므로 이 책을 단지 상담자에 대한 책으로 여겨 당신의 사역과 상관없다고 생각하지 않길 바란다. 상담자에 대한 것이라 함은 곧 당신이 사역에서 활용할 수 있는 모든 것에 대한 내용임을 뜻하기 때문이다.

상담이 사역과 같다는 것은, 상담도 다른 사역과 마찬가지로 반드시 성경에 근거해야 하며, 그런 의미에서 상담자도 신학자임을 내포한다. 사역에는 세계관이 개입되기 마련이다. 그리스도인으로서 우리의 세계관은 하나님의 말씀인 성경의 권위에 근거하므로, 기독교 상담자로서의 세계관 역시 신학에 근거한다. 따라서 상담은 본질적으로 신학의 과업이다. 기독교 상담자들이 이러한 사실을 이해하고 있을 수도, 아닐 수도 있다. 그러나 분명한 것은, 그들이 좋은 신학자이든 그렇지 않든 간에 상담자는 곧 신학적 작업에 아주 깊이 관여하고 있는 '신학자'라는 점이다.

유감스럽게도 많은 사람들이 이 개념을 이해하지 못한다. 이에 대한 책임은 상담에서 신학의 토대를 분리해버린 두 그룹에 있다. 첫째는 세속 심리치료사들이다. 그들은 사람을 도우려는 좋은 의도를 가지고 있지만, 근본적으로 사람들이 그리스도와 성경을 무시한 채 문제를 해결하도록 돕는다. 그들은 상담에서 신에 대한 개념을 부정하고, 하나님과 그리스도인들의 역할이 일부분이거나 아예 없어야 한다고 주장한다.[1] 인간과 인간의 문제를 진단하고 치료하기 위한 그들의 노력은 인간 중심적이며, 그렇기 때문에 본질적 문제에 대해 진실과 지속적 변화를 제공하기에는 늘 역부족이다. 기독교 상담학파 중 통합주의자(integrationist)들은 이러한 주장을 받아들여 신학적으로 신실하려는 노력을 기울이기도 하지만 결국 성경에 신실하지 않은 신학을 만들어낸다.[2]

이 문제에 책임이 있는 두 번째 그룹은 (모순적이게도) 보수적이고, 성경을 믿으며, 그리스도를 높이는, 복음을 든 목회자들이다. 보수적인 목회자들은 상담이 목회 사역에 필수적이라는 것을 이해하지 못하고, 상담과 신학을 별개로 생각한다. 이러한 오해는 그들의 말에서 쉽게 눈치챌 수 있다. "저는 상담을 하지 않습니다. 전 설교자거든요." "상담하느라 다른 사역의 시간을 다 뺏겼습니다." "이 문제에 대한 가르침은 성경에 없으니, 상담 전문가를 만나보시지요." 그들은 상담에 대해 좋은 인상을 갖고 있지만, 상담에 신학적이고 목회 중심적인 성격이 있다는 것을 이해하지 못한다.

이러한 두 그룹은 상담이 신학과 목회 각각에 본질적으로 연결되어 있다는 것을 이해하는 데 실패했다. 사실 나 역시 이를 이해하지 못했던 두 번째 그룹에 속한 사람이었다. 다음은 나의 개인적인 이야기이다.

어머니는 내가 열한 살이 될 때까지 보드카에 중독되어 있었다. 하나님의 은혜로 어머니는 술을 끊고 죄를 회개하며 예수님을 믿게 되었으나, 이것은 어머니가 돌아가시기 불과 몇 해 전으로 이미 내가 성인이 된 후였다. 그래서 내 유년기의 대부분은 어머니가 술에 취해 인사불성 상태이거나, 술을 끊으려는 수많은 노력에도 불구하고 계속 실패하던 기억으로 가득하다. 어린아이였던 나는 자주 엄마와 함께 '익명의 알코올 의존자 모임'(AA)에 가서 앉아 있었고, 그곳에서 "알코올 중독은 병이다"라는 말을 수없이 들었다. 그 명제는 다음과 같았다. "나를 이렇게 만든 것은 내가 아니다. 나의 병이다." 그때 나는 아주 어린 나이였음에도 그 말을 들으면서 '병에 걸린 것처럼 보이지는 않는데…'라고 생각하곤 했다. 그리고 할아버지가 암으로 돌아가셨을 때 비로소 "이게 병에 걸린 거지"라고 생각했다. 이처럼 나는 그리스도인이 되기 전에도 술 취하는 것과 같은 도덕적 문제를 진단할 때 질병 모델을 적용해 설명하는 것을 납득할 수 없었다. 왜냐하면 이런 문제들은 단순히 신체적인 문제가 아닌, 절제(self-control)와 회피(avoidance) 같은 심리적 문제와 연관되어 있기 때문이다.

몇 년 후 고등학교 1학년 때, 그리스도인이 되고 나서 처음 접한 책들 중 하나인 제이 아담스(Jay E. Adams)의《목회상담학》

(*Competent to Counsel*)을 앉은자리에서 단숨에 읽었다. 책을 읽는 내내 놀라움에 입을 다물 수가 없었다. 상담이 신학적이고 목회적인 과업이라는 것을 재조명하는 아담스의 비전과, 지역 교회에서 그리스도 중심, 말씀 중심의 상담이 행해질 수 있도록 하려는 그의 사명에 매료되었다. 그 순간부터 나는 온 마음을 다해서 성경적 상담을 지지했고, 성경적 상담 운동에 참여하는 사람들을 응원했다. 그러나 나는 단지 그들이 잘되길 바랐을 뿐, 내가 상담자가 되는 것은 결코 원하지 않았다.

나는 목회자가 되고 싶었는데, 그것은 곧 설교자가 되길 원했다는 뜻이다. 하나님은 내가 대학교 2학년이 될 때까지 목회 사역에 대한 큰 열정을 부어주셨다. 나는 설교를 하고 싶었다. 영광스러운 하나님의 말씀을 탐구하는 주석들을 보면서 하루 종일 시간을 보내고 싶었다. 그리고 하나님의 사람들에게 이 말씀의 영광을 전하면서 주일을 보내고 싶었다. 나는 R. C. 스프롤(R. C. Sproul), 존 파이퍼(John Piper), 존 맥아더(John MacArthur), 팀 켈러(Tim Keller)와 같은 설교자들을 동경했다. 몇 년 후 목회를 시작하게 되었을 때, 나는 설교 사역을 하면서 여러 주석과 유명한 저서들을 활용하게 될 것을 기대하고 있었다. 그때까지 하나님이 내가 생각하는 목회 사역과 완전히 다른 사역으로 '재정의'하시리라는 예상을 전혀 하지 못했던 것이다.

사역을 시작한 첫 주에 세 그룹이 면담을 요청해왔다. 그들이 어떤 이야기를 할지 몰랐지만, 나는 그 모임을 진행할 생각에 들떠 있었고 그들의 신학적 질문을 듣고 대답할 것에 대해 몹시

기대하고 있었다. 성령과 성서무오설, 칼뱅주의 등 무엇이든 대답할 준비가 되어 있었다. 그러나 이런 예상과 달리 아주 놀라운 일이 나를 기다리고 있었다.

첫 면담에서는 결혼 생활의 어려움 때문에 조언을 구하러 온 노부부를 만났다. "우리는 50년 넘게 결혼 생활을 해왔지만 그다지 행복하지 않았어요. 하나님이 우리를 얼마나 더 살게 하실지 모르지만, 남은 시간만큼은 행복하게 살고 싶어요. 도움을 주실 수 있나요, 목사님?" 두 번째 면담에는 성추행을 당한 딸과 그의 엄마가 찾아왔다. 그들은 세속 심리치료사(심리학자)들에게 받았던 것과는 다른 도움을 원했다. 세 번째 면담은 문제아 자녀를 어떻게 다뤄야 할지에 대해 알고 싶어 하는 엄마와의 만남이었다.

당시의 내 상황을 그나마 부드럽게 표현하자면, '전혀 떠오르는 생각이 없었다!'라고 하겠다. 그때 나는 결혼한 지 겨우 몇 주밖에 되지 않았고, 당연히 자녀도 없었으며, 성추행을 당해본 경험도 없었다. 그런 내가 그들이 묻는 것에 대해 무엇을 알았겠는가? 그때 나는 성경적 상담자로서 어떻게 해야 상담을 '잘할 수 있는지'에 앞서 '어떻게 하는지'를 알아야 함을 깨달았다. 또한 설교라는 회중 말씀 사역과 상담이라는 개인 말씀 사역 사이에 차이가 없다는 것도 알게 되었다. 신뢰할 만한 목사와 설교자가 된다는 것은 또한 신뢰할 만한 상담자가 되는 것임을 깨달은 것이다.

그 일을 계기로 나는 성경적 상담을 하기 위해 열심히 노력했다. 상담에 헌신한 사람들을 친구로 사귀고 그들과 많은 시간을 보냈다. 상담에 대한 책들 중 구할 수 있는 것은 다 찾아 읽으면서 본격적으로 이 분야의 연구를 시작했다. 나는 열중했고, 그 결과 이 주제로 박사 학위를 받게 되었다.

이런 개인적인 이야기를 한 이유는, '상담을 배우는 것이 곧 교회 사역에 대해 배우는 것'임을 내가 어떻게 알게 되었는지 말하고 싶었기 때문이다. 나는 이 글을 읽는 사람들이 이 부분에 밑줄을 긋고, 동그라미를 치고, 노트에 기록하면서 꼭 기억하길 바란다. 만약 하나님이 맡겨주신 사역에 충성하고 싶다면('목회의 성공을 원한다면'이라고 말하지 않겠다!), 당신은 상담에 대해 배워야 한다. 이는 선택 사항이 아니다.

또 다른 이유는, 성경적 상담에 대해 당신이 이해할 수 있도록 도움을 주고 싶기 때문이다. 나는 성경적 상담에 관한 여러 저자들의 책을 읽으면서 그들 모두가 성경적 상담을 똑같은 개념으로 말하는 것이 아님을 알게 되었다. 물론 많은 부분이 비슷했다. 공통적으로 그들은 변화를 위한 지혜의 원천으로 '성경'을, 변화를 위한 능력의 원천으로 '예수 그리스도'를, 변화를 위한 중심 역할로 '교회'를 들어 설명했다. 그러나 차이점도 많았다. 특히 성경적 상담 운동이 일어난 처음 20년 동안에 책을 쓴 저자들과 최근 20년 동안 책을 쓴 저자들 사이에 여러 가지 차이점이 있었다. 또한 그 차이점이 곧 성경적 상담의 발전과 개선에 영향을 끼쳤다는 것도 알게 되었다. 더 나아가 그러한 변화와 발전을 둘러싼 흥미로운 이야기들도 알게 되었다.

이 책의 목적은 그러한 흥미로운 이야기들과 함께 성경적 상담 운동의 발전과 개선을 설명하는 데 있다. 성경적 상담이 어떻게 발전해왔는지를 이해한다면, 당신은 예수님이 원하시는 대로 대화할 수 있는 보다 좋은 성도, 친구, 형제, 부모, 목회자가 되리라 믿는다.

이 책에서 소개하는 사람들의 이야기는 거대한 신학적 드라마의 제4막일 뿐이다. 기독교인들이 문제가 있는 사람들을 돕는 일을 시작한 것은, 성경적 상담이 대두된 40여 년 전이 아니라 성경의 역사만큼이나 오래된 일이다. 하나님은 여러 가지 문제로 괴로워하는 사람들을 돕는 바로 그 목적을 위해 성경을 주셨다 (벧후 1:3-4). 기독교인들은 기독교 역사 수백 년 동안 고난 중에 있는 사람을 돕기 위해 성경을 충실히 사용하기도 했지만, 때로는 그렇지 못했다. 최근 40년이 미국 교회가 성경에 충실한 능력으로 성장한 시기이기는 하지만, 여러 역사적 관점들을 통해 지난 수백 년간의 절정과 진수에 대해 알지 못한다면 최근 수십 년의 발전과 개선을 이해하는 것 역시 불가능하다. 지난 수백 년간 교회가 시도했던 이러한 사역은 깊은 신학적 고찰(1막)과 방치(2막), 회복(3막) 그리고 발전(4막)의 드라마 속에서 펼쳐져왔다.

## 신학적 고찰

청교도들은 상담을 매우 진지하게 생각했다. 그들은 비록 '상담'이라고 부르지는 않았지만 그 사역이 중요하다고 믿었고, 이로써 개인 말씀 사역에 대해 신학적 고찰이 풍성한 시기를 열었다. 삶

속에 존재하는 문제를 다룸으로써 사람들에게 도움이 되는 수백 권의 책이 이 시기에 쓰였다. 모든 저서들을 조사하는 것은 불가능하지만, 그중 몇몇 책들을 언급하는 것은 매우 도움이 될 것이다. 리처드 백스터(Richard Baxter)는 기독교인들이 직면하는 영적 문제들의 세부 사항을 분류하여 설명한 《크리스천 핸드북》(*The Christian Directory*)을 집필했다.[3] 존 오웬(John Owen)은 육체의 문제를 다루는 실제적인 가이드로 《죄 죽임》(*The Mortification of Sin*)을 썼다.[4] 또한 윌리엄 브릿지(William Bridge)는 인생의 고난 속에서 분투하는 기독교인들을 격려하기 위해 《절망한 자를 위한 격려》(*A Lifting Up for the Downcast*)를 썼다.[5]

미국에서 청교도들이 이러한 집필 활동을 하는 한편, 영국에서는 조나단 에드워즈(Jonathan Edwards)가 성령 사역의 진리를 분별하는 목회 쟁점을 다룬 《신앙감정론》(*A Treatise Concerning the Religious Affections*)을 썼다.[6] 마지막으로 살펴볼 중요 작품은 이카보드 스펜서(Ichabod Spencer)의 《한 목사의 소고》(*A Pastor's Sketches*)이다. 이 책에서 스펜서는 문제를 겪고 있는 사람들과의 대화를 소개하면서 목회자들이 그 문제에 대해 어떻게 이야기해야 하는지를 (19세기의 사례 연구 맥락에서) 보여주었다.[7] 그러나 스펜서의 저서는 완벽하지 않았다. 그는 자신의 주장에 확신이 있었지만, 내적 실체들을 무시함으로써 일부 세속적 사상가들에게 기독교계가 상담에 대한 고찰의 불모지라는 인식을 심어주었다. 그럼에도 불구하고 그의 책은 많은 부분에서 신중하고 독특하게 개인 말씀 사역에 대한 기독교적 고찰의 한 단면을 보여주었다.

# 신학적 방치

《한 목사의 소고》 이후 성경적 관점에서 상담을 다룬 책이 집필된 것은 그로부터 100년도 더 지난 후이다. 1970년에 제이 아담스가 《목회상담학》이라는 책을 쓴 것이다.[8] 왜 기독교는 상담에 대한 성경적 접근을 100년 이상 방치했던 것일까? 여러 이유 중에서 중요한 것들을 아홉 가지로 정리하여 살펴보고자 한다. 그중 세 가지 이유를 먼저 살펴보자.

## 1) 사람은 다른 사람을 이해하고 돕기를 원한다

요즘의 베스트셀러 목록을 보면, 심리학자가 사람과 사람들의 문제를 설명하는 책들이 주류를 이룬다. 최근에 TV를 본 적이 있는가? 토크쇼 진행자들은 (전문적인 훈련을 받지 않았음에도) 종종 대중 심리학자와 같은 역할을 한다. 이런 현상이 증가하면서, TV 프로그램에서 뉴스메이커나 대중의 내면에서 일어나는 일을 해석하기 위해 심리학자들을 초대하기도 한다.

심리학은 미국 전역의 대학에서 가장 인기 있는 전공 과정이다. 사람은 누구나 자신과 다른 사람들의 심리를 궁금해하기 때문일 것이다. 여기에 한 가지 중요한 문제가 있다. 다른 사람들에 대해 알기 시작하면, 그들의 심리적 문제가 무엇인지 알게 되고, 그 문제를 돕고 싶어 한다. 바로 이것이 상담과 심리치료가 들어온 지점이다. 당신이 누군가를 관찰하면, 그의 문제를 보게 되고, 그에게 도움을 주기 위해 노력하게 된다.

이러한 현실은 데이비드 폴리슨(David Powlison)이 명명한 '신앙의 심리학'(Faith's psychology)[9]에 항상 경쟁자가 존재한다는 사실을 확인시켜준다. 신앙으로 심리를 다루는 '신앙의 심리학'의 경쟁자는 기독교 안팎에서 사람을 돕는 것에 대한 여러 가지 철학으로 존재하는데, 이들은 모두 비평과 수정이 필요하다. 그러므로 기독교인은 어려움을 겪는 사람들을 돕는 일에 이해가 깊어야 하고, 여러 경쟁자들의 비평에 대비하여 대안을 생각하는 일에 소홀해서는 안 된다. 그렇지 않으면 '신앙의 심리학'은 서서히 침몰하고, 그 대신 신앙과 상관없는 심리학이 떠오를 것이다.

## 2) 상담은 눈에 보이지 않는다

또 다른 이유는 상담이 눈에 보이는 사역이 아니기 때문이다. 생각해보자. 설교 사역은 눈으로 보는 것이 불가능하지 않다. 설교는 대중을 향한, 눈에 보이는 회중 사역이다. 그러나 상담 사역은 그 반대다. 보통은 상담실 안에 있는 사람만이 상담 사역이 진행 중임을 안다. '눈에서 멀어지면 마음에서도 멀어진다'(Out of sight, out of mind)라는 말이 있다. 문제가 여기에 있다. 사람들은 눈에 보이지 않는 것에는 크게 신경 쓰지 않는다.

앞서 언급했듯이 하나님은 내 마음에 목회의 열정이 일어나도록 여러 설교자들을 사용하셨고, 그에 따라 내가 집중한 것도 상담보다는 설교였다. 그때 나는 설교는 보았지만, 상담은 보지 못했다. 지금도 당시의 나와 같은 사역자들이 수없이 많다. 그들은 회중을 향한 말씀 사역을 사랑한다. 눈에 보이는 사역이기 때문이다. 그러나 말씀의 개인 사역, 즉 상담에 대한 관심은 좀처럼 드러나지 않는다. 눈에 잘 보이는 사역이 아니기 때문이다. 그러므로 상담이라는 개인 말씀 사역의 중요성을 알리기 위해 설교라는 회중 사역을 활용하는 방안도 생각해볼 필요가 있다.

### 3) 상담은 어렵다

개인 말씀 사역에 있어 변하지 않는 또 하나의 어려움은, 상담 사역이 힘들다는 점이다. 이는 회중 말씀 사역은 쉽다는 뜻이 아니다. 몇 년 동안 일주일에 네댓 번 정도 다른 설교를 해야 했던 적이 있기 때문에 나는 설교가 쉽지 않다는 것을 잘 알고 있다. 여기에서 말하고자 하는 바는, 회중 사역의 어려움과 상담 사역의 어려움이 다르다는 것이다.

회중 사역은 대상(청중)이나 내용이 대개 일반적이다. 즉, 설교자는 특정한 사람이나 특정한 문제에 대해 언급하지 않고 다수의 회중에게 동일한 말씀을 전한다. 이렇게 볼 때 청중 각자가 설교를 지속적으로 듣고 그 뜻을 완전히 이해하지 못한다면, 회중 사역은 개개인의 삶에 변화를 가져오는 일에 잠재적으로 실패할 수 있다.

그러나 개인 사역은 정반대다. 상담의 정의에 의하면, 상담은 듣는 사람이나 내용이 특정하다. 상담자는 특정한 이름과 얼굴과 이야기를 가진 누군가를 상담한다. 그래서 상담자는 그의 문제를 직접적으로 다루고, 그의 변화를 추구할 수 있다. 그러나 실제의 사람들의 실제적 문제들을 다루는 데 실패한다면 이는 곧바로 드러난다. 상담실에서 상담자는 군중 뒤에 숨을 수 없고 오히려 내담자에 의해 면밀히 관찰당한다.

그러므로 상담 사역의 어려움은 회중 말씀 사역에 비해 매우 모호하다. 그래서 어떤 사람들은 상담 사역에 관여하고 싶어 하지 않는다. 솔직히 상담을 하면서 내담자에게 면밀히 탐색당하는 것은 그렇게 선호하는 사역의 형태가 아니다. 그러나 이러한 현실은, 충성스러운 말씀 사역자라면 누구나 개인 말씀 사역의 훈련에 부지런히 임해야 하고, 자신뿐 아니라 예수 그리스도의 종으로 사역하는 모든 사람에게 이 훈련의 필요성을 강조해야 함을 의미한다.

지금까지 살펴본 세 가지 이유는 시대와 장소를 막론하고 상담의 신학적 숙고를 어렵게 만든다. 하지만 기독교인은 이런 어려움에도 불구하고 항상 상담에 대해 생각해야 한다. 위의 세 요인은 1800년대 중반에서 1900년대 중반 사이 기독교인들이 상담에 대해 숙고하는 것에 실패한 이유이지만, 이것이 전부는 아니다. 교회가 상담을 외면하고 청교도들이 쌓은 풍부한 자원과 멀리 떨어져 있게 된 몇 가지 중요한 역사적 원인이 있는데, 이는 교회 안팎의 문화에서 기인했다. 이제 그 이유들을 살펴보자.

### 4) 부흥 운동

첫 번째 역사적 이유는 1700년대에 기독교를 사로잡은 부흥 운동이다. 이 부흥의 역사를 논할 때 이안 머레이(Iain Murray)는 다음 두 사람의 말을 인용한다. 18세기 신학자 조나단 에드워즈는 부흥을 "하나님의 놀라운 작품"이라고 표현했고, 솔로몬 스토다드(Solomon Stoddard)는 "하나님이 당신 백성의 신앙 회복을 위해 놀라운 방법으로 직접 두신 특별한 계절"이라고 말했다.[10] 그러나 100여 년 후 상황은 매우 달라졌다. 머레이는 다음과 같이 말한다.

> 19세기 말엽… 부흥에 대한 새로운 관점이 제시되었고, 이로써 부흥에 대한 다른 차원의 이해가 시작되었다. '부흥의 계절'이라는 말은 '부흥 집회'라는 말로 대체되었다. 용어(vocabulary)의 변화는 그 본질(nature)의 변화를 뜻한다. 놀랍게 일어나는 부흥을 보며 감탄하는 대신, 이제는 언제 어디에서 부흥이 일어날지 미리 예상할 수 있게 되었다. 19세기가 되기 전까지는 이처럼 부흥사들이 대중화시킨 부흥의 방법이나 부흥이 일어날 것을 보장하는 시스템, 즉 집회에 대해 그 누구도 알지 못했다.[11]

'하나님의 작품'과 같았던 '부흥'의 역사는 '인간의 공학'(the engineering of people)에 기반을 둔 '부흥 운동'의 길로 가게 되었다. 이런 부흥 운동의 특성은 여러 가지가 있지만, 여기에서는 이 책의 목적에 맞게 두 가지만 주목하려고 한다.

첫째는, 부흥사들의 초점이 사람을 끌어모으는 데 있었다는 점이다. 이른바 '전도 집회'라고 불리던 부흥 운동에 참석하기 위해 사람들은 장거리 여행을 했는데, 이들은 집회가 열리는 동안 한 장소에서 야영을 했다. 이는 멀리서 찾아오는 참석자들이 오랜 기간 머무는 것을 가능하게 했고, 이것은 전도 집회에 많은 사람들이 모일 수 있는 중요한 이유였다. 전도 집회에 참석하는 사람들의 수는 엄청나게 많았다. 최대 규모의 부흥 집회였던 켄터키(Kentucky) 주 케인 리지(Cane Ridge)의 전도 집회에는 3만 명 내지 10만 명이 참석했다고 한다.[12] 이것은 보통 수백에서 수천 명이 참여했던 여느 집회들보다 훨씬 큰 규모였다.

둘째는, 그들이 사람을 끌어모으는 목적은 개종이었다. 부흥사들이 사람을 모으는 동기는 그들에게 복음을 전하여 죄인들이 예수 그리스도를 믿고 구원받도록 하는 것이었다. 종교적 교육 등의 다른 목적도 있었지만,[13] 죄인들이 구원을 얻어 천국에 갈 수 있도록 설교하는 첫 번째 목표에 비하면 부차적인 것이었다.

이러한 부흥 운동은 비판을 받기도 했지만, 사람을 끌어모으는 것이나 개종을 목표로 하는 것 자체가 잘못된 것은 아니다. 사실, 이것은 좋은 생각이다. 이제 이러한 부흥 운동이 상담 사역에 끼친 영향에 대해 논의해보자.

여러 가지 면에서 상담과 부흥 운동의 특성은 반대된다. 먼저, 부흥사는 많은 사람을 끌어모으고 그들에게 설교하는 것에 관심이 있었지만, 상담자는 개인 사역과 대화에 관심이 있다. 둘째, 부흥사는 개종이라는 목적이 있었고, 성경적 상담자 역시 그와 같은 목적이 있지만 엄밀히 말해 '제자화'에 집중한다고 볼 수 있다. 셋째, 부흥사는 (예수 그리스도를 구주로 영접하겠다는) 순간적인 결정으로 평가되는 일시적 변화에 중점을 둔 반면, 상담자는 시간이 흐르면서 나타나는 변화 과정의 자세한 부분에 관심을 둔다. 이러한 차이를 통해 볼 때, 기독교에서 부흥 집회가 주된 사역이었던 수십 년 동안 상담 사역을 강조하는 데 어려움이 있었으리라는 것을 쉽게 알 수 있다.

### 5) 근본주의-모더니즘 논쟁

19세기 말에 교회는 또 다른 중대한 도전을 맞이하게 되는데, 바로 '모더니즘'이다. 모더니즘 논쟁 가운데 고등비평과 다윈주의는 성경의 권위에 대한 많은 목회자와 성도의 확신을 깎아내렸다. 이 논쟁은 창조와 인간 문제의 이해에 대한 성경의 가르침뿐 아니라 성경 말씀 자체를 공격했다. 저명한 교회 역사학자인 조지 마스덴(George Marsden)은 이 문제에 대해 다음과 같이 말한다.

> 1859년에 출간된 찰스 다윈(Charles Darwin)의 《종의 기원》(*Origin of Species*)은 기독교 지성에 위기를 가져왔다. 다윈주의는 창세기 1장의 신뢰성에 의문을 제기했다. 그러나 더 큰 문제는 성경을 전적으로 믿을 수 있는가 하는 문제였다. 성경 해석의 역사성에 질문을 던져온 독일의 고등비평은 한 세대를 넘기면서 지속적으로 발전하여, 남북전쟁 이후 미국에 널리 알려졌을 때는 매우 높은 수준에 이르렀다. 19세기 미국인의 사고방식에 절대 진리인 성경의 중요성을 강조하는 것은 어려운 일이었다. 이 주춧돌이 흔들리기 시작했을 때, 복음주의 구석구석에서 주요한 조정이 이루어져야만 했다.[14]

교회가 위기에 처하자 지도자들은 이에 대응하기 시작했

다. 먼저 '프린스턴 신학파'로 불리는 교회 지도자들이 대처에 나섰다. 그들은 벤저민 워필드(B. B. Warfield)의 《성경의 권위와 영감》(*The Inspiration and Authority of the Bible*)처럼 자신들의 저작을 통해 성경의 권위를 언급했다.[15] 몇 년 뒤에는 자유주의의 공격에 대항해 신앙의 근본을 정의하는 십여 권의 소책자 시리즈 《근본》(*The Fundamentals*)이 출간되기도 했다.[16]

이러한 방어는 필연적 결과였다. 자유주의에 대항하여 신앙을 지키는 것은 매우 중요한 일이었기 때문이다. 그러나 이런 논쟁은 상대적으로 다른 중요한 것들에 소홀하게 만들었다. 예컨대 《근본》은 성경의 권위와 우주의 기원을 포함한 중요 쟁점들에 대해서는 방어했지만, 목회적이고 개인적이며 실천적인 신학에 대한 성경적 방어는 포함하지 않았다. 즉, 상담은 무시되었던 것이다. 앞서 설명한 것처럼 물론 그렇게 된 데는 그럴 만한 이유가 있지만, 결과적으로 기독교가 상담 자체를 무시한 것과 다름이 없었다. 결국 이것은 모더니스트들이 교회에 들어와 상담을 차지하다시피 하는 계기가 되었다. 기독교가 성경을 지키는 일에 집중할 동안 모더니스트들은 '사회 복음'(social gospel)에 관심을 가지고 세속적으로 상담에 접근하기 시작했다.[17] 그리고 이 접근은 상담의 성경적 고찰을 더욱 어렵게 만들고 말았다.

## 6) 심리학 혁명

교회가 부흥 운동을 붙잡고 모더니즘에 맞서고 있는 동안 교회 외부 문화에도 거대한 변화가 나타났다. 19세기 말에 일어난 심리학 분야의 혁명이 그것이다. 심리학 혁명을 이해하기 위해서는 이 분야에서 가장 중요한 역할을 한 두 사람, 빌헬름 분트(Wilhelm Wundt)와 지그문트 프로이트(Sigmund Freud)를 살펴봐야 한다.

'실험심리학(experimental psychology)의 아버지'로 불리는 빌헬름 분트는 최초로 실험실에서 심리학을 연구한 사람이다.[18] 그는 자신의 연구 분야를 생리심리학이라고 이름 붙였다. 그의 이론에 따르면, 인간의 모든 심리 과정은 생물학적 요소에 기반을 둔다.[19] 이는 기본적으로 우리가 생각하고 느끼는 모든 것이 육체에 기인한다는 뜻이다. '우리가 생각하고 느끼는 것은 모두 마음과 영혼에서 나온다'는 예수님과 사도들의 가르침(마 12:33-37; 막 7:14-23; 약 1:14-15)에도 불구하고, 오늘날 대부분의 심리학자들이 믿는 것처럼 그의 이론은 시대를 앞서 간 것으로 평가되었다.

분트는 생리학과 심리학이 본질적으로 서로 연관되어 있다고 보았다. 그는 심리학 분야에 과학적 혁명을 일으킨 것으로 평가되어 과학의 역사에서도 중요한 인물로 꼽힌다. 그는 실험을 이용한 과학 기법을 심리학에 최초로 도입한 사람이고, 후학들이 사람의 육체와 영적 현실 사이의 관계를 찾도록 한 최초의 인물이다. 그러므로 교회가 왜 신학적으로 상담에 대해 숙고하기를 멈췄는지 이해하고 싶다면 빌헬름 분트를 알아야 한다. 그가 인체 연구의 한 분야로서 심리학을 과학적으로 분석하는 초석을 놓았기 때문이다.

두 번째로 살펴볼 지그문트 프로이트는 아마도 심리학 역사상 가장 유명한 (그리고 악명 높은) 인물일 것이다. 그는 흔히 심리치료(psychotherapy) 또는 대화 치료(talking cure)라고 부르는 것을 시작한 사람이다. 앞서 이야기했듯이 역사적으로 목회자들은 삶에 문제가 있는 사람들을 돕기 위한 지혜와 지침을 제공해왔지만, 프로이트는 교회가 이 과업에 실패했다고 생각했다. 그의 저서 《정신분석에 대한 비전문가의 의문》(*The Question of Lay Analysis*)에서 프로이트는 상담의 세속화를 목적으로 세속적 영역에서 '목회적 일'을 감당하는 사람들의 정당성을 주장했다.[20] 프로이트 당시에는 '상담'이라는 말이 일반적이지 않았음에도 불구하고 놀랍게도 그는 사람을 돕는 것을 '목회적'(pastoral) 과업이라고 말했다. 위의 책에서 그는 자신의 과업이 사역적 맥락의 상담을 제거하고, 그 자리를 심리학으로 대체하는 것이라고 명백히 밝혔다.

이 시기에 상담의 신학적 고찰이 감소한 것을 제대로 인식하기 위해서는 분트와 프로이트의 저서를 이해하는 것이 중요하다. 분트의 영향으로 심리학이 세속적 과학 용어로 정의되기 시작했고, 프로이트에 의해 심리치료가 세속 전문가들의 특권이라는 주장이 가능해졌다. 이 두 가지가 대두된 역사적 배경은, 교회 사역자들이 이 같은 주제를 숙고해보는 일에 엄청난 침체를 가져왔다. 이미 살펴보았듯이 교회는 이 시기에 다른 것들에 집중하고 있었다.

### 7) 미국 경제의 변화

1800년대에서 1900년대로의 이행은 교회와 과학의 영역뿐 아니라 미국 경제에 있어서도 매우 중요한 의미가 있다. 변화는 두 가지 측면에서 일어났다. 사람들이 시골에서 도시로 이동하기 시작한 것과, 이 이동에 따라 그들이 농장에서 공장으로 일자리를 옮기기 시작한 것이다.

산업혁명은 '산업 타이탄'(Titan: 그리스 신화의 타이탄 같은 사람. 아주 건장하고 지혜로운, 중요한 사람—옮긴이)이라는 새로운 인간 범주를 창조했다. 산업 타이탄은 그 시대 문화 속에 거친 남성성에 대한 호감도를 한층 더 높여 놓았고,[21] 그런 생각은 대중을 휘어잡을 수 있는 강한 의지를 가진 사람을 동경하게 했다. 당시 문화가 여기에 매혹됨에 따라 그 영향이 부흥 운동에 탄력을 받은 교회 안으로까지 흘러들어 '영웅적인 목사'를 갈망하게 했다.[22]

작은 마을에서 큰 도시로, 농장에서 공장으로의 이동은, 교회가 상담을 신학적으로 고찰하기 어렵게 하는 또 하나의 요소가 되었다. 농업 사회에서는 노동자들이 흙, 농기구, 계절, 수확에 전문가가 되어야 했다. 그러나 새로운 산업 경제에서는 산업의 부호(富豪)들이 사람에 대해 전문가가 되어야 했다. 이는 더 큰 기업이 더 많은 사람들을 고용하게 되는 산업 구조에 따라, 큰 회사일수록 고용자들을 행복하게 하고 그들이 협조적이며 생산적이 되도록 해야 할 필요성이 커졌기 때문이다. 교회 역사학자인 홀리필드(E. Brooks Holifield)는 이에 대해 다음과 같이 말했다.

직원, 교직원, 위원 혹은 경영진으로 일하게 된 새로운 미국인들은 … 사람을 경영하고 추상적인 기호들을 조작하는 것에 익숙해져야 할 필요가 있었다. 그들의 업무는 자신이 '다재다능한 능력'을 갖추었는지 평가하는 상사의 기대에 적응하면서, 자신의 영향력 아래 일하는 사람들의 의욕과 높은 동기를 유지시키는 것이었다. …
이러한 경제 구조는 인간관계에 대한 순수한 관심을 불러일으킬 수 없었다. … 대기업은 경력이나 지적 능력 못지않게 '성격 검사'의 점수에 가치를 두기 시작했다. … 한편, 교회는 가정의 수호자나 우정의 안식처로서 역할을 하고 있었다.[23]

교회가 부흥 운동과 신앙의 근본주의에 집중하는 동안, 세속 심리학자들은 인간관계에 대한 새로운 이해와 과학적 방법의 적용을 통해 상담 영역에서 우세를 점하게 되었다. 이것은 교회가 방관하는 사이에 미국의 문화가 실용주의로 바뀌었다는 뜻이다. 기독교인들은 이러한 변화에 동참하지 못하고 있었다. 심리학이 유행처럼 주류로 들어왔고, 교회는 시대에 뒤떨어졌다.

### 8) 남북전쟁

상담에 대한 기독교의 고찰이 쇠퇴한 데에는 교회와 문화 상황 뿐 아니라 세 번의 큰 전쟁도 영향을 끼쳤다. 첫 번째는 미국 남북전쟁이다. 1861-1865년 미국에서는 전무후무한 치명적 전쟁이 진행됐다. 이 전쟁은 형제들끼리 총을 겨누고 싸우도록 강요했다. 어느 누구도 예외 없이 전쟁의 참혹함 속에서 지쳐갔고, 나라 전체가 소진되었다. 잔혹한 전쟁의 경험은 강하고 거친 남성적 덕목들을 강조하게 되는 계기가 되었다. 전쟁의 후유증으로 사람들은 태평한 대화나 논쟁을 할 시간이 없어졌다. 남성적이고 강한 특성들이 득세함에 따라 대화나 논쟁은 나약해 보이게 되었다. 홀리필드는 이 현상을 다음과 같이 설명했다.

지성인들 사이에서 남성성을 추종하는 분위기가 고취됨에 따라, 전쟁은 영혼의 치유에 대해 다음과 같은 질문을 던지게 되었다. '(영혼 치유에 관한) 모든 일은 남자답지 못한 것 아닌가?' 이런 질문은 암암리에 목회적인 돌봄을 응접실에 앉아 고상한 체하며 진행하는 대화로 여기게 만들었다. 목회에 대한 이런 생각은 '담대함'을 동경하던 목회자들을 당황하게 했다.[24]

목회적인 돌봄, 즉 상담의 '고상함'에 대한 목회자들의 당황과 부끄러움은 교회 안에서 상담을 쇠퇴시키는 하나의 요소였다. 목회자들은 남자답지 못한 것을 두려워했다. 남북전쟁은 온 나라와 국민성을 거칠게 만들었고, 인간관계에서 이와 관련된 성경적 고찰에 반하여 거친 면을 강조하게 되었다.[25] 상담에 대한 신학적 궁핍은 이 불행한 현실의 직접적 결과였다.

## 9) 1, 2차 세계대전

전쟁은 여러 가지 문제와 대대적인 사회 변화를 가져온다. 심리학은 제1차 세계대전 중 대규모 병력의 적절한 배치를 위한 검사 형태로 군대에 소개되었다. 또한 전쟁터의 강한 압박으로 전쟁신경증(shell shock)을 겪는 사람들을 돕기 위해 군대는 긴급하게 도움이 필요했다.[26] 제2차 세계대전 중에는 폭력적이고 불안한 전쟁터에서 힘들어하는 군인들을 지원하기 위해 미국 정부가 수천 명의 사람들을 군목(軍牧)으로 입대시키기도 했다. 군목들의 입대는 남북전쟁이 일깨운 나약함의 문제를 다루는 데 도움이 되었지만, 또 다른 문제를 일으켰다.

전쟁터에서 돌아온 많은 군목들이 업무를 수행하는 데 어려움을 겪었던 것에 유감을 토로했다. 자신에게 전쟁 중인 군인들이 직면한 복잡한 문제들을 다룰 만한 능력이나 자격이 없음을 느낀 것이다. 이에 대해 홀리필드는 다음과 같이 말했다.

> 군인들이 군목들과 상담을 시작했을 때 많은 것들이 빗나가는 듯 보였다. 전쟁 후 전역 군인들에 대한 연구는, 전시 상황에서 군목들에 대한 그들의 불만이 거의 예외 없이 하나로 모아졌음을 보여준다. 그것은 바로 영혼의 치유를 위한 군목들의 상담 기술이 부족했다는 것이다.[27]

당시 군목으로 섬겼던 기독교인들은 군인들을 돕기 위한 자원으로 성경을 활용했지만, 성경 말씀을 '어떻게' 사용해야 할지는 알지 못했다. 세속 심리학은 여러 해 동안 이 부분에 발전을 거듭한 반면, 기독교의 상담에 대한 성경적 고찰은 쇠퇴했다. 전쟁의 한 가운데 놓였을 때 비로소 이런 상황이 그 바닥을 드러낸 것이다. 그리고 이 실패는, 전쟁을 기점으로 이룬 심리학자들의 성공에 반(反)하여[28] 상대적으로 성경적 상담에 헌신한 사람들이 설 곳을 잃어버리는 결과를 낳았다.

지금까지 살펴본 바와 같이, 교회 안팎에서 일어난 다양한 압력들은 '삶에서 어려움을 겪는 사람들을 어떻게 성경적으로 돌볼 것인가' 하는 관심을 쇠퇴시켰다. 상담에 대한 기독교의 관심이 쇠퇴한 만큼 세속적인 연구와 실천은 상승세를 탔다. 지그문트 프로이트가 시작한 연구는 19세기 중반까지 수많은 후속 연구들로 이어졌고, 목회적 돌봄에 대한 책임을 진지하게 받아들였던 대부분의 기독교인들도 칼 로저스(Carl Rogers)의 인간 중심 치료(person-centered therapy)를 상담에 도입했다. 결국 상담 사역에 대한 기독교의 사고는 세속적 사고에 그 길을 내어주고 말았다. 기독교만의 특성을 지닌 상담은 일어나지 않았고 교회는 상담 사역에서 신학적 상실을 경험해야 했다.

## 신학적 회복

제이 아담스가 《목회상담학》을 출간했던 1970년에는 상담의 영역에서 신학을 제외하고 연구하는 경향이 지배적이었다.[29] 아담스는 이 책을 포함한 자신의 여러 저서를 통해 기독교인들에게 상담 영역에서의 기독교 실패에 대한 경종을 울리며, 사람들을 돕는 일에 성경의 자원을 활용하는 길을 보이기 시작했다. 교회가 미국 남북전쟁 이전에 갖고 있었던 생각, 즉 상담이 설교처럼 교회 사역의 한 영역이라는 생각을 다시 일깨우는 것이 그의 역할이었다. 그는 상담이 근본적으로 신학적이라고 믿었다.

(하나님 앞에서 그리고 타락한 세상 속에서 삶의 문제를 설명하고 사람들을 안내하는) 모든 상담은 본질적으로 상담자의 신학적 입장을 내포한다. 신학이라는 물결을 거치지 않고는 믿음, 가치, 태도, 관계를 변화시키는 시도에 대해 이야기할 수 없다. … 이런 신학적 입장은 의식적이거나 무의식적이거나, 성경적이거나 이단적이거나, 좋은 신학이거나 그렇지 않거나, 그것이 어느 쪽이든 간에 분명히 신학적이다. … 따라서 상담과 신학은 유기적 관계에 있다. 상담은 신학적 헌신을 떠나서 이루어질 수 없다. 모든 행위와 말 속에 (설령 이런 것들이 부족하더라도) 신학적 입장을 내포하는 것이다.[30]

아담스가 생각한 상담은 '성경에 깊게 뿌리내린' 신학적 상담이다. 이 확신이 그의 저술 활동의 기반이 되었다. 또한 아담스는 상담의 신학적 고찰과 함께 다른 문제들도 바라보게 되었다. 상담에 대한 큰 그림을 통해 타협으로 물든 상담의 영역들을 보게 된 것이다. 기독교 역사 속 상담의 신학적 고찰은 현대 심리학의 세속적 접근에 전적으로 길을 내주고 말았다. 그 결과 많은 사람들이 상담을 성경적 접근이 아닌 세속 이론의 범주에서 생각하게 되었다.

사실 이런 부분은 어느 정도 예측이 가능했다. 하지만 아담스가 맞닥뜨려야 했던 또 다른 상황은 세속 이론의 영향력이 교회 안까지 침투해버린 현실이었다. 이 때문에 아담스가 주장한 상담의 신학적 회복은 논리적으로 두 가지 요소, 즉 파괴적 요소와 건설적 요소로 구성된다. 파괴적 요소는 상담의 세속적 접근에 대한 신뢰를 떨어뜨릴 수 있는 요소가 그의 모델 안에 필요하다는 것이며, 건설적 요소는 상담에 긍정적인 성경 모델을 세워야 한다는 것이다. 이 두 요소를 살펴보자.

## 세속적 접근에 대한 비판

아담스는 기독교인의 영역인 상담을 세속 심리학자들이 가로챘다고 생각했다. 그렇기 때문에 당시 주류를 이루던 세속 심리학 모델에 반대하여 자신의 논거에 대한 정당성을 입증하는 일은 아담스에게 매우 중요했다. 그는 다음과 같이 말했다.

> 성경적으로 봤을 때 정신의학을 고유한 학문 영역으로서 인정하는 근거는 없다. 성경에서 밝히고 있는 인생에 문제가 생기는 특정한 이유는 세 가지뿐이다. 악한 영의 활동(주로 귀신들림), 개인의 죄, 생물학적 질병(organic illness)이다. 이 세 가지는 서로 밀접한 관계가 있다. 모든 문제의 원인은 이 세 가지로 분류될 수 있으며, 네 번째 분류가 될 수 있는 비생물학적 정신질환(non-organic mental illness)에 대한 여지는 없다. 그러므로 성경적으로 봤을 때, 별도의 전문가(separate practitioner)로서 정신과 의사(psychiatrist)의 자리는 없다. 그러나 임의로 정해진 정신 영역은 비생물학적 질병(inorganic illness)을 포함하기 위해 광범위한 의학의 영역에 들어왔다. 정신과 의료진은 의사이자 세속적 성직자(secular priest)로서 과거 교회 안의 목회자들이 담당했던 역할을 낚아채 '정신질환'(mental illness)이라는 범주 아래 놓인 사람들을 섬기고 있다.[31]

아담스의 몇 가지 관점에 주목해보자. 첫째, 그는 비생물학적 정신질환(inorganic mental illness)의 존재를 부정했다. 여기에서 중요한 것은 '비생물학적'(inorganic)이라는 용어다. 신체적인 문제나 뇌와 관련된 질병의 존재를 부정한 것이 아니다. 그가 분명하게 부정한 개념은 병리적 측면에서 분리된 '정신질환'이었다.

점점 더 많은 전문가들이 정신질환의 개념과 그와 관련된 부적절한(오해의 소지가 있는) 명칭을 활발하게 선전하는 데 반대하기 시작했다. 정신질환이라는 말은 그동안 매우 모호하게 사용되었다. … 뇌의 손상, 종양, 유전적 형질, 선천적 또는 화학적 장애 등으로 발생하는 뇌의 유기적 장애는 확실히 정신질환이라고 말할 수 있을 것이다. 그러나 이와 동시에 인간의 다른 많은 문제들이 신체적 질병이라는 증거가 전혀 없이 정신질환으로 분류되었다. 그러므로 이 문제에 대해 앞서 기술한 것처럼 정신질환이라는 용어는 비유적 표현 이상의 그 무엇도 아니며, 비유적으로 사용하는 경우에도 그 의미는 대부분 빈약하다.[32]

둘째, 아담스는 정신과 의사들이 상담자 역할을 하는 것은 부당하다고 주장했다. 비생물학적 정신질환의 존재는 허구이기 때문에, 정신과 의사들이 문제가 있는 사람들을 돕는 것은 사실상 '사역'(ministry)과 같다(아담스는 그들이 '세속적 성직자' 역할을 한다고 표현했다). 더 나아가 그는 다음과 같이 말했다. "정신과 의사들이 해야 할 합당한 역할은 생물학적 어려움으로 고통당하는 사람들을 돕는 것이다. 정신과 의사의 존재 이유는 생물학적 병인을 가진 사람을 의학적으로 치료하는 데 있다."[33]

셋째, 비생물학적 정신질환의 존재와 이에 따른 별도의 전문가로서 정신과 의사에 대해 비판할 때, 아담스는 하나님 말씀의 권위에 근거했다. 그는 성경에 기초하여 문제의 세 가지 근원인 사탄의 공격(주로 귀신들림), 개인의 죄, 생물학적 질병을 언급하며, 한 가지 부당한 원인으로 비생물학적 정신질환을 제시했다. 그가 더욱 성경에 기초할수록 정신과 의사들이 세속적 사역의 영역을 벗어난 것임이 드러났다. 아담스의 세계관은 철저하게 성경적이었다. 그는 하나님의 말씀 위에 기준을 세웠으며, 그 외의 다른 기준으로 상담을 평가하는 것은 본질적으로 믿음이 없는 행위라고 보았다.

> 성경은 그 자체로 권면적 상담과의 연결점과 그 이해를 위한 원칙을 제공하며, 목회자들이 상담을 말씀 사역에 대한 부르심의 한 부분으로 감당할 것을 말씀하고 있다. … 그러므로 같은 목적을 추구하면서 다른 정보에 기반을 둔 체계를 개발하는 사람들은 이 사역의 경쟁자가 될 것이다. 성경과 경쟁하는 것은 위험한 일이다. 이는 결국 하나님과 겨루는 것이기 때문이다.[34]

이처럼 아담스는 상담의 영역에서 세속주의자들의 역할이 불법적이라고 믿었다. 그들의 이론은 하나님의 말씀과 겨루는 것이며, 목회자에게 주어진 일에 관여하는 것이다. 그들은 인간의 문제를 잘못 이해하고 있고, 그들의 해결책은 거짓된 복음이다.

아담스가 심리치료에 대해 강하게 반대한 것은 사실이지만, 과학적 심리학을 소용없는 것으로 여기지는 않았다. 그는 과학적 심리학이 바르게 사용될 때 가치가 있다고 믿었다. 상담에 대한 그의 첫 저서에서 아담스는 이렇게 말했다.

> 나는 과학을 무시할 생각이 없다. 세부적인 것을 일반화하는 목적으로 사용할 수 있고, 성경에 대한 인간의 잘못된 해석에 도전하며, 그로 인해 성경을 다시 연구하게 하는 유용한 부속물로서의 과학을 환영한다. 그러나 정신의학의 영역에서 과학은 주로 인본주의 철학과 억측의 수단을 제공했다.[35]

다시 말해서 아담스는 심리학[36]이 적절히 이해되고 올바르게 적용되면 유용할 수 있다고 믿었다. 심리학 고유의 영역 안에서 생물학 쟁점을 다룰 때에는 그것이 도움이 된다고 생각했다. 그가 격렬하게 반대했던 것은 기독교 사역 영역에 간섭하는 심리학자들과 심리학의 무신론적 세계관이다. 아담스가 반대한 것은 그들의 존재 자체가 아니라, 그들의 월권이었다.

## 성경적 접근의 구축

본질적으로 아담스의 작업은 긍정적이었다. 세속 심리학과 교회에 침투한 심리학에 대한 그의 비판은, 근본을 보다 명확하게 하는 데 기여함으로써 그를 포함한 다른 연구자들이 상담과 돌봄

에 성경적 접근을 세울 수 있게 했다.[37]

상담에 대한 아담스의 성경적 접근은 참된 신학 위에서 시작되었다. 하나님의 임재와 능력, 권위에 대한 이해는 심리학에 대한 비판과 상담에 대한 성경적 이해의 중심이 되었다. 그는 다음과 같이 말했다.

하나님은 우리 옆에 계시고, 우리 안에 계시며, 우리와 함께 계신다. 그분은 우리 입에서 나오는 모든 말을 아시고, 우리 마음의 모든 생각을 아신다(그리고 돌보신다). 그분은 우리를 아신다. 참으로 영원 전부터 우리에 대해 알고 계신다. 전지전능하시고 무소부재하신 하나님이 우리의 '환경'이라는 것은 피할 수 없는 사실이다! 비록 대부분의 사람들이 이것을 인식하지 못할지라도, 사람의 모든 생각과 행동은 환경에 크게 영향을 받는다. (나는 지금 스키너나 글래서가 다양한 상담 체계의 일부로 제시한 것과 같은, 환경을 바라보는 왜곡된 관점을 이야기하는 것이 아니다. 내가 말하고자 하는 것은 순전히 하나님 그분 자체이며, 그분을 섬기고 영화롭게 하는 창조에 관한 것이다.) 이런 의미에서 죄성이 있는 인간과 그 인간이 만든 모든 제도는 하나님을 올바르게 바라보는 것에 실패한 것들의 영향을 받고, 그로 인한 필연적 결과는 실제적인 환경, 즉 하나님의 관점에 부합하는 상담 체계나 상담 방법을 개발할 수 없는 인간의 무능함이다. 그러므로 환경에 대한 잘못된 관점은 왜곡된 상담 체계를 만들 수밖에 없으며, 하나님에 대한 잘못된 이해는 사람과 다른 창조물에 대한 잘못된 이해로 귀결된다. 하나님을 떠나 삶을 고쳐시키려는 시도는 근본

적 오류이며, 하나님과 겨루는 것이고, 하나님의 창조와 상충하는 것이다.[38]

이러한 언급을 통해 살펴볼 수 있는 몇 가지 명백한 사실이 있다. 상담하는 모든 사람에게 하나님은 피할 수 없는 현실이고, 따라서 아담스는 상담이 유신론적 관점을 전적으로 회복하기를 원했다. 세속 심리학자들은 이런 근본적 현실을 이해하고 해결책을 찾는 데 실패했고, 아담스는 이런 접근이 근본적으로 잘못되었으며 도움이 되지 않는다고 주장했다. 또한 그가 이보다 더 강하게 주장한 것이 있다. 세속 심리학자들의 무신론적 세계관은 그들의 상담 체계를 비뚤어지게 만든 것뿐만 아니라, 하나님께 반역한 것이며, 곧 그들 스스로 하나님의 경쟁자가 되었다는 것이다. 아담스에게 진정한 의미의 유용한 상담 모델은 오직 성경의 하나님을 굳건히 붙잡는 것이었다.

아담스는 하나님의 존재가 사람이 숨을 쉬는 데 필요한 공기와 같기 때문에, 사람들의 모든 문제는 하나님과 그분의 완전한 기준에 이르는 데 실패한 것과 직접적 관련이 있다고 보았다. 따라서 인간의 삶에 대한 문제를 사람이 죄인이라는 것에 기초하여 이해해야 한다고 주장했다. 그는 죄에 대한 자신의 이해를 다음과 같이 설명했다.

특히 내면의 삶에서 모든 인간의 타락은 모든 상담자들이 알고, 가르치고, 상담의 기본으로 삼아야 할 핵심 주제이다. 구원받기 이전의 마음은 죄에 물들어 있기 때문에 결코 성경적인 변화를 일으킬 수가 없다. 따라서 상담자는 구원받은 신자들만 상담할 수 있을 것이다. … 그는 불신자들을 전도할 것이다. 이 과정에서 그는 새로워진 마음의 엄청난 잠재력을 알게 될 것이다. 이로 인해 그는 사람들을 회복시키는 것을 결코 포기하지 않을 것이다. 그들에게는 하나님의 상담을 이해하고 순종하는 능력이 있다(겔 36:27). 내주하시는 성령님이 이 진실한 결과를 주신다.[39]

아담스는 사람들이 직면한 가장 근본적 문제는 죄로 인한 하나님과의 분리라 믿었고, 이러한 이해는 그의 상담 모델에 큰 영향을 주었다. 처음에 그는 상담의 목표가 성령의 열매를 맺는 것이므로 불신자를 상담하는 것이 불가능하다고 생각했다.[40] 이는 아담스의 접근에 있어 중요한 단면을 보여준다. 상담은 사람의 인생에서 '죄'와 '의'에 관련된 특별한 활동이다. 불신자는 하나님의 상담에 순종하여 죄의 문제를 떠날 자원이 없기 때문에, 구원받은 후에 진정한 상담이 가능하리라는 소망을 가지고 먼저 문제 중심의 복음 전도를 하는 것밖에는 다른 선택이 없다.[41]

이러한 이해는 상담 사역에 대한 낙관주의를 가져왔다. 구원받은 신자들은 죄를 억제하고 사랑을 배우는 하나님의 자원을 소유하고 있기 때문에, 상담자와 내담자 모두 상담 과정 가운데 하나님 안에서의 지속적인 변화가 일어날 것이라는 소망을 가질 수 있게 되었다.[42] 이 같은 맥락에서 아담스가 상담의 가장 기본적 문제는 죄에 있음을 믿고, 상담의 목표를 상담자의 권면에 의

해 내담자가 죄에서 떠나는 것으로 삼은 것은 분명하다.[43]

이것은 아담스의 상담 체계에 또 다른 중요한 교리를 이끌어냈다. 인간의 죄가 기본 문제라면, 그에 대한 기본 해결책은 예수 그리스도와 그분의 구속을 통한 구원이라는 것이다.

그러면 우리는 상담과 구원의 관계에 대한 성경의 가르침에 어떻게 접근해야 하는가? 우선, 기독교 상담을 가능하게 하는 것은 구원이라는 사실을 다시 언급하는 것이 중요하다. 이것은 모든 상담의 기초다. 또한 앞서 이야기한 대로 불신자 상담의 불가능에 대한 동전의 양면 중 긍정적인 면이다. 진정한 상담이 이루어질 때(예를 들어, 구원받은 자들을 하나님이 기뻐하시는 깊은 차원의 수준으로 변화시키기 위해 상담할 때)는 어떤 상담의 문제도 해결할 수 있다(하나님과의 관계 문제, 이웃을 사랑하는 문제 등). 이 확신은 변화에 필요한 자원을 성경과 성령을 통해 공급받을 수 있다는 사실에 기인한다. 다른 것에 기반을 두고 기독교 상담이 제공하는 것을 받을 수 있는 상담 체계는 없다. 상담에서 인간의 생각이나 자원을 활용하는 것은 얼마나 불행한 일인가? 그것은 하찮은 소망을 줄 뿐이고, 상담의 성공을 믿을 만한 타당한 이유도 없다. 그러나 많은 기독교인들이 그러한 조언을 덥석 받아들이고 따른다.[44]

위의 인용문은 몇 가지 이유에서 주의하여 분석해볼 가치가 있다. 앞서 죄에 대해 논의할 때, 변화를 위한 하나님의 자원을 언급했다. 여기에서 아담스는 변화를 위한 자원이 예수 그리스도가 그분의 백성을 위해 성취하시고 성령으로 인치신 '구원'임을 명백히 했다. 또한 다른 것에 기반을 둔 상담 체계는 소망을 주지 못하고, 그들의 노력에 대한 결과의 성공을 믿을 만한 이유가 없다고 말했다. 그는 상담의 성공(예를 들면 '변화'와 같은)이 오직 예수 그리스도의 구속 사역으로만 가능하다는 것을 분명히 했다.

아담스는 복음이 가져오는 변화는 신비롭거나 즉각적인 방법으로 일어난다고 믿지 않았다. 오히려 그것은 성경적 변화의 과정을 통해 이루어진다고 보았다. 그는 또 성경적 변화가 옛 습관을 버리는 것(dehabituation)과 새로운 습관을 입는 것(rehabituation)의 두 가지 과정을 통해 일어난다고 믿었다. 이러한 그의 접근은 옛 사람을 '벗어버리고'(엡 4:22) 새사람을 '입으라'(엡 4:24)라는 성경의 가르침에 기반을 두었다. 아담스는 이것을 다음과 같이 설명했다.

Q. "거짓말쟁이는 언제 거짓말을 하지 않을까요?"
A. "그가 뭔가 달라질 때요."

그렇다면 '달라질 때'라는 것은 무슨 뜻인가? 그가 거짓말을 멈추었을 때, 무엇을 시작해야 하는가? 성경에서는 거짓말이 무엇으로 바뀌어야 한다고 말하는가?(바로 이런 것이 상담자들이 지속적으로 묻고 대답해야 할 질문이다.) 바울은 뭐라고 했는지 에베소서 4장 25절을 보자. "그런즉 [바울은 지금 변화의 원리를 적용하고 있다] 거짓을 버리고 [벗어버리는 것] 각각 그 이웃과 더불어 참된 것을 말하라 이는 우리가 서로 지체가 됨이라[입는 것]." 바로 이것이다.

Q. "거짓말쟁이는 언제 거짓말을 하지 않나요?"
A. "그가 진실을 말하는 사람이 되었을 때요."

재프로그램화(reprogrammed)나 재습관화(rehabituated)가 되지 않으면, 어려운 일이 닥치거나 피곤하거나 아프거나 큰 부담감이 다가올 때 '선한 결심'과 '일시적 거짓말 멈추기'는 오래가지 못할 것이다. 그는 여전히 죄의 습관으로 프로그램 되어 있으므로 이전의 삶의 방식으로 돌아갈 것이다. 낡은 죄의 습성은 새로운 것으로 대체되지 않았다. 새로운 것으로 대체되기 전의 그는 죄의 습성으로 돌아가기 쉬운 존재이다. 탈습관화(dehabituation)는 재습관화를 이룰 때만 가능하다. 내담자는 '재편'되어야 한다. 새로운 반응 패턴이 그를 주도해야 한다. 삶의 스트레스 속에서도 습관적으로 새로운 방향으로 돌아서는 것을 배워야 한다.[45]

아담스의 상담 모델은 신비스러운 것이 아니라 과정을 밟는 것이다. 이는 수동적이 아니라 능동적으로 행동하는 것이며, 죄의 행위를 멈추는 것뿐만 아니라 올바른 행동을 시작하는 것을 포함한다.

아담스의 상담 체계에서 하나님은 실제적인 현실이고, 죄는 근원적 문제이며, 그리스도 안에서의 구속이 근본적 해결책이다. 그러므로 지역 교회의 목회자는 문제가 있는 사람들을 돕고, 하나님의 진리를 함께 묵상하고, 고난의 길에서 죄를 '벗어버리고' 순종을 '입도록' 동행하기 위해 부르심을 받았다.

> 상담은 예수 그리스도의 신실한 목자로서 모든 사역자가 행해야 할 일이다. 사역자는 반드시 상담을 계획해야 하고, 어떻게 상담하는지를 배워야 하며, 상담을 잘 감당할 수 있도록 준비해야 한다. 또 다른 신실한 목자에게 맡기는 것을 제외하고, 문제가 있는 사람을 다른 곳에 맡겨버리는 것은 있을 수 없는 일이다. 다른 곳에 상담을 의뢰하는 것보다 목회적 상담을 통해 직면한 문제에 대한 하나님의 응답을 찾으며 목회자로서 성장하는 것이 낫다.[46]

아담스는 지혜롭고 성장하는 기독교인이라면 누구든 상담할 수 있는 능력이 있다고 믿었지만,[47] 그중에서도 목회자에게는 상담에 독특한 권한이 있다고 믿었다.[48] 이런 확신 때문에 그는 교회의 상담 사역을 채가려는 교회 밖의 정신건강 전문가들을 비난했다. 또한 교회 내부에서 정신건강 전문가들의 메시지를 받아들이는 사람들과, 세속 전문가들에게 문의하거나 그들을 참여시키는 사람들을 비난했다.[49] 아담스에게 있어 진정한 상담이 이루어지는 곳은 교회 안이었다. 그러므로 목회자들은 선택이 아닌 사역의 필수로 상담을 해야 하는 것이다.

상담에 관한 아담스의 주요 저서 네 권은 1970-1979년에 출간되었다.[50] 10년에 이르는 이 기간에 그는 상담 사역의 신학적 고찰을 회복시키기 위해 열정적이고 철저한 제안을 했다. 이 같은 그의 사역은 기독교적 상담 회복에 큰 진척을 가져왔다. 그러나 신학적 회복의 기초를 놓은 이러한 작업 이후에도 여전히 신학적으로 더 발전시켜야 할 과업이 기다리고 있었다.

## 신학적 발전

이전처럼 큰 영향력을 끼치지는 못했지만, 아담스는 1980년대에도 계속해서 책을 출간했다. 또한 《목회실천 저널》(*Journal of Pastoral Practice*)의 편집인도 역임했는데, 이런 그의 다양한 노력은 성경적 상담 운동에 있어 그의 위치를 독보적 선구자로 자리 잡게 했다. 그의 이름은 곧 성경적 상담 운동과 동일시되었다.

그 후 1980년대 후반과 1990년대 초반에 새로운 리더들이 나타나기 시작했는데, 그들 대부분은 아담스가 설립한 기독교 상담 재단인 CCEF(Christian Counseling and Educational Foundation) 출신이었다. 이 새로운 세대는 아담스와 같은 전통 안에서 신학적으로 정립된 상담 사역에 대해 계속 고찰하기를 원했다. 대표적인 인물로는 에드워드 웰치(Edward Welch), 폴 트립(Paul Tripp) 등이 있고, 그중 리더는 데이비드 폴리슨(David Powlison)이다.

폴리슨은 성인이 된 후 신앙을 갖게 되었다. 하버드 대학에서 심리학을 전공한 그는 졸업 후 7년간 개인 정신병원에서 일했는데, 이때 느낀 정신건강 시스템에 대한 환멸이 회심에 중요한 촉매제가 되었다. 그는 혼란과 아픔을 겪는 사람들에게 제공되어야 할 자원이 정신과 의사들에게 없으며, 깊은 내면의 수준에서 사람들을 변화시킬 힘 또한 없음을 알고 실망했다. 그는 곧 신자가 되었고, 성경적 상담을 공부하기 위해 필라델피아에 있는 웨스트민스터 신학대학원(Westminster Theological Seminary)에 입학했다. 졸업 후 그는 CCEF의 교수로 임용되었고, 《성경적 상담 저널》(Journal of Biblical Counseling)의 편집장직도 맡게 되었다. 또한 펜실베이니아 대학교에서 '과학과 의학의 역사' 전공으로 박사 학위를 받았다.

폴리슨은 교수로서 그리고 《성경적 상담 저널》의 편집장으로서 성경적 상담자들의 논의 방향에 큰 영향을 주었다. 그의 영향으로 성경적 상담자들은 처음으로 자신들의 주장과 이론에 대해 반성하는 시도를 하게 되었다. 성경적 상담 운동의 가장 중요한 사상가였던 제이 아담스는 꽤 많은 책을 쓴 여러 해 동안 언제나 단호하게 최종적이고 확실한 자신의 생각을 제시했고, 결코 자기비판을 한 적이 없었다. 독자는 그의 사상에서 어떠한 변화도 찾을 수 없었다. 이것은 아담스가 새로운 주제나 관점을 제시하지 않았다는 뜻이 아니다. 폴리슨 이전에는 성경적 상담에 대해 비판적으로 평가하거나, 성경적 상담 운동의 문제점을 고려하거나, 앞으로 나아갈 방향을 모색하는 시간이 없었다는 의미다. 성경적 상담 운동은 폴리슨의 지도 아래 이 세 가지 모두를 실행하게 되었다.

성경적 상담자들은 대부분 존경의 마음으로 아담스를 따른다. 지금도 성경적 상담에서 하나님과 예수님이 근본적 실재이신 것에 대한 동의는 지속된다. 성경적 상담자들은 긍정적인 변화가 구원받은 신자들 안에 계신 성령을 통해 직접 일하시는 그리스도의 능력으로부터 흘러나와야 함을 믿는다. 모든 성경적 상담자는 상담이 필요한 사람들을 돕기 위해 성경의 권위, 지혜, 연관성 그리고 충분성을 믿는다. 아담스가 세운 이러한 바탕 위에서 성경적 상담의 새로운 세대는 폴리슨의 지도에 따라 여러 방법으로 운동을 발전시켰다.

첫째, 몇 가지 개념에 진보가 있었다. 상담 개념은 모든 상담의 구조를 이루는 신념들의 기초이다. 그것은 상담자들이 상담을 어떻게 '생각하느냐'에 관한 것이다. 따라서 상담 모델은 다음과 같은 질문들에 답변한다. "우리는 누구인가? 우리에게 어떤 문제가 있는가? 우리는 그것을 어떻게 고치는가? 하나님은 존재하는가? 하나님은 누구신가? 변화의 과정은 어떻게 되는가?" 모든 상담 체계는 은연중에 혹은 드러내놓고 이런 질문에 답한다. 성경적 상담자들은 다음의 두 가지 중요한 방향으로 아담스의 신학적 견해를 발전시켰다. (1) 죄인인 동시에 고통당하고 있는 사람들을 위해 어떻게 사역할지에 대한 이해의 영역에서 큰 발전을 가져왔다. 아담스는 기독교인이 죄의 문제를 직면하도록 하는 데 훌륭한 업적을 남겼다. 그러나 고난의 수렁에 빠진 사람들을 대상으로 어떻게 사역할 것인가에 대해서 성경적 상담에 지혜가 생기고 성장하는 데는 꽤 오랜 시간이 걸렸다. (2) 오늘날의 성경적 상담자들은 '동기'(motivation)의 영역에서 발전을 가져왔다. 동기를 이야기하는 것은 사람들이 '왜' 그것을 하는가에 주목하는 것이다. 인간의 동기에 대한 아담스의 답변은 교회가 가장 지혜로운 방법으로 사람들을 돕기 위해서 변화하고 발전해야 할 필요가 있다는 것을 증명한다.

성경적 상담자들이 발전시켜온 두 번째 영역은 상담 방법(method)이다. 방법론은 상담자들이 어떻게 상담을 '하느냐'에 관한 것이다. "상담에서 상담자의 역할은 무엇인가? 내담자의 역할은 무엇인가? 어떻게 변화 과정이 일어나는가?" 명백히 언급을 하든 그렇지 않든, 상담에 대한 모든 접근들에는 '상담 관계'(counseling relationship) 속에서 상담이 어떻게 진행되는지에 대한 이론이 있다. 아담스의 이론은 매우 공식적이고 권위적인 방법으로 상담하는 것이었다. 오늘날의 성경적 상담자들은 타인과의 관계에서 형제와 같은 사랑을 가르치는 성경적 토대의 접근으로 개선하고자 노력해왔다.

상담의 신학적 고찰에서 진보를 이룬 마지막 분야는 변증학(apologetics) 영역이다. 변증론은 상담자들이 성경적 상담과 경쟁하는 다른 상담 체계와 어떻게 '대화하는가'와 연관이 있다. 다른 상담 체계의 장점은 무엇인가? 단점은 무엇인가? 상담자는 "다른 체계를 조사하는 데 얼마나 많은 시간을 쓸 것인가? 어떻게 다른 체계를 활용하고 그들과 소통할 것인가? 상담자들이 어떻게 이 체계의 우위성을 주장할 수 있는가?" 성경적 상담과 경쟁하는 수많은 상담 체계들은 상담자들이 자신들의 접근을 정의하고 변호하는 노력을 하도록 이끈다. 아담스는 다른 상담 모델과의 연계가 아닌 하나의 새로운 모델을 구축하고자 했다. 그에 비해 오늘날의 성경적 상담자들은 다른 상담 모델과의 소통을 중요하게 인식한다.

## 논의에 대한 신중한 접근

이 책은 제이 아담스의 초기 리더십 이후 성경적 상담자들이 어떻게 발전하고 성장했는지에 대해 이야기하지만, 아담스에 반기를 드는 것은 아니다. 그의 사역은 내 삶을 바꾸었고, 나는 그를 존경한다. 그를 알게 된 후 몇 년의 시간은 내 삶에서 대단히 영광스러운 시기였다. 그때 나는 그와 전화 통화를 하기도 했고, 함께 피자를 먹으면서 몇 시간씩 이야기를 나누었으며, 그에게 개인적인 큰 격려도 받았다. 그는 내가 만난 많은 사람들 중에서 가장 품위 있고 경건하며, 재미있고 겸손한 사람으로 손꼽힌다.

그리고 이런 개인적인 친분을 뛰어넘어 나는 아담스가 지난 150년간의 교회 역사에서 가장 중요한 인물 중 한 명이라 믿는다. 그의 작업은 수천 명의 사역 방법을 개혁했다. 지난 40여 년 동안 말씀 사역을 했거나 성경적 상담의 원리에 따라 사역했던 사람들은 모두 그에게 감사하고 있다. 하나님은 교회가 잃어버린 역할을 회복하여 고난당하는 사람들을 도울 수 있도록 생각을 조정하는 데 그를 강하게 사용하셨다. 나는 교회가 많은 빚을 지고 있는 그에 대한 불경건하고 예의 없는 공격에 전혀 관심이 없다.

이러한 그의 기여에도 불구하고 아담스의 작업은 불완전하다. 물론 이것은 성령의 영감으로 쓰인 성경을 제외한 다른 모든 기독교 저자들의 작업도 마찬가지이다. 교회사의 모든 위인들의 작업은 불완전하다. 아타나시우스(Athanasius)나 어거스틴(Augustine), 칼뱅(Calvin), 에드워즈 등 누구라도 마찬가지이다. 하나님은 불완전한 종을 통해 강력한 역사를 일으키신다. 제이 아담스도 그런 사람들 중 하나이다. 그는 충분히 상처받을 수 있는 상황, 즉 그를 반대하는 강한 압박들 속에서 거의 홀로 이 운동을 세웠다. 이 책의 목표는 그의 저서들과 사역을 주의 깊게 숙고하고, 그가 시작한 성경적 상담의 전통 속에서 그의 헌신을 강조함으로써 그를 영예롭게 하며 그의 업적을 발전시키는 것이다.

그래서 나는 아담스뿐 아니라 이 사역을 발전시켜온 사람들에 대해서도 신중하고 싶다. 이미 언급했듯이 모든 성경적 상담자들은 성경의 충분성, 지속적 변화와 진리를 가져오는 복음의 필요성, 점진적 성화와 교회의 중요성, 세속 심리학을 향한 우려 등 핵심 원리에 대해 마음을 같이하고 있다. 이 기반 위에 성경적 상담이 점차 발전해왔으므로 그 발전의 원동력이 된 오늘날의 성경적 상담자들을 참고할 필요가 있다.

이 책은 성경적 상담의 1세대인 아담스에 대해 이야기한다. 또한 2세대인 폴리슨과 그 뒤를 잇는 성경적 상담자들의 역할에 대해서도 이야기한다. 이러한 세대 간의 언어는 좁은 의미의 '연합'이라는 맥락에서 변화가 일어난 생각들을 포착하고, 성경적 상담자들을 특징짓는 더 큰 연합 안에서의 차이점에 대해 논의한다.

이제 우리는 성경적 상담 2세대가 1세대의 신념들을 어떻게 발전시켜왔는지 살펴볼 것이다. 먼저 성경적 상담자들이 어떻게 성경적 상담 운동의 개념을 발전시켜왔는지 살펴본 후, 성경적 상담 방법론의 발전에 대해 논의하겠다. 마지막으로 변증법적 영역에서 성경적 상담자들이 상담에 대해서 어떻게 정의해왔는지 고찰해보고자 한다.

이러한 내용을 함께 살펴볼 때 이것이 단지 상담자들만을 위한 것으로 여겨지지 않기를 바란다. 이 책은 신학적 관점을 신실하게 유지하면서 어떻게 사람을 개인적으로 도울 수 있는가에 관한 것이다. 더 구체적으로 이 책은 교회가 어떻게 하면 하나님의 말씀에 신실함과 동시에 예수 그리스도를 존귀하게 드러내는 방식으로 고통받는 사람들을 도울 수 있는지 고민한 사람들의 이야기이다. 그들의 이야기를 통해 우리는 그리스도 안에서 신실하게 성장할 것이다.

# 2장

# 성경적 상담과 인간 이해

COUNSELING: THE BIBLICAL COUNSELING MOVEMENT AFTER ADAMS
BY HEATH LAMBERT | FOREWORD BY DAVID POWLISON

이미 언급한 바와 같이 어느 상담 접근법이든 각각 핵심적인 신조들을 가지고 있다. 이 신조들에는 인간 기능의 이상(ideal)과 오류에 대한 이해, 잘못된 방향으로 가는 인간 기능의 교정에 관한 이론들이 포함되어 있다. 이 개념들은 말로 표현될 수도 있고 안 될 수도 있으며, 옳을 수도 있고 그를 수도 있으며, 도움이 될 수도 있고 안 될 수도 있지만, 모든 상담의 접근들은 한 가지 개념적 핵심을 기반으로 움직인다.

성경적 상담 운동은 시초부터 몇 가지 주요 개념들에 결부되어왔다. 이 개념들은 창조된 존재로서의 의존적 인간에 대한 이해, 인간이라는 존재에 끼친 죄의 파괴적 영향에 대한 이해, 점진적 성화에 대한 성경적 관점, 진실하며 영속적인 변화를 위한 그리스도 안에서의 믿음의 필요성, 사랑과 순종으로 인도하는 매일의 회개와 믿음의 중요성, 그리고 하나님의 명문화된 말씀의 필요성과 충분성에 대한 이해를 포함한다.[1]

광범위한 개념상 일치하는 부분이 있기도 하지만, 지난 20년간의 성경적 상담 운동의 발전에는 두 가지의 특정한 범주가 있다. 성경적 상담 운동의 개념적 발전은 '죄와 고난의 범주' 그리고 '인간 동기의 범주'에서 이루어졌다.

# 죄와 고난에 관한 진보

상담 진행에 있어 중대한 쟁점은 내담자의 문제를 이해하는 것이다. 내담자는 어떤 문제를 겪고 있는가? 죄로 인한 문제인가, 질병과 고난으로 인한 문제인가? 또는 이것들이 결합된 문제인가? 성경적 상담 운동의 발전에서 중요하게 다뤄야 할 하나의 범주는 상담자가 내담자의 문제를 이해할 때 죄와 고난 혹은 양자 결합에 대해 각각 얼마만큼 비중을 두는가 하는 것이다.

제이 아담스가 개발한 상담 모델은 상담 과정에서 관찰되는 죄에 대한 직면을 매우 강조한다. 성경적 상담 운동 2세대 역시 죄 직면의 필요성을 강조하는 입장을 유지한 채, 내담자를 죄인인 동시에 고난당하는 사람으로 바라보는 관점에서 이 운동을 발전시켰다.

## 아담스의 '죄' 강조

아담스의 저술과 교수 사역의 장점 중 하나는 아주 명료하다는 것이다. 그는 성경적 상담 운동을 시작한 이래로 인간이 가지고 있는 근본적 문제가 '죄'임을 분명히 해왔다. 그는 자신의 저서 《목회상담학》 서두에서 일리노이 주의 병원 두 곳에서 정신질환 환자들을 도왔던 시절을 회고하며, 그 환자들의 문제점에 대한 견해를 명백히 서술했다.

두뇌 손상과 같은 생물학적 문제를 가진 사람들과는 별도로, 일리

노이의 두 병원에서 만난 환자들은 삶의 문제에 잘 대처하지 못한 탓에 그곳에 수용되어 있었다. 간단히 말하면, 그들은 용서받지 못하고 변화되지 못한 죄의 행동 때문에 그곳에 있었다.[2]

그는 이런 생각의 기반을 사도 바울의 사역에 두기 위해 그의 저서에서 다음과 같이 말했다. "바울은 사람들의 삶에서 죄의 행동을 드러내고 잘못된 것을 고치며, 하나님을 인정하는 새로운 삶을 확고히 하기 위해 하나님의 말씀을 가져올 생각을 했다."[3] 또 《기독교 상담 매뉴얼》(*Christian Counselor's Manual*)에서는 〈죄가 문제다〉라는 제목의 장을 통해 이 요점을 전개했다.

그렇다면 죄는 분명히 모든 차원에서 기독교인 상담자가 맞서 싸워야 할 바로 그 문제라고 할 수 있다. 일반 주제들은 상담을 어렵게 만드는 부차적인 것들이다. 모든 사람이 죄인으로 태어나서 죄의 관행과 속임수에 연루되는 동안 각자 나름대로 죄짓는 방식을 발전시킨다. 이 방식(죄와 속임수)은 개인에 따라 독특하게 발전하지만, 그 근저에는 공통된 주제가 있다. 상담자가 할 일은 각 개인 내면에 감추어진 이 공통점을 찾는 것이다.[4]

여기에서 아담스는 그가 관찰해온 것을 반복하여 서술하면서 동시에 그것을 발전시켰다. 죄가 삶의 가장 중요한 문제라는 그의 신념은 단순화된 것이 아니었다. 그는 죄인이 새로운 죄의 행태를 고안하는 데 뛰어난 천재성을 발휘한다고 통찰했다. 그리고 각 개인마다 이것을 찾아내는 일이 복잡하고 어려운 작업임을 인정했다.

죄에 대한 아담스 사상의 특징 중 하나는 그가 '정신적 질병'(이는 아담스에게 있어 아주 예외적 표현이다)에 관해 제공한 분석이다. 그는 죄의 문제가 있는 사람들과 마찬가지로 소위 정신적 질병을 앓는 사람들도 같은 뿌리를 가졌다고 인식했다. 즉, 정신적 질병이 있는 사람들을 용서가 필요한 근본적 죄인들로 본 것이다. 또한 조울증이나 정신분열증 등의 중증 진단과 관련해서도 아담스는 같은 견해를 가지고 있었다.[5] 그는 이 주제에 대해 다음과 같이 결론지었다.

그래서 그 문제가 화학적이든 윤리적이든 간에 이 장의 제목 "'정신적 질병', 무엇이 문제인가?"에 대한 답은 분명해 보인다. 소위 '정신적 질병'에는 여러 문제가 있겠지만, 대부분의 경우 그 원인이 정신적 질병 자체라고 하는 일은 없어야 한다.[6]

아담스는 모든 인간은 죄가 만연한 세상에서 죄인으로 살아가기 때문에 누구나 상처받으며, 그러므로 정확한 상담이 꼭 필요하다고 강조했다. 이러한 이해는 그의 저서들에서 놓쳐서는 안 되는 핵심이다. 그러나 이렇게 아담스가 죄에 초점을 맞췄다고 해서 그것이 곧 그가 고난의 현실에는 무관심했음을 의미하는 것은 아니다. 아담스는 실제로 인간의 고난에 무관심하지 않았다. 그는 《기독교 상담 신학》(A Theology of Christian Counseling)에서 인간의 고난을 무시한다는 비판을 바로잡기 위해 심혈을 기울였다. 이 책에서 그는 죄에 관해 다음과 같이 언급했다.

이제 한 가지를 언급하면서 이 부분을 종결하고자 한다. (때로는 마땅히 더 잘 알아야 할 사람들에 의해) 널리 퍼져 있는 관념, 즉 성경적 상담이 인간의 모든 문제를 특정 내담자의 실제적 죄의 직접적인 결과로 간주한다는 것은 크게 잘못된 해석이다. 처음부터 나는 내담자들의 모든 문제가 그들 자신의 죄로 인한 것이 아님을 분명히 언급했다(《목회상담학》 108-109쪽 참조). 《목회상담학》에서 나는 욥과 날 때부터 맹인 된 사람(요 9:1 이하)을 인용했다. 내가 지지하지도 않은 견해에 대해 끈질기게 비판하는 사람들은 비난받을 만하다. 말이나 글로 대상을 비평하기 전에 그것을 더 주의 깊게 알아보고 ('권면적 상담'은 저술을 통해서 쉽게 접근할 수 있으며, 결코 은밀한 곳에서 만들어지지 않았다!), 무엇을 어떻게 받아들여 이해하고 있는지 점검해보아야 한다(그렇지 않으면 그 비평은 잡담에 불과하다). 인간의 모든 불행(무능, 질병 등)에 대한 책임이 아담의 원죄로 돌아간다고 해도 (나는 이와 같은 성경의 진실을 주장하는 데 주저하지 않는다) 그것이 곧 각 내담자의 불행과 그의 죄 사이에 반대급부의 관계가 있다는 말은 아니다. 나는 이를 부인한다. 그것이 어떤 경우에는 맞을 수도 있겠지만, 모두 그런 것은 아니다. 이 땅에 사는 동안 그들이 받아야 할 만한 고난이 정해져 있다는 것도 진실이 아니다. 다른 사람들이 살아가면서 받는 모든 고난을 그도 똑같이 받는다는 것도 진실이 아니다. 죄악이 가득한 세상에서 고난은 하나님의 뜻 안에서 이 모

양 저 모양으로 다가오지만, 각 사례를 자세히 조사해보기 전까지 그것은 왈가왈부할 수 없는 일이다.[7]

아담스는 고난을 인정했다.[8] 그러나 아담스 사상의 다른 부분들과 마찬가지로 고난에 대한 언급은 논의의 핵심이 아니다. 논의의 핵심은 그가 어느 정도로 이 쟁점에 역점을 두었으며, 그의 사상이 발전의 여지 속에 있었는가 하는 점이다. 인간의 고난을 이해하고 판단하는 데 있어 아담스의 사상이 더 발전되어야 한다는 필요성을 보여주는 좋은 증거들이 있다.

첫째, 그의 저서에 대한 비평들 중 고난에 주목한다는 평가가 없었다. 이 사실은 바로 앞서 인용한 내용에도 나타난다. 왜 아담스의 반대자들과 찬성자들이 동일하게 고난에 대한 그의 처방이 빈약하다고 하는 것인가?[9] 몇 가지 이유가 있을 것이다. 사실 아담스는 자신의 입장을 오해하는 비평가들을 비난할 때, 십년 전에 쓴 책의 두 부분만을 발췌하여 언급했다. 이렇게 불충분한 증거 제시는 오히려 이와 관련된 의문을 양산하며, 이는 비판받을 만한 어느 정도의 근거를 스스로 제공한 격이다.[10]

둘째, 아담스는 초기 저술에서 삶의 문제에 대한 다양한 원인을 설명하기 위해 노력했다. 그의 저서에서 고난에 대한 성경적 견해는 두 번 정도 언급되었다.《목회상담학》을 보자.

이 쟁점을 요약하자면, 성경은 죄의 태도와 행동에서 기인한 문제들과 더불어 그와 유기적 관계에 있는 문제들에 대해서는 명백히 말씀하고 있지만, 어떤 문제의 제3의 원인에 대해서는 그 어디에서도 언급하지 않는다. … 입증이 되기 전까지는 … 성경의 모든 것을 가지고 따를 수 있는 유일하고 안전한 길은, 이러한 인간 문제의 출발이 두 겹(선과 악)이지 세 겹(선과 악이 아닌 제3의 원인을 포함)이 아님을 분명히 하는 것이다.[11]

위의 인용에서 볼 수 있듯이 아담스는 정신적 질병이 삶의 문제들에 대한 타당한 원인이라는 것을 반박하는 데 관심을 가졌다. 그리고 그 과정에서 생물학적 문제와 영적인 죄의 문제라는 두 잠재 원인에서 나오는 문제들을 기술했다. 그런데 이처럼 중요한 구절에 다양한 고난들을 포함시키지 않은 것은 흥미롭다. 즉, 다른 사람의 배신, 타락한 세상의 가르침으로 인한 잘못된 가치의 흡수, 육체적 고난의 경험, 죽음(또는 죽어가는 것)과 같이 매우 중요한 상담 대상들이 언급되지 않았다.[12] 그는 《기독교 상담 매뉴얼》에서도 비슷한 주장을 했다.

성경에서 밝히고 있는 인생에 문제가 생기는 특정한 이유는 세 가지뿐이다. 악한 영의 활동(주로 귀신들림), 개인의 죄, 생물학적 질병이다. 이 세 가지는 서로 밀접한 관계가 있다. 모든 문제의 원인은 이 세 가지로 분류될 수 있으며, 네 번째 분류가 될 수 있는 비생물학적 정신질환에 대한 여지는 없다.[13]

방금 살펴본 것처럼 아담스는 또 한 번 정신적 질병의 범주에 반하는 논증을 하고 있다. 그는 인생의 문제에 대한 성경적 원인을 기술하면서 이 문제의 세속적 인식에 반대했다. 이 입장은 그의 사상이 약간은 진보했음을 보여준다. 첫 저서를 출판한 이후 3년 만에 아담스는 삶의 문제에 대한 세 번째 성경적 원인을 발견한 것이다. 그럼에도 불구하고 내담자의 인생에 존재하는 고난에 대한 선명하면서도 정교한 평가와 내담자의 삶에 개입하는 방식은 여전히 그에게서 찾을 수 없다. 비록 그가 고난의 존재를 믿었다고는 해도,[14] 초점은 그가 믿었다는 것이 아니라 그의 가르침과 주장이 더 상세하고 정교해져야 한다는 것이다.

셋째, 아담스가 고난을 언급한 사례에서 그 처방에 관한 것이다. 100권이 넘는 그의 저서들은[15] 성경 주석과 함께 여러 상담 주제들, 그리스도인의 삶, 목회 사역 등의 많은 내용을 다루었다. 그러나 이 책들 중 어떤 것도 고난의 철학을 표명하지 않았고, 고난의 경험을 포착하지 않았으며, 고난당하는 사람을 상담하는 방법에 대해 상세히 논의하지 않는다.[16] 그는 고난을 다룰 때조차도 고난당하는 사람들의 역학적 관계나 복합성을 충분히 인식하지 않는 방식으로 개입했다. 한 가지 대표적인 예를 살펴보자.《시편 119편으로부터의 상담》(Counsel from Psalm 119)에서 그는 "고난당하기 전에는 내가 그릇 행하였더니 이제는 주의 말씀을 지키나이다"(시 119:67)라는 말씀에 주목했다. 이것은 그가 고난의 문제에 관여하고 있음을 보여주는 명확한 증거이다.

여기 고난을 칭송하는 시가 있다! 고난 속에 있는 내담자가 이 합

창에 동참한다는 소리를 듣는 것은 매우 드문 일이다. 하지만 이것은 어떤 상담자라도 그의 내담자에게 찬송하도록 가르쳐야 하는 노래이다. 고난은 우리를 정화시키기 위해 올 수도 있다. 또한 바른 길로 인도하기 위해 올 수도 있다. 우리가 곁길로 갈 때(우리 모두는 종종 곁길로 간다), 우리에게는 걸어온 길을 깨닫기 위한 고난이 필요하다. 무언가 잘못하고 있는 기독교인에게 고난은 늦잠을 깨우는 자명종과 같다. 우리를 죄의 길에서 벗어나게 할 뿐만 아니라, 잠시 걸음을 멈추고 사유할 수 있는 시간을 제공한다. 시끌벅적한 일상에 빠져 있을 때는 인생에 대해 생각할 시간이 거의 없다. 실직이나 질병 등으로 잠시 인생의 걸음을 멈추었을 때, 그것은 오히려 삶을 진지하게 돌아볼 기회를 제공받는 축복이 될 수 있다. 고난을 통해 내담자가 말씀으로 돌아오게 함으로써 그것이 축복이 되도록 할 수 있다. 그러므로 이 시편은 모든 상담자에게 상담의 열쇠가 된다. 상담자는 이것을 외워서 자주 활용해야 한다. 이것이 그가 듣는 수많은 고난 호소에 해답이 되기 때문이다. "고난을 겪는 동안 하나님의 말씀을 통해 무엇을 배웠나요?"라는 물음은 고난을 호소하는 사람들에게 던질 수 있는 최고의 질문이다.[17]

이 글은 고난과 고통을 다루는 아담스의 전형적인 방식을 선명히 드러내는데, 이는 세 가지로 정리해볼 수 있다. 첫째, 그는 고난과 어려움을 겪는 사람들의 혼란에 대해 역학 관계를 살피거나 구체적으로 접근하지 않고, 바로 고난의 유익에 대해 논의를 시작했다. 물론 고난에 유익이 있다는 그의 생각은 맞다. 성경도 이 진리를 분명히 말씀하고 있다. 그러나 동시에 성경은 고난당하는 것은 어려운 일이며, 고난이 사람을 아프게 한다는 것을 명확히 말씀하고 있다. 그래서 고난은 성경적 상담이 빈번하게 다루는 주제이다. 시편에서는 이런 범위를 확장시키고 있음에도 불구하고 아담스는 그렇게 하지 않았다(시 119:22, 23, 25, 28, 42, 50, 61, 69, 71, 78, 85, 86, 87, 92, 95, 107, 110, 115, 120, 134, 141, 143, 147, 150, 153, 157, 161).

둘째, 아담스는 말씀으로 돌아가야 하는 윤리적 노력에 주안점을 두었다. 문제가 있을 때 성경으로 돌아가는 것은, 상처받은 사람들의 시야를 하나님께로 돌리게 하는 유일한 길이라는 점에서 분명히 중요하다. 그러나 상담이 내담자의 고난의 범위를 인식하기도 전에 '말씀으로 돌아가라'고 제시하는 방식이라면—내담자를 사랑하시고 그에게 도움을 베풀고자 하시는 하나님의 부드러운 은혜의 약속으로부터 동떨어진 단순 윤리적 명령이라면—그것은 위로가 되지 못한다. 오히려 율법적이고, 기계적인 대응이 되어 내담자에게 잔인하게 느껴질 수도 있을 것이다.

셋째, 아담스는 고난의 무게 아래 고투하는 자들을 '푸념하는 자들'과 '한탄하는 자들'이라고 언급했다. 죄악의 마음을 가진 사람들이 고난을 겪을 때 그 고난에 한숨짓지 않고 그것을 자비에 대한 추구로 바꾸는 것이 과연 가능한가? 전혀 그렇지 않다. 시편의 이 구절은 '푸념하는 자들'에 대한 것이 아니다. 또한 고난당하는 자들을 '푸념하는 자들'이라고 폄하하는 것은 잘못된 일이다. 이러한 그의 명명은 비성경적인 혹독함과 둔감함을 나타내고 있어 비평가들의 비난을 받기에 안성맞춤이었으며, 2세대 성경적 상담자들이 수정해야 할 대상이 되었다.

마지막으로 아담스가 고난에 무관심했다는 뚜렷한 증거는 이 주제에 대한 그의 언급에서 나타난다. 《긍휼적 상담》(*Compassionate Counseling*)이라는 저서에서 그는 다음과 같이 논평했다.

> 상담에서 긍휼에 관한 언급이 거의 없으므로, 나는 이 공백을 메우고자 한다. 긍휼은 진정한 성경적 상담의 불가결한 구성 요소이므로 긍휼의 속성과 위치, 긍휼이 내담자와 상담자 그리고 상담에 미치는 영향에 대한 이해가 필요하다.[18]

아담스는 이 구절의 주석에서 "'성경적 상담'에 대해서는 책을 읽으면서 색인을 통해 이해할 수 있지만, 긍휼에 대한 참고 자료는 없다"라고 밝혔다.[19] 이러한 시인은 많은 것을 시사한다. 현존하는 인물 중 어느 누구도 아담스보다 더 많이, 더 오랫동안 성경적 상담에 관해 글을 쓰고 발표하면서 이 주제를 다루지는 못했다. 그럼에도 그가 시인한 것처럼 긍휼의 주제는 그동안 상담 분야에서 거의 다뤄지지 않았던 것이다. 따라서 이 긍휼의 미흡함은 아담스에게 일말의 책임이 있다고 해도 과언이 아니다.[20]

그런데 이런 맥락을 살펴볼 때, 아담스가 죄에 초점을 맞출 만한 이유가 있었다는 점에 주목할 필요가 있다. 그의 저술은 상담이 완전히 세속주의에 물든 상황에서 이루어졌다. 그가 비평한 특정 상담 모델들은 문제의 모든 원인을 개인의 책임 밖에서 찾왔다. 그래서 아담스는 세속 심리학이 제거해버린 개인적 책임으로의 접근을 회복하는 데 깊은 관심을 가졌다. 그는 프로이트에 대해 다음과 같이 논의했다.

프로이트의 견해는 무책임한 사람들이 자신의 무책임을 견지하고 더욱 확장하도록 격려하고 있다. 그는 무책임한 행동을 인가하고 그것이 존중받도록 방치했다. 그의 견해는 일시적 치료성의 (또는 치료 유발적) 접근일 뿐이며, 결국 제2의 혼란을 일으킬 수 있다. 프로이트가 사람들을 무책임하게 만든 것은 아니다. 그러나 그는 무책임한 사람들이 자신을 정당화하는 데 사용할 수 있도록 철학적이고 사이비 과학적인 이론의 근거를 제공했다.[21]

아담스는 이런 관점에서 기독교 상담자의 책임을 분명히 밝혔다.

어떤 사람들은 대부분의 상담 문제들의 뿌리이자 원인이 바로 개인의 죄라는 것을 인정하기 어려울 것이다. 특히 프로이트 이론(Freudianism)에 푹 빠진 세대는 더욱 그럴 것이다. 로저스 이론(Rogerianism)은 먼저 감정(기분)에 관심을 기울이는 것을 가르친 반면, 프로이트 학설은 비난의 전가를 정당하다고 선언했다. 또 최근 스키너 이론(Skinnerianism)은 본질적으로 그 책임의 개념 자체를 반대하는 입장이다. 그러므로 일상적 활동에서 개인의 책임 소재를 살펴보기 어렵다고 한다면, 특별한 경우를 고려할 때에는 더더욱

어려운 일이 된다. 기독교 상담자는 이 점에서 인간의 책임에 대한 주장을 확고히 해야 한다.[22]

아담스는 상담 사역에서 개인의 책임감을 회복하는 일이 중요하다고 믿었다. 위의 인용은 그가 인간의 고난을 이해하지 못하고 글을 쓴 것은 아님을 보여준다. 그는 상담 영역에서 개인의 책임을 고려하지 않았던 독특한 역사적 상황 속에서 글을 쓴 사람이었다. 아담스는 상담 분야에 성경적 책임감을 회복시키는 데 관심이 있었고, 상담에서 죄에 초점을 맞춘 것은 이러한 회복의 대표적 예이다. 이것은 아담스의 싸움에 근간이 되었는데 그 이유는 죄의 강조는 개인의 책임뿐 아니라 하나님과 하나님의 말씀에 대한 중요성을 부각시킨 반면, 세속적 접근은 이를 무시했기 때문이다. 그의 관심은 '죄'와 함께 다른 상담 모델과 차별화되는 주요 요소인 '책임'에 있었다. 이런 아담스의 업적은 그가 이룬 성경적 상담의 학문 토대를 바탕으로 2세대들이 이를 더 발전시켜나갈 수 있도록 했다.

## 죄와 고난에 대한 2세대의 관점

'죄'에 초점을 맞춘 아담스의 저술 활동은 성경적 상담의 중요한 첫걸음이었으나, 몇 가지 이유에서 '고난'에 대해 좀 더 보완되어야 할 필요가 있었다. 첫째, 상담 과정에서 내담자의 고난에 적절한 관심을 갖는 것이 성경적이기 때문이다. 고난의 성경적 이해는 죄의 성경적 이해와 동등하게 학문적으로 의미가 깊다.[23] 상담자가 만일 사람들(비록 죄를 지은 사람이라도)이 경험하는 여러 방식의 고난에 관심 갖기를 회피한다면, 성경적 상담에 결핍을 안고 있는 것이다.

둘째로, 내담자의 고난에 적절히 주의를 기울이는 것은 상담자가 내담자를 보다 깊이 사랑하는 마음으로 바라보게 할 것이다. 사랑한다는 것은 곧 내담자의 문제를 주의 깊게 듣고, 그를 도울 수 있는 정교한 방법들을 찾아내는 것이다. 프로이트의 성애와 욕구불만 충동을 바탕으로 한 접근이든,[24] 스키너의 행동주의적 방법이든,[25] 아들러(Adler)의 열등감 이론에 기초한 접근이든 간에,[26] 사람들의 문제를 인위적으로 줄여주려는 노력은 세속주의적 방법이다. 성경적 상담자는 타락하고 약한 사람들을 다방면으로 돌볼 수 있는 능력 면에서 세속주의와 구별되어야 한다.

마지막으로, 고난에 주의를 기울이는 것은 가장 효율적으로 상담할 수 있는 길이다. 사람들이 가진 문제와 그로 인한 고투는 죄에만 국한되지 않는다. 성경적 상담자가 진심으로 내담자를 돕고자 한다면, 성경이 죄와 함께 고난에 대해서도 어떻게 말하고 있는지 이해해야 한다. 이것은 죄와 고난 각각에 대한 상담 모델의 개발을 요구한다. 또한 상담자가 내담자의 신임과 존경을 원한다면, 당면한 문제와 관련된 모든 쟁점을 다룸으로써 그들의 신뢰를 얻어야 한다. 죄와 고난을 모두 다루는 상담자의 기술은 내담자의 더 높은 참여도와 기대, 반응을 이끌어낼 수 있다.

폴리슨이 그의 논문 〈현대 성경적 상담의 주요 쟁점〉(Crucial Issues in Contemporary Biblical Counseling)에서 이런 쟁점을 제시한

것도 비슷한 논지의 결과이다. 그는 "인간의 책임과 고난의 관계는 명확한 설명이 필요하다"라고 주장하며 다음과 같이 말했다.

(이 쟁점은) … 내담자와 내담자의 상황에 대한 시야를 넓히도록 도전한다. 우리가 상담하는 사람을 어떻게 바라보고 이해할 것인가? 내담자가 살아가는 세상에 대해 어떤 주의를 기울여야 하는가? 내담자의 과거와 현재의 환경은 얼마나 중요한가?[27]

또한 그는 이런 자신의 주장을 다음과 같이 변증했다.

인간을 고난당하는 자로 보는 성경적 관점이 있다. 더 분명하게는 '인간을 희생자(피해자)로 보는 성경적 관점'이 있다고 말할 수 있다. 그동안 성경적 상담은 모든 문제의 원인을 개인의 죄로 규정한다는 오해를 되풀이해서 받았다. 왜 이런 오해를 받는가? … 성경적 상담에 대한 일부 오해는 '인간에게 책임이 있다'는 것을 인정했을 때 그들의 모든 상담 이론과 실제가 무너져버리는 것을 잘 아는 사람들에 의한 왜곡된 판단이다. … 그러나 또 다른 오해는 현대 성경적 상담의 중대한 쟁점 한 가지를 부각시킨다. 그것은 사람을 '피해자'라는 성경적 관점으로 봤을 때, 우리의 접근이 체계적(systematic)이지 못하고 일회적이며 특례적 수준이라는 점이다.[28]

폴리슨은 그동안 성경적 상담 운동이 간과한 점을 보고 있다. 한 가지 주목할 점은 그가 성경적 상담 운동에 대한 생각을 확장시키고 발전시키는 것의 중요성을 강조하면서도, 성경적 상담의 기초가 된 기존 사상으로부터의 분리를 추구하지는 않는다는 점이다. 대신에 그는 이전 사상의 진보를 통해 성경적 상담 운동을 강화시키고자 노력하고 있다.

인간이 고난당하는 존재라는 성경적 이해는 '나는 왜 죄를 짓는가?'에 답하고자 함이 아니다. 그것이 '언제, 어디서, 누구와, 어떤 영향에 의해서' 비롯되었는지에 답하는 것이다. 이는 인간이 유혹받고 시험을 겪는 상황들을 묘사해주고 있다. 새로운 눈으로 볼 때 고난의 상황은 그 속에서 '언제, 어디서, 누구와 함께 그리고 무엇에 대항하여' 믿음과 순종을 배울 수 있게 하는 것이다. "책임이 있다!"라고 우리는 강하게 주장했다. '책임과 고난'의 성경적 균형은 구체적으로 강조되지 않고 당연시되었던 것이다.[29]

폴리슨은 죄와 책임이라는 초점에 고난과 이해라는 강조를 추가함으로써 성경적 상담 운동을 발전시키고자 했다. 그의 희망은 상담자가 내담자의 죄와 책임을 이해하는 만큼 내담자의 상황을 이해하는 것이었다. 《고난과 하나님의 주권》(*Suffering and Sovereignty of God*)이라는 책을 통해 개념을 더 발전시킨 그는 〈하나님의 은혜와 당신의 고난〉이라는 장에서 다음과 같이 말했다.

고난당하는 사람에게는 가장 큰 문제가 사실은 '문제'가 아닐 수도 있다. 진짜 문제는 그것이 제시하는 영적 도전일 수 있다. "지금 겪는 일 가운데서 당신은 어떻게 하고 있는가? 고난, 한계, 약함과 상실 안에서 훌륭하고 현명하게 살기를 배우겠는가? 고난이 당신을 규정하게 하겠는가? 고난 속에서 믿음과 사랑이 자라게 할 것인가, 아니면 움츠려들 것인가?" 결론적으로 이것은 그 문제 이상의 삶과 죽음에 관한 쟁점들이다. 묻고, 생각하고, 듣고, 반응하도록 하는 이 쟁점들은 시간을 필요로 한다. 반면 다른 접근들은 풀 수 없는 것을 풀기 위해 에너지와 사랑을 쏟아부으면서도 정작 가장 중요한 일에는 종종 서투르고 이해가 부족하다.[30]

이처럼 그는 〈현대 성경적 상담의 주요 쟁점〉에서 주장했던 내용을 다시 한 번 강조하며 내담자를 고난당하는 자의 입장으로 바라보았다.

성경적 상담 2세대 저자들 중 폴리슨 혼자 이런 노력을 기울인 것은 아니다. 그와 입장을 같이하는 많은 이들이 죄의 지나친 강조를 수정하기 원했다. 그중 한 사람이 바로 〈고난을 칭송할 것인가, 무시할 것인가? 고난을 어떻게 할 것인가?〉(Exalting Pain? Ignoring Pain? What Do We Do with Suffering?)라는 논문을 쓴 에드워드 웰치이다. 그는 이 딜레마에 주목한다.

삶은 불행과 비애를 수반한다. 깨어진 관계, 고통스러운 질병, 죽음의 가능성, 우울증, 부당함과 잔악함, 조용히 우리를 마비시키는 공포, 성(性)적 피해의 기억, 자녀의 죽음 등 수많은 고난들이 우리 중 어느 누구도 멀쩡하게 내버려두지 않는다. 교회에서나 세상에서나 이러한 고난의 폭과 깊이를 감소시키는 것은 불가능할 것이다. 그러나 이 명제는 성도를 두 방향 중 하나로 향하는 교차점에 있게한다. 즉, 어떤 이들은 고난을 높게 여기고, 다른 이들은 그것을 거부한다. 어떤 이들은 마음에 피를 흘리고, 다른 이들은 견뎌낸다. 어떤 이들은 '고난 상담자'이고, 다른 이들은 '죄 상담자'이다. 고난 상담자는 고난당한 내담자가 이해받았다고 느끼도록 하는 데 전문가이며, 죄 상담자는 고난이 있을 때조차도 순종에 부름받은 것을 이해시키는 데 전문가이다. 고난 상담자는 고난을 과잉 강조하는 모험을 통해 고난 완화를 제일 중요한 문제로 여기게 만든다. 죄 상담자는 개인의 고난이 거의 중요하지 않다고 전하는 위험을 무릅쓴다. 고난 상담자는 고난당하는 자들이 믿음과 순종으로 그리스도의 복음에 반응하도록 그들을 인도하는 데 더딜 수 있다. 반면에 죄 상담자는 순종의 반응을 강조하여 하나님의 위대한 긍휼을 깨닫지 못하는 금욕주의자를 길러내는 위험을 초래할 수 있다. 고난 상담자는 책임 전가와 자신은 결백하다는 피해자의 감정을 북돋우는 상황을 제공할 수도 있다. 죄 상담자는 고난의 신학을 제대로 발전시키지 못할 수 있다. 이처럼 고난 상담자와 죄 상담자 각각에 모두 함정들이 존재한다.[31]

웰치는 죄와 고난에 대한 문제를 잘 이해하고 있다. 위의 논문에서 그는 특별한 이름으로 지정하지는 않았지만 성경적 상담 운동의 발전에 있어 중요한 부분을 언급하고 있다. 소위 '고난 상담자'는 아담스가 성경적 상담의 기초를 닦기 위해 수십 년을 대항해야 했던 세속 심리치료사들이다. 반면에 '죄 상담자'는 아담스와 같은 입장의 사람들이다. 아담스는 고난 상담자의 오류를 바로잡기 위한 사역에 헌신했지만, 웰치는 아담스가 만든 상담 모델에서 수정해야 할 부분을 제시하고자 했다.

종종 고난을 경시하는 방향으로 기울거나 금욕주의를 수용하도록 요구하는 사람들은 신학적 규범에 있어 더 엄격한 경향이 있다. 그들은 중요한 성경의 주제를 무시한다는 죄책감 때문에 고난당하는 자들에게 하나님(말씀)의 좌우로 치우치지 않는 완전한 상담을 제공하지 못한다. 예를 들어 내담자의 고난이 다른 사람이 지은 죄의 결과일 때, 고난을 경시하는 상담자는 즉시 가해자를 용서하라는 처방을 생각할 것이다. 이는 아주 중요한 문제이다. 물론 상담에서 다루어야 할 문제의 일부로 용서를 두는 것은 전혀 잘못이 아니다. 그러나 용서가 상담에서 다루는 유일한 부분일 때는 문제가 된다. 한 예로, 너무나 자주 심하게 피해를 입은 여성에게 처음부터 끝까지 가해자를 용서하라고 조언하는 것은 문제가 된다.[32]

지금까지 성경적 상담 운동의 2세대가 고난에 대한 초점과 죄에 대한 초점 사이에서 균형의 필요성을 분명하게 인식했음을 살펴보았다. 이제 '이 균형을 어떻게 이룰 것인가?'라는 질문에 답하기 위해, 이와 같은 발전을 가능케 한 세 가지 원인을 살펴보려 한다. 첫째, 성경적 상담자들은 고난을 체계화했다. 둘째, 성경적 상담자들은 사람들이 고난을 겪게 되는 근원에 대해 이해를 넓혔다. 마지막으로, 성경적 상담자들은 실제 상담 현장에서 고난에 대한 확고한 이해가 어떻게 작용하는지를 보여주었다.

### 1) 고난의 체계화

성경적 상담자들이 '체계화된 고난'(systematized suffering)이라고 명명한 말은 어딘가 단조롭고 인위적이며 약간은 달갑지 않게 들릴 수도 있다. 그것은 내가 말하고자 하는 의도가 아니다. 그래서 나는 최근 성경적 상담의 경향으로서 상담의 기준이 되는 고난의 이해와 공감을 이야기하려 한다.

티모시 레인(Timothy S. Lane)과 폴 트립이 공동 저술한《사람은 어떻게 변화되는가》(How People Change)는 성경적 상담에 대한 체계화된 신학을 제공한다. 그들은 네 가지 요소가 포함된 변화의 실제적 과정을 다루었는데, 그중 세 요소는 아담스의 가르침과 동일하다. 레인과 트립은 개인이 죄인으로서 경건치 않은 행동과 마음의 성향을 가진 것에 대한 신학을 제공하고,[33] 거룩하지 않은 동기를 변화시킬 수 있는 힘인 그리스도의 존재와 능력을 서술하며,[34] 예수님의 은혜를 통해 흘러나오는 경건한 행동방식과 태도로 변화하는 것에 대해 설명한다.[35] 그리고 네 번째 요소로 언급된 부분은 고난의 신학에 관한 것이다. 그들은 이것을 '더위'(heat)라고 부른다. 더위는 삶의 상황으로서 축적된 고난이고, 사람들이 직면하는 어려움이다. 이들은 더위(즉, 내담자의 고난의 상황)에 대해 다음과 같이 묘사한다.

천국의 반대편에 사는 우리 모두는 어떤 면에서 시험의 더위(the heat of trial) 아래 살고 있다고 할 수 있다. 마크는 항상 그를 괴롭히는 상사 때문에 어려움을 겪고 있다. 앤의 남편은 결혼 생활보다 낚시하는 데 더 전념한다. 사라는 만성 통증을 견뎌내고 있다. 팀의 아들은 열세 살 이후로 줄곧 말썽을 부리고 있다. 레이첼의 교회는 비통한 분열을 겪고 분리됐다. 제리는 승진에 대한 부담으로 고투한다. 부룩은 투자에 실패해 대부분의 퇴직금을 잃었다. 프레드는 심장병으로 투병 중이다. 제니퍼는 자기 몸무게를 조절하지 못한다. 밥은 유산을 상속받기 전에 간편한 삶을 살고 싶어 한다. 제이슨은 아버지의 분노를 피하기 위해 안간힘을 쓰고 있다. 알렉스는 나이가 들어 몸이 성한 곳이 없다.[36]

이 글에서 묘사한 열두 가지 고난의 사례는 아담스의 저술 내용과 크게 다르지 않다. 레인과 트립의 다음 언급을 보자.

우리는 항상 주위에서 일어나는 일들에 반응한다. 그것이 폭염과 같은 어려움이든, 소나기 같은 축복이든 당신은 당신에게 일어나는 일에 늘 반응한다. 성경은 이 세상에서 일어나는 일들에 대해 모두 진술하게 말해준다.[37]

주목할 만한 것은 레인과 트립이 체계적이고 실제적인 신학 속에 내담자의 '상황'에 대한 자리를 처음으로 마련한 점이다. "내담자는 자신의 상황 속에서 어떻게 반응할지에 대해 책임이 있다. 그들은 회개하고 그리스도를 신뢰하며, 회개에 합당한 열매를 맺을 책임이 있다." 이는 성경적 상담 운동 1세대가 강조했던 것이며, 2세대로 이어지면서 더욱 풍성하게 확장된 것이다. 다시 말해서, 레인과 트립이 제시한 모델에는 내담자가 처한 '상황'을 주의 깊게 이해하려는 노력이 있다. 그들은 이러한 노력을 통해 변화의 신학에 있어서 고난의 가르침을 체계화했고, 상담 과정의 역동에 있어서 이것이 어떻게 다른 요소들과 일치하는지 보여주었다.

## 2) 고난의 원인 탐구

성경적 상담자들은 체계적이고 실천적인 신학의 맥락 안에서 고난의 문제를 바라보면서 또한 다른 방식으로 고난에 대해 생각해보기 시작했다. 에드워드 웰치는 이와 관련된 그의 저서에서 이전의 성경적 상담 운동이 강조했던 것보다 더 정교하게 성도의 삶에 나타나는 고난의 원인을 제시했다.

고난을 가져다주는 다섯 가지 원인을 강조한 그의 견해는 성경적 상담 운동에 크게 이바지했다. 다섯 가지 원인 중 첫 번째는 '다른 사람들'이다. "우리는 다른 사람들 때문에 부득이하게 고통당하고, 그로 인해 깊은 상처를 입는다." 두 번째는 자기 자신이다. "내가 죄를 지었기 때문에 고난을 받고 있다." 세 번째는 아담의 원죄이다. 그로 인한 저주 때문에 세상에 죄가 존재하여 사람들이 고난을 받는다. "최초의 사람, 아담이 죄를 지어 자손들에게 불행과 죽음을 가져다주었다. 그의 죄로 인해 모든 피조물이 함께 고난을 경험하고 있다." 네 번째는 사람들의 삶에 고난을 야기하는 사탄의 역사이다. "사탄의 역사는 포착하기 어렵지만, 인간 고난의 확실한 원인이다."[38] 마지막은 하나님의 주권이다. 우리는 그분의 뜻 안에서 고난을 받기도 한다. "우리에게 고난이 올 때 그것은 하나님의 뜻이다."[39]

이와 같이 웰치는 고난당하는 사람들을 더 큰 맥락에서 고찰함으로써 성경적 상담 운동을 새롭게 발전시켰다. 고난에 대한 성경적 묘사는 사람들을 단순히 죄인으로 보는 것보다 훨씬 다면적이다. 사람은 죄인인 동시에 고난당하는 자이다. 웰치는 단순히 고난이 존재한다는 사실에 주목하는 것 이상의 일, 즉 여러 가지 문제 속에서 고투하는 사람들의 복잡한 고난의 원인을 식별하는 성과를 거두었다. 이것은 이전의 성경적 상담 운동에서는 결코 찾아볼 수 없던 것이었다. 아담스가 고난의 원인에 대해 내렸던 간단한 진단을 생각해본다면, 웰치는 성경적 상담자가 내담자를 인격적으로 이해하고 사역하는 데 있어 중차대한 과업을 이루었음에 틀림없다.

### 3) 상담 현장에서의 이해

트립은《치유와 회복의 동반자》(*Instruments in the Redeemer's Hands*)에서 당대의 성경적 상담이 더 확고하게 고난을 이해할 수 있도록 또 다른 차원을 제시한다. 여기에서 그는 내담자의 상황에 대한 인식 없이 죄와 책임에 관한 일련의 말씀만으로 인격적 사역에 접근할 때의 위험성을 지적하고 있다.

고난 속에서 고투하고 있는 형제자매에게 비난이나 독선으로 접근하는 것은 옳지 않다. 이는 그들의 삶에서 일하시는 주님의 방식에 상담자가 끼어드는 결과를 초래한다. 상담자는 자신이 주님으로부터 받은 은혜와 사랑을 그들에게 똑같이 주어야 한다.[40]

이어서 그는 한 가지 중요한 주제를 전개한다.

당신이 살아 있다면 … 당신은 고난 속에 있는 다른 사람을 위해 사역하도록 하나님께 부름받은 또 하나의 고난자이다. 고난은 인간관계의 흔한 현장일 뿐 아니라 하나님의 유용한 작업실이기도 하다. 하나님의 대사로서 우리는 고난당하는 자와의 일체화를 배울 필요가 있다. 이는 위대한 상담자(예수님)의 모범을 배우는 것부터 시작해야 한다. … 우리는 고난당하는 자의 가족으로서 그리스도와 함께 있다. 우리는 고난당하신 구세주를 섬기는 일을 잊어서는 안 된다. 우리는 우리의 경험을 이해하지 못하는 누군가에게 도움을 구하지 않는다. 우리를 도우시는 예수님은 이해심이 깊고 긍휼이 많은 분이시다.[41]

상담자의 권위를 강조하는 아담스의 상담 모델에서는 상담자와 내담자 사이의 일체화(동일시)가 거의 표현되지 않는다. 그러나 트립은 상담자가 내담자의 고난과 상황에 일체화할 것을 강하게 권고한다. 그의 권고는 두 가지 중대한 사실에 근거를 두고 있다. 첫째, 예수 그리스도는 고난당하신 구원자이다. 둘째, 예수님은 우리의 고난을 동정하실 뿐 아니라 함께 고난당하는 자로서 사람들과 관계를 맺으신다. 트립은 내담자의 상황을 이해하는 것이 히브리서 2장 10-12절의 언급대로 예수님의 복음에 근거한다고 주장한다.[42] 이 구절에서 그리스도와 그를 믿는 사람들 사이에 존재하는 형제애는 그들이 공유하는 고난에 기초한 것이다. 웰치는 이러한 트립의 주장에 다음 내용을 추가했다.

> 우리를 향한 예수님의 긍휼을 잠깐만 생각해보더라도 상담자가 내담자의 고난을 무시하는 문제는 강하게 질책받을 만하다. 예수님의 성육신 자체가 하나님이 고난당하는 백성의 삶에 들어오신 극적인 예이다. 예수님은 그분 특유의 성품대로 지도자가 없고, 억압받으며, 궁핍하거나 사별한 사람들을 위해 긍휼의 사역을 하셨다. 예수님은 애통하는 자와 함께 애통하며 상담하셨다. 그분의 삶은 우리에게 본보기가 된다. 그러나 고난을 무시하는 금욕주의자들(the Stoic)은 성경 속의 이 명확한 주제를 피하거나 무시했다.[43]

성경적 상담 운동의 2세대는 내담자의 상황을 이해하는 것의 성경적 중요성을 끊임없이 확대시켰다. 이것은 초창기 세대와 후기 세대의 성경적 상담자들이 각각 주장하는 진리의 균형을 어떻게 맞출 것인지에 대한 또 다른 질문을 던진다. 2세대는 내담자가 처한 상황의 이해를 강조하면서도, 내담자의 책임에 대한 아담스의 가르침을 포기하지 않았다. 이에 대한 균형 있는 관점이 '인간은 스스로의 책임이 있는 고난당하는 존재'라고 한다면,

이를 어떻게 이해할 때 한쪽으로 치우치지 않고 균형을 이룰 수 있는가? 트립 역시 이 방법론적 질문의 중요성을 느꼈다.

고난당하는 사람들을 위로한다는 것은 무엇을 의미하는가? 우리는 어떻게 긍휼한 마음을 가지고 그들 편에 설 것인가? 우리는 종종 그들에게 무슨 말을 해야 할지 확신하지 못한다. 우리는 사랑하는 사람을 잃었거나 돌이킬 수 없는 과거의 경험에 직면하여 고통당하는 사람들을 어떻게 위로해야 할지에 대해 고민한다. 우리는 값싸고 진부한 방법으로 진실을 나누는 것을 원하지는 않는다. 우리가 원하는 것은 내담자가 자신의 고난을 다룰 때 그를 진리 속에 거하게 하는 것이지, 단지 우리가 그 고난의 강도를 이해하고 있음을 그에게 보여주는 것이 아니다. 우리가 원하는 것은 내담자와 함께 나누는 진리들이 고난을 넉넉히 통과하게 할 만큼 견고하다는 것을 그에게 보여주는 것이다. 그리고 무엇보다 우리가 원하는 것은, 내담자가 곤경의 순간마다 구원자로서 함께하시는 그리스도로 인해 자신이 고난 속에 홀로 내던져지지 않았음을 깨닫는 것이다. 우리가 다룰 것은 '어떻게 하면 예측할 수 없는 어려움을 피하고 이러한 목표들을 성취할 것인가' 하는 문제이다.[44]

트립은 이런 방법론의 딜레마를 이해하고, 목표를 성취하는 데 방해가 되는 함정들을 피하려고 노력했다. '진리의 말씀을 전해주려는' 의도와 함께 '값싸고 진부한 방법으로 진리를 전하는 것을 피하려는' 의도를 성취하고자 한다. 또한 '내담자를 진리 속에 거하게 하려는' 목표와 '내담자의 고난의 강도를 이해한다는 것을 보여주려는' 목표를 동시에 이루고자 한다. 이 같은 딜레마에 대한 트립의 해답은 상담자가 자신의 고난과 그 고난 중에 배운 개인적 이야기를 내담자에게 털어놓는 것이다. 그는 이 해답의 근거를 고린도후서 2장에 있는 바울의 가르침에 두고 있다.

> 고린도후서 2장에서 바울은 고린도 교인들에게 자신이 아시아에서 받은 고난에 대해 그들이 알기를 원한다고 말한다. 그는 자신의 이야기가 더 깊은 소망과 강한 믿음 그리고 그들 속에 갱신되는 예배의 계기가 되기를 원한다. 바울의 경험은 우리가 혈과 육에 관한 일을 하나님의 약속의 관점으로 바라보도록 한다. 그 속에서 역사하시는 하나님, 자녀들을 위해 약속하신 것을 행하시는 하나님을 볼 수 있는 것이다. 사람들은 바울 개인의 이야기 속에서 하나님을 보고, 나아가 그들 스스로 하나님을 볼 수 있게 되며 이로 인해 위로를 받는다. 이것이 가장 개인적이고 영향력 있게 위로를 제공하는 방법론이다. 그것은 타락한 세상에 사는 누구에게나 친숙한 환경의 관점에서 신학적 진실성을 제공한다. 상담자의 이야기는 삶의 고투 속에 있는 하나님의 진리로 내담자를 안내하며 그가 삶을 포기하지 않도록 하는 강력한 명분을 제공한다.[45]

트립은 이 이야기가 진리의 뼈에 인간의 '혈과 육'을 붙이는 것이며, 고난 속에서 고투하는 개개인에게 위로를 준다고 주장한다. 상담자의 경험을 이야기하는 것은, 누구나 이해할 수 있고 누구에게나 연관이 있는 맥락 속에서 말씀의 진리를 제시해주는 것이다. 상담자 자신의 고난 속에서 하나님이 가르쳐주신 교훈을 이야기하는 것은 효과적인 방법으로 내담자와 진리를 나누는 것이다. 다시 말해 트립의 연구는 상담자가 먼저 내담자의 이야기를 주의 깊게 들어주면서 고난당하는 내담자와 일체감을 형성하고, 그 다음에 상담자 자신의 이야기를 나눔으로써 '인간은 스스로의 책임이 있는 고난당하는 존재'라는 생각의 균형을 유지하도록 하는 것이다. 이 전략은 내담자의 고난에 상담자의 고투에서 나온 교훈을 연관시킴으로써(이는 성경에 근거한 과정임) 책임을 동반한 고난의 일체감과 진리 사이에 균형을 가져온다. 나는 이것을 경청, 나눔, 가르침의 원리라고 부른다. 트립은 내담자의 고난을 듣는 일과 상담자의 고투를 나누는 일 그리고 상담자 자신의 고투 속에서 배운 성경의 진리(책임, 하나님의 절대주권, 하나님의 선하고 지혜로운 목적 등)를 가르치는 일의 중요성을 강조한다.

　그가 주목한 바와 같이 이 전략은 두 가지 진리 사이에서 균형을 유지하는 유일한 방법이다. 그런데 이 전략에서 상담자가 취할 수 있는 선택 사항이 있다. 바로 '시편의'(psalmic) 방식으로 내담자를 다루는 것이다. 내담자의 말을 주의 깊게 들은 후, 상담자가 내담자의 고난과 관련된 시편(또는 성경의 다른 구절)을 찾는 것이다. 성경이 어떻게 내담자의 고투와 일치하는지를 보기 위해 그리고 고난에 반응하면서 하나님을 높이는 성경적 방법을 내담자에게 보여주기 위해 시편을 읽어나간다.

　상담자가 이 방법을 선택할 때 자주 활용하는 구절은 시편

55편이다. 다윗이 부당한 취급을 받고(시 55:3, 10-15, 20-21), 이로 인해 깊은 고뇌에 빠진 상황이다(시 55:2, 4-8). 이 부분은 고난에 대한 일체화(동일시)를 강조한다. 한편 이 시편에서 다윗은 하나님께 부르짖고 도움을 간구하는데(시 55:1-2, 16-19, 22-23), 이 부분은 고난 속에서 도움을 구함으로써 하나님을 향하며 하나님을 높이는 내담자의 책임을 강조한다. 시편 55편은 고난당하는 자들이 (자신의 슬픔을 다룰 수 있는 장비를 갖추기 위해) 성경 곳곳의 풍성한 진리로 나아가는 데 도약판 역할을 한다.[46]

아담스의 연구는 '책임을 져야 하는 죄인으로서의 인간'이라는 중요한 성경적 진리를 강조했다. 이 진리는 세속 심리치료사들이 윤리적 책임을 내담자에게 돌리는 것을 피하려 했던(지금도 통상적으로 추구하는) 상담의 맥락에서 매우 중요하다.[47] 하지만 이러한 진리 추구에는 균형이 필요했다. 그래서 아담스 이후의 2세대 성경적 상담자들은 고투하고 아파하며 고난당하는 사람들의 삶에 책임의 진리를 적용함으로써 균형을 유지하고자 했다. 그들은 이 변화의 과정에서 고난을 체계화하고, 고난의 원인을 성경적으로 더 정교히 규명하며, 상담 현장에서 이것을 어떻게 실천할 것인지의 방법론을 제시하여 성경적 상담 운동을 발전시켰다. 이렇게 좀 더 균형 잡힌 시각을 위해 상담자는 '죄에 대한 개인의 책임'을 강조하는 성경의 진리를 이해하는 것과 마찬가지로 사람들이 처한 '고난의 상황'에 대한 성경적 가르침을 이해할 필요가 있다. 인격적 사역의 본질은 바로 죄에 대한 책임과 함께 고난의 삶 속에서 구체적으로 성경을 이해하는 것이다.

상담의 맥락에서 '말씀을 통한 효과적 사역'이란 내담자의 상황을 이해하는 것이다. 그리고 이를 위해서는 상담자가 고난 속에 있는 그들의 이야기를 주의 깊게 듣고, 그것에 대해 질문하며 면밀히 조사하고, 그들과 함께 걸어야 한다. 즉, '효과적 상담'이란 죄와 책임이라는 중요한 주제에 대해 내담자와 소통하기 위하여 상담자가 사랑, 세밀함, 관심, 은혜 그리고 적절함 속에서 그들의 경험을 이해하고자 하는 것이다. 이는 곧 죄와 책임의 주제를 잘 다룰 수 있는 토대로서의 상황을 이해하는 것이다. 이런 접근은 상담자들이 사랑과 은혜와 관심 그리고 고난당하는 사람이 무엇을 겪고 있는지에 대한 감각을 가지고 죄와 책임에 관한 주제들을 배우도록 촉진한다.

## 인간 동기Human Motivation 논의의 진보

성경적 상담 운동에서 개념적 진보를 이룬 영역은 죄와 고난의 관계뿐만이 아니다. 또 하나의 중요한 진보는 바로 동기(motivation)의 영역에서 이루어졌다. 즉, 사람들이 왜 그런 일들을 행하는지 논의하는 것이다. 성경적 상담 운동의 리더십이 아담스에서 2세대로 넘어가면서 이 범주에 대한 생각에도 변화가 일어났다. 동기에 대한 쟁점은 다른 어떤 성경적 상담 이론보다 더 큰 주목을 받았으므로, 이를 상세하게 분석하는 일은 대단히 중요하다고 할 수 있다.

## 동기에 관한 아담스의 생각

이미 살펴본 대로 아담스는 인간 행위의 주요 원인이 죄라고 믿었다. 그러나 죄의 역동성에 관한 그의 관점은 평범하지 않다. 사실 성경적 상담 2세대가 그의 관점을 받아들이지 않은 것은 신학적 혁신이다. 아담스에 따르면 죄스러운 삶을 사는 것은 죄의 행동 습관을 초래하는 것이며, 이것은 꼭 이해해야 하는 중요한 부분이다. 그는 "기독교인의 사고와 생활에서 습관의 위치는 매우 중요하며, 성경이 이 사실을 인정한다"[48]라고 말했다. 그의 모델에서 행동 습관은 죄인들이 죄를 짓게 되는 조건이므로, 이 습관의 이해가 매우 중요하다.

> 태어날 때부터 죄인인 사람은 삶의 시작부터 죄의 반응 패턴을 발전시키기 시작한다(거듭나지 않는 한 어쩔 수 없는 일이다). 습관은 일상생활에서 큰 비중을 차지하므로, 이러한 패턴은 기독교인의 삶에 성장을 방해하는 커다란 장벽을 세운다. 따라서 행동 습관은 내담자가 고투해야 하고, 상담자가 반드시 다루어야 하는 것이다.[49]

아담스는 사람들이 죄를 짓는 이유를 설명할 때, 하나님과 분리된 삶의 과정에서 형성된 죄의 습관을 지배적 요소로 보았다. 그는 한 걸음 더 나아가 성경의 저자들이 '육신'(flesh)이라는 용어를 사용할 때 그 안에 담긴 의미가 바로 이 죄의 행동 습관이라고 주장했다.

수년 동안 신학자들과 성경해석학자들은 로마서 6-8장의 내용을 곤혹스러워하며 이에 대해 논쟁해왔다. 지금까지 제기된 많은 의문들 중에는 '육신'의 뜻에 관한 것도 있는데, 지금 여기에서 특별히 말하려는 주제이기도 하다. … 나도 이 논쟁에 조금이라도 기여하고자 한다. 로마서 12장, 갈라디아서 5장, 골로새서 3장, 에베소서 4장의 구절들에서도 죄인의 육체와 습관이 연관되며, 로마서 6-8장의 내용은 그 구절들과 분리하여 연구해서는 안 된다. 바울은 이 모든 구절에서 생활 속 악한 본성의 반응으로 습득된 죄의 습관 (또는 행동 패턴) 문제와 이 문제가 하나님을 섬기기 원하는 거듭난 사람들에게 가져다주는 어려움을 주의 깊게 헤아린다.[50]

이러한 논지를 펼치는 과정에서 아담스가 복음의 성경적 이해로부터 단절된 것은 아니다. 결코 그렇지 않다. 그는 이것이 죄인을 과거의 육체적 삶에서 새로운 영적 삶으로 변화하도록 하는, 그리스도와 성령을 통해 가능해지는 성화의 과정이라고 생각했다. 죄(육신)의 습관을 없애고 그리스도의 의를 힘입어 천천히 그리고 점진적으로 그분을 닮아가는 성화의 과정 속에 있다고 보는 것이다. 그는 육체에 의한 삶에서 성령에 의한 삶으로의 변화는 습관 버리기(탈습관화)와 새로운 습관 만들기(재습관화)의 두 과정으로 일어난다고 해석했다. 이 습관 버리기와 새로운 습관 만들기는 '벗음'과 '입음'이라는 성경적 가르침에 근거하고 있다. 바울은 에베소서 4장 17-24절에서 다음과 같이 말했다.

그러므로 내가 이것을 말하며 주 안에서 증언하노니 이제부터 너희는 이방인이 그 마음의 허망한 것으로 행함같이 행하지 말라 그들의 총명이 어두워지고 그들 가운데 있는 무지함과 그들의 마음이 굳어짐으로 말미암아 하나님의 생명에서 떠나 있도다 그들이 감각 없는 자가 되어 자신을 방탕에 방임하여 모든 더러운 것을 욕심으로 행하되 오직 너희는 그리스도를 그같이 배우지 아니하였느니라 진리가 예수 안에 있는 것같이 너희가 참으로 그에게서 듣고 또한 그 안에서 가르침을 받았을진대 너희는 유혹의 욕심을 따라 썩어져 가는 구습을 따르는 옛 사람을 **벗어버리고** 오직 너희의 심령이 새롭게 되어 하나님을 따라 의와 진리의 거룩함으로 지으심을 받은 새사람을 **입으라**(골 3:1-17 참조).

바울이 가르친 '벗음'과 '입음'은 변화의 중심 과정이다. 아담스는 "진실한 변화를 이루려면 항상 이 두 요소가 같이 존재해야 한다. '벗음'은 '입음'이 없이는 영속적이지 못할 것이다. 또한 '벗음'이 따르지 않는다면 '입음'은 위선적이며 임시적일 뿐이다"[51]라고 말했다. 그는 계속해서 말한다.

[죄인이] 재프로그램화나 재습관화가 되지 않으면, 어려운 일이 닥치거나 피곤하거나 아프거나 큰 부담이 다가올 때 '선한 결심'과 '일시적 거짓말 멈추기'는 오래가지 못할 것이다. 그는 여전히 죄의 습관으로 프로그램 되어 있으므로 이전의 삶의 방식으로 돌아갈 것이다. 낡은 죄의 습성은 새로운 것으로 대체되지 않았다. 새

로운 것으로 대체되기 전의 그는 죄의 습성으로 돌아가기 쉬운 존재이다. 탈습관화는 재습관화를 이룰 때만 가능하다. 내담자는 '재편'되어야 한다. 새로운 반응 패턴이 그를 주도해야 한다. 삶의 스트레스 속에서도 습관적으로 새로운 방향으로 돌아서는 것을 배워야 한다.[52]

이런 아담스의 이해에서 주목해야 할 점은 모든 계획이 상담 과정에서의 매우 실제적인 요소를 포함하고 있다는 것이다. 그는 내담자가 잘못된 행동을 멈추는 것에만 초점을 맞추면 결코 진정한 변화가 일어나지 않는다고 믿었다. 진정한 변화는 나쁜 행동을 선한 행동으로 대체하는 것에 초점을 맞출 때 가능하다. 달리 말하면, 거짓말쟁이는 거짓말을 멈출 뿐 아니라 진실을 말하기 시작해야 한다는 것이다. 또한 도둑은 훔치는 것을 그만둘 뿐 아니라 일하고 베푸는 일을 시작해야 한다는 것이다. 그러나 수많은 죄의 탈습관화를 위해 오랜 시간에 걸쳐 상담하고, 또 올바른 대체 행동으로 재습관화하기 위해 상담하는 일은 아담스에게 참으로 힘든 작업이었다. 이 모든 작업은 그가 '총체적 구축'(total structuring)이라고 부른 훈련의 과정으로써 달성되었다.[53]

한편, 동기에 관한 아담스의 이해에서 주의해야 할 점은 '행동에 얼마나 중점을 두는가'이다. 그는 이 행동 뒤에 무엇이 있는지에 대해 거의 논의하지 않았다. 그는 대부분의 사람들이 동기의 쟁점에서 궁금해하는 '왜?'라는 물음에 별로 관심이 없다. 행동에 대한 초점을 포함하여 '왜'라는 물음을 소홀히 여긴 데에는 그가 기대하는 특별한 목회적 의도가 담겨 있다. 그는 《목회상담학》에서 사무엘상 2장에 나오는 엘리의 아들들의 죄를 지적하면서 두 가지 면에서 엘리를 책망하고 있다. 첫째는 엘리가 아들들의 죄를 더 빨리 직면하지 않고 회피한 것이 잘못이며, 둘째는 그가 마침내 아들들에게 다가가 이야기할 때 '왜'라는 치명적 표현으로 시작한 점이 잘못이라는 것이다.[54] 아담스는 다음과 같이 주장한다.

> 엘리가 '왜'를 강조한 것은 아버지로서 그의 실패 중 하나이다. (아들들이 죄인임을 인지한 것 외에) 그 악행의 원인을 깊이 숙고하는 것은 그가 신경 쓸 일이 아니었다. 그가 할 일은 그들의 악행을 멈추는 것이었다. '왜'를 지나치게 강조하는 것은 죄로 기록될 수밖에 없는 행위를 변명하고, 죄를 경감할 수 있는 핑계를 찾으려는 시도일 수 있다. … 엘리는 '왜' 대신 '무엇을'에 강조점을 두는 편이 나았을 것이다. 만약 그가 하나님의 기준에서 아들들의 행동을 헤아렸다면 그들을 도울 수도 있었을 것이다.[55]

아담스는 계속해서 다음과 같이 주장한다.

> 통상적 상담 기법에서는 어떤 행동의 '이유'와 '목적'에 대한 복잡한 내용으로 되돌아가는 빈번하고도 긴 여행을 추천한다. 그러나 권면적 상담은 주로 '무엇'에 대한 논의와 관련되어 있다. 상담자가 알아야 하는 모든 '왜'에 관한 것은 '무엇'이라는 답 속에 명확하게

나타날 수 있다. 무엇이 일어났는가? 그것을 교정하기 위해서 무엇을 해야 하는가? 앞으로의 반응은 어떠해야 하는가? 권면적 상담에서는 상담 전에 이미 '왜'에 대해 알고 있으므로, '왜'보다는 '무엇'에 강조점을 둔다. 사람이 하나님과의 관계나 타인과의 관계에서 난관에 봉착하는 것은 죄의 본성 때문이다. 사람은 누구나 죄인으로 태어난다.[56]

행동에 대한 초점은 아담스에게 가장 성경적이고 실제적인 접근이었다. 그는 '왜'라는 모호한 강조가 사람들을 죄에 대해 책임지지 않는 길로 가게 한다고 생각했다. 사람은 죄인으로 태어난다는 근본적 이유를 이미 알기 때문에 이런 결말은 불필요하다. 죄인들은 단지 '죄인'이기 때문에 죄를 짓는 것이다. 인간 동기에 대한 아담스의 이해는 이 사실만으로도 충분했다. 그러나 성경적 상담의 진보를 추구한 2세대 성경적 상담 운동에서는 이 부분이 중요 쟁점으로 대두되었다.

## 2세대가 보는 인간 동기

성경적 상담 운동의 2세대들은 1988년 폴리슨과 함께 그동안의 상담이 인간 동기의 쟁점에 충분히 주의를 기울였는지 평가하기 시작했다.

사람의 행동은 속에서, 곧 사람의 마음에서 흘러나온다(막 7:21). 인간관계의 갈등은 내부적 원인이 있다(약 4:1). 육체의 다양한 소욕은 내면의 갈망을 표현한다(갈 5:16-21). 모든 악은 부적절한 애착에 뿌리를 둔다(딤전 6:10). 이것은 우리 모두가 알고 단언하는 바이다. 그러나 그동안 우리의 이론과 실제 모두는 이 분야에 대해 필요한 만큼의 관심을 두지 못했다. 우리는 마음에서 나오는 죄와 의로움의 세부 행동을 익히 아는 것만큼 매일의 실제적 믿음과 우상의 구체적인 부분에 대해서도 잘 알고 있어야 한다. 성경적 상담이 목표로 삼아야 하는 변화는 내부적인 것과 외부적인 것, 이 두 영역 모두에서 일어나야 한다.[57]

폴리슨이 이렇게 평가한 것은 성경적 상담 운동 내의 '치명적 결함' 때문이 아니라, 동기 영역에 대한 '강조와 강화'의 필요성 때문이었다.[58] 다시 말해 그가 의도한 것은 동기에 대한 이슈를 언급해야 할 필요성이 성경적 상담 운동의 발전에 대한 열망에서 기인한 것이지, 그 기초를 폐지하고자 하는 것이 아니었다. 동기 영역에서의 진보는 지난 20년에 걸쳐 다음과 같은 두 가지의 주요한 면에서 일어났다. 첫째로 동기에 대한 아담스의 관점을 비평하며 수정했다. 둘째는, 동기에 대한 보다 더 성경적인 이해의 강조를 시도했다.

### 1) 아담스의 관점에 대한 비평
동기에 대한 아담스의 관점을 가장 공개적으로 비평한 것은《성경적 상담 저널》에 실린 두 논문, 에드 웰치의 〈신학이 어떻게 목회를 정립하는가—제이 아담스의 육체에 대한 견해와 대안〉과

조지 슈압(George M. Schwab)의 〈성경적 변화 모델로서의 '습관화' 비평〉[59]이다. 웰치와 슈압 모두 그들의 논문에서 육체에 대한 아담스의 이해는 성경 용어 해석의 역사뿐만 아니라 신약에서 쓰인 표현으로 볼 때 지지받을 수 없다는 것을 보여주고 있다. 웰치는 다음과 같이 언급했다.

성경은 죄의 궁극적인 원천이 우리 마음 곧 '사고방식'이라는 영적 실체 속에 있으며, 그것은 육체의 도구를 통하여 표현된다는 것을 지속적으로 가르치고 있다. 악에 끌리는 마음의 매개 없이 죄인의 몸 단독으로 죄를 짓는 수준까지 조금씩 프로그램 된다고는 어느 곳에서도 가르치지 않는다.[60]

슈압은 이러한 웰치의 견해에 동의하고, 그것에 덧붙여 습관화에 대한 아담스의 입장이 성경 속 특정 구절의 주해로부터 발전된 것이 아님을 지적했다.[61]

윤리적 습관들(믿음이든 불신이든, 죄든 사랑이든)이 습관화의 역학에 따라 작동한다는 아담스의 이론은 그의 어떤 성경 인용에서도 구체적으로 입증되지 않았다. 이것은 어떤 현상을 가정하고, 이 가정에 따라 성경을 읽을 때 가능하다.[62]

아담스의 입장이 성경에 기반을 둔 것이 아니라는 슈압의 주장은 강한 비난으로 볼 수 있다. 이는 아담스의 동기 이론의 참된 기원에 의문을 제기한 것이다. 슈압은 아담스의 가정이 윌리엄 글래서(William Glasser)와 호바트 모러(O. Hobart Mowrer) 같은 세속 사상가들의 영향에서 비롯되었다고 주장하면서, 아담스가 세운 가정의 출발점에 대하여 고찰했다.

제이 아담스의 습관화 이론은 성경 밖에서 비롯된 것이다. 아담스는 로저스와 프로이트로부터 분리하여 만든 자신의 상담 모델이 또 다른 세속 심리학자인 호바트 모러와 윌리엄 글래서의 영향임을 인정한다. 아담스는 성경이 상담에 충분하며, 소위 심리학적인 통찰력은 성경의 검증을 거쳐야 한다고 주장했지만, 그가 말한 '성경에 기반을 둔' 이론과 강조점은 이전의 세속 심리학자들의 것과 거의 동일해 보인다. 아담스가 참고한 '틀'(grid)의 일부가 이러한 세속주의자들이 공급해준 성경이었는가?[63]

이 질문에 슈압은 '그렇다'고 대답하면서, 아담스가 무신론자였던 모러와 글래서의 모델이 부적합하다는 것을 알고 있었다는 점을 분명히 했다.[64]

이처럼 웰치와 슈압은 아담스의 습관화 모델이 비성경적이라는 데 의견을 같이했다. 추가적으로 슈압은 아담스의 생각이 구체적인 성경 텍스트에서 기원한 것이 아니라, 세속 심리학의 이론들에 기초하고 있음을 증명했다. 다시 말해, 슈압은 '육체'라는 용어에 대한 아담스 견해의 문제점(웰치도 인용한 바 있음)이 아담스가 이를 성경상의 텍스트로 편승시키긴 했지만, 실제로는 세속 심리학자들의 영향으로 도출한 것이라고 밝혔다.

슈압이 아담스의 견해에서 성경적, 신학적 문제를 확인하자, 웰치는 상담 과정에서 이런 오류가 주는 실제적 어려움을 지적했다. 웰치는 아담스의 습관화 이론이 필연적으로 상담 접근법에 영향을 미친다고 말한다. "모든 신학적 입장이 실제에 영향을 미치듯이, 육체에 대한 아담스의 견해는 그의 상담 이론과 실제에서 나타나고 있다." 웰치는 실제 상담에서 아담스의 모델을 채택할 때 받을 수 있는 구체적인 영향에 대해 목록을 만들었다.[65] 여기에 다 나열할 필요는 없지만, 그중 동기 논의에 있어 특별히 중요한 세 가지를 살펴보겠다. 웰치는 다음과 같이 진술했다.

아담스의 습관화 모델을 채택할 때 상담은 행동주의 심리학자들의 자문과 유사해질 것이다. 그것은 단계적이며 다소 기계적인 과정이 될 것이다. 또한 그것은 문제 해결을 위한 과업이 될 것이다. 동기는 변화를 위한 목표가 아니라 공공연한 행동 의지가 될 것이다. 아담스의 주장은 종종 기독교 행동주의 심리학자의 소리 같다는 비난을 받아왔다. 육체에 대한 그의 견해는 그러한 비난을 받을 가능성이 있는 신학적인 의미를 내포한다. 아담스의 재프로그램 모델의 언어, 실천에 대한 강조, 내적 삶에 대한 확고한 모델의 결여는 결국 오늘날 세속주의의 행위적이고 인지행동적인 접근법과 유사하다.

상담자가 동기와 내면을 간과한다면 내담자는 자신이 이해받고 있다고 느끼지 못할 것이다. 내담자는 때때로 상담자가 충분히 자신의 문제에 '깊숙이' 들어오지 않았다는 느낌을 받을 것이다.

아담스의 모델을 채택해 상담하면 죄는 마음보다는 몸에 배어 있고, 행동주의 심리학자 모델과 같은 접근법이 동기를 성찰하도록 유도하지 못하기 때문에 결국 경건치 못한 동기를 가진 내담자에게 선한 행동을 일깨우지는 못할 것이다. 몸 자체에는 신념, 갈망, 희망, 신뢰, 열망, 염려, 정체성 등의 동기 패턴이 드러나지 않는다.[66]

그러나 아담스는 행동주의 심리학자라는 비난을 강하게 부인했다.[67] 그는《성경적 상담 저널》을 통해 웰치가 주장한 내용은 자신의 견해를 잘못 이해한 것이라고 응수했다. 아담스의 답변 중 유일하게 남아 있는 기록은《성경적 상담 저널》의 언급이다. "내가 웰치의 비판 중 몇 가지에 대해 부인한다는 것을 그가 수긍하여 다행이라고 생각한다. 나는 분명히 웰치의 비판을 부인한다. 전부는 아니지만 그중 대부분을 분명히 부인한다."[68] 이와 관련된 아담스의 주장 전문을 이 책의 부록에서 살펴볼 수 있다.

사실 아담스가 인간 행동의 뒤에 숨겨진 어떤 실체, 즉 동기에 대해 아무것도 언급하지 않은 것은 아니다. 예를 들어, '습관화' 논쟁에서 그는 다음과 같이 말했다. "바울이 얼마나 명백하게 잘못된 행동을 중단하는 것 이상을 강조했는지 놓쳐서는 안 된다. 그는 '삶의 방식'의 변화를 요청했고, 순전한 변화, 즉 행동만의 변화가 아닌 인격의 변화를 요구했다."[69] 후에 그는 다음과 같이 주장했다.

성경이 인간에게 요구하는 노력의 강조점을 오해해서는 안 된다. 우리는 육체의 일이 아니라, 은혜가 바탕이 된 노력을 말하고 있는 것이다. 경건을 위한 노력이 성령님을 벗어난 것이어서는 안 된다. 오직 그가 경험할 수 있는 성령님의 능력을 통한 것이어야만 한다. 자신만의 노력으로 계속 배울 수는 있겠지만, 꾸준한 경건을 추구하는 데 어려움을 겪을 것이다. 기독교인은 내면에 먼저 성령님의 역사가 선행해야 한다.[70]

이와 같은 그의 초기 저작에서의 언급은 그가 노골적인 행동주의 심리학자가 아니라는 것을 보여주는 예이다. 그러나 아담스는 그의 상담 모델 속에 이런 생각을 포함시키는 일을 하지 않았다. 결코 마음의 변화에 대해 자세히 말하지 않은 것이다. 그는 다음과 같이 기록했다.

상담 사역을 함으로써 하나님을 기쁘게 해드린다고 생각하는 사람들은 마음으로부터의 순종을 귀담아들을 필요가 있다. 해야 할 행동들을 나열하고 순차적으로 실행하는 것만으로는 충분하지 않다. 그것만으로는 아무 장점도 없다. 그것에 장점이 있다고 생각한다면 그 안에 바리새인의 마음을 가진 것이다. 예수님은 바리새인의 모습이 겉은 씻었으나 안은 썩은 것으로 가득 차 있는 잔과 같다고 말씀하셨다. 또한 속은 죽음과 부패로 가득 찼으나 겉은 아름다워 보이는 회칠한 무덤과 같다고 말씀하셨다. 바리새인은 하나님께 수용되고 인정받기 위해 외적인 행실을 추구하는 헛된 노력을 했다. 간단히 말해서, 외적으로만 적절한 행동을 하는 것이 아니라 내적으로 진실과 사랑, 믿음, 순수함이 있어야 한다. 나는 몇 가지 초기의 저작에서 이에 대해 충분히 설명하지 않았다는 이유로 행동주의 심리학을 가르친다는 비난을 받아왔다. 나는 성경을 기초로 '행동'에 대해 얘기했을 때 믿음과 사랑이라는 동기가 유발한 행실, 즉 하나님이 수락하시는 바로 그것을 의도했다는 것을 독자들이 알아주기를 기대했었다. 그러나 몇몇 사람들은 그것을 이해하지 못했다. 그래서 나는 내가 말하는 '행동'이 외적인 것일 뿐만 아니라 내적으로도 하나님의 명령을 따르는 것을 의미하는 것임을 분명히 하고자 한다.[71]

아담스는 위의 글에서 자신의 입장에 관해 두 가지를 지적하고 있다. 첫째, 그는 마음이 성경적인 '동기부여의 자리'로서, 행동에 있어 매우 중요하다는 점을 주목했다. 게다가 그는 행동의 핵심이 행동 뒤의 동기에 대한 주목 없이는 불충분하다는 것을 지적했다. 더욱 중요한 두 번째는 아담스가 자신의 이전 저술에서 이 부분이 빠져 있었다는 것을 인정한 것이다. 그는 이에 대해 변명하면서 동기를 포함하지 않은 것은 다른 사람들이 자신을 어떻게 생각할지 잘못 가정했기 때문이라고 기술하기도 했다.

두 가지 이유에서 아담스의 관점에 주목하는 것은 중요한 일이다. 첫째, 그것은 1세대 또는 2세대 성경적 상담의 흐름 사이에 존재하는 공통적인 명분을 보여주고 있다. 둘째, 그것은 그가 기초를 세운 성경적 상담 운동이 발전하는 데 그 자신의 자백을 통한 해명이 필요함을 보여준다. 아담스 모델이 놓친 것은 마음의 동기와 관련된 영역에 대한 정교한 작업이었다. 성경적 상담 운동에서 최근의 리더십이 달성하고자 노력해온 결과가 바로 인간 동기에 관한 중요한 업적이라 할 수 있다.

## 2) 진일보한 동기 이해

폴리슨은 〈현대 성경적 상담의 주요 쟁점〉에서 동기 강조의 필요성을 제기한 후, 〈마음의 우상과 '허영의 도시'〉(Idols of the Heart and 'Vanity Fair')라는 논문에서 이러한 그의 제안을 확장했다. 이 글에서 폴리슨은 본격적으로 개인의 행동 뒤에 있는 동기의 주제들을 강조했다. 그는 글을 시작하면서 다음과 같이 말했다.

> 예수님 외의 무엇이 혹은 누가 당신 안의 믿음, 열정, 충성, 돌봄, 공포, 그리고 기쁨을 차지하고 있는가? 이것이 한 사람의 행동, 사고, 그리고 감정에 대한 즉각적인 동기를 유발하는 질문이다. 성경적으로 개념화한다면 동기의 질문은 곧 주권에 대한 질문이다. 누가 또는 무엇이 나의 행동을 지배하는가? 주님이신가, 혹은 다른 대체물인가?[72]

폴리슨의 주장에서 동기의 문을 여는 열쇠는 '경배'(worship)이다. 경배는 인간 활동에 동기를 부여한다. 여기에서의 핵심은 경배가 '있는가, 없는가'의 여부가 아니라, 경배를 받고 있는 대상이 무엇인가 하는 것이다. 그에 따르면 이에 대한 두 가지 선택이 있을 수 있다. 그리스도 안에 살아 계신 하나님이거나 그를 대신하는 다른 무엇이다. 주님을 대신하는 대체물이 무엇인지에 대해 강조하면서 그는 마음의 우상에 대해 다음과 같이 기술했다.

'우상숭배'는 하나님을 떠난 것에 대한 특징적이며 요약적인 구약의 단어이다. … 흥미롭게도 (그리고 이상할 것도 없이) 신약에서는 우상숭배의 개념과 과도하게 삶을 지배하는 욕구를 하나로 통합하고 있다. 우상숭배는 마음의 문제이자 인간 욕망에 대한 메타포이며, 목마른 갈망인 동시에 탐욕스러운 욕구이다.[73]

이어서 그는 에스겔 14장 1-8절의 내용에 근거하여 눈에 보이는 이미지에 대한 경배로서의 우상숭배가 아닌, 좀 더 내부적인 문제를 겨냥했다.

인자야 이 사람들이 자기 우상을 마음에 들이며 죄악의 걸림돌을 자기 앞에 두었으니 그들이 내게 묻기를 내가 조금인들 용납하랴 그런즉 너는 그들에게 말하여 이르라 나 주 여호와가 말하노라 이스라엘 족속 중에 그 우상을 마음에 들이며 죄악의 걸림돌을 자기 앞에 두고 선지자에게로 가는 모든 자에게 나 여호와가 그 우상의 수효대로 보응하리니 이는 이스라엘 족속이 다 그 우상으로 말미암아 나를 배반하였으므로 내가 그들이 마음먹은 대로 그들을 잡으려 함이라(겔 14:3-5).

또한 그는 이러한 마음의 우상들은 안과 밖 모두에서 비롯된다고 주장했다.

성경에서 행동에 관련된 죄들은 항상 '신' 또는 '신들'에 의해 '동기 부여'되거나 지배되는 것으로 묘사된다. 인간 동기의 문제(실제적이고 계약적인 충성, 하나님 또는 다른 어떤 대체물)는 자주 그리고 유용하게 우상의 문제로 묘사된다. 우상은 인간의 마음에 깊이 뿌리박고 있는 문제로서, 사회적 환경을 통하여 우리를 강하게 공격한다.[74]

폴리슨의 요지는 명확하다. 인간은 참 하나님 혹은 우상에 의해 동기가 유발되어 행동하고 예배하는 존재이다. 이런 마음의 우상은 인간의 내부에서 발생하거나 외부에서 배운 것으로, 돈에 대한 사랑부터 성과 권력에 이르기까지 어떤 것이든 포함된다.

이러한 폴리슨의 동기에 대한 이해가 성경적 상담자들에게 미친 영향은 두말할 나위 없이 중요하다. 사실 지난 20년에 걸친 성경적 상담 운동이 폴리슨의 이 메타포 용법으로 정의되어왔다고 말해도 과언이 아닐 것이다. 그가 이야기한 '마음의 우상'이라는 메타포는 다수의 저자들에게 광범위하게 사용되었다. 그중 테드 트립(Tedd Tripp)은 이 메타포를 자녀 양육에 적용하여 많이 사용했다.

어린 시절에는 중립의 자리 같은 것이 없으므로 당신의 자녀들은 하나님을 예배하든지 우상을 숭배하든지 둘 중 하나이다. 이 우상은 작은 목상이나 석상이 아니다. 그것은 감지하기 힘든 마음의 우상이다. 성경은 인간의 두려움, 악의 욕망, 정욕 그리고 교만과 같은 용어를 사용하면서 이런 우상들을 자세히 묘사한다. 우상은 세상의 풍습을 따르는 것, 세속적인 사고방식을 받아들이는 것, 그리고 '세상적인 것들에 대한 애착'을 포함한다. 우리가 이와 관련해 고려해볼 수 있는 것은 아이의 마음을 지배하는 동기, 갈망, 욕구, 목표, 희망, 기대 등이다.[75]

또한 테드 트립의 형제 폴 트립은 상담의 방법론에 있어 중심적인 소통의 방편으로 이 메타포를 사용했다. 그는 에스겔 14장에 나타난 이스라엘 백성의 모습에 대해 다음과 같이 논했다.

하나님은 그들의 특별한 우상에 대해 지적하신다. 그들은 마음속에 우상을 가지고 있는데, 그것은 종교의식이나 문화적인 우상보다 더 개인적이고 본질적인 형태의 우상이다. 마음의 우상은 '하나님 외에 나를 지배하는 모든 것'이다. 예배하는 존재로서 인간은 항상 누군가를 또는 무엇인가를 예배한다. 이것은 한 사람도 예외가 없다. 만약 하나님이 내 마음을 다스리시지 않는다면 다른 누군가 혹은 무엇인가가 내 마음을 지배할 것이다. 그것이 바로 우리가 창조된 방식이다.[76]

에드워드 웰치는 이 메타포를 다양한 방법으로 활용했다. 자신의 책 《큰 사람 작은 하나님》(*When People Are Big and God Is Small*)

에서 그는 마음의 우상에 관해 기나긴 논의를 펼치고 있다.

수치의 두려움과 거절의 두려움이 가지는 공통점은 무엇인가? 성
경적으로 봤을 때, 두 가지 모두 사람이 가장 쉽게 만드는 우상은
'사람'이라는 것을 보여준다. 우리는 사람에 대한 두려움과 그들이
가진 힘을 하나님보다 더 위에 올려놓고 칭송한다. 우리는 사람이
마치 하나님처럼 우리를 꿰뚫어 보는 시선을 갖고 있다고 여기거
나, 또는 우리에게 자부심, 사랑, 감탄, 인정, 존중 그리고 다른 심
리적인 욕망 등을 하나님과 같이 채워주는 존재로 여기고 경배한
다. 이러한 것을 생각해 볼 때, 우상숭배는 인간의 마음을 차지하
는 사탄의 아주 오래된 전략이다. 경배의 대상은 시간이 흐르면서
변할 수 있지만, 마음은 변치 않는다. 우리가 지금 경배하고 있는
것은 이스라엘 백성이 금송아지를 놓고 우상숭배를 했던 것과 다
름이 없다.[77]

또한 웰치는 마음의 우상에 대한 그의 견해를 중독의 성경
적 이해에 있어 가장 중심적인 요소로 두었다.

인간 상황에 대한 가장 흔한 모습 중 하나이며, 통제할 수 있거나
또는 통제할 수 없는 중독의 경험을 둘 다 아우르는 한 가지 주제
가 있다면 그것은 바로 우상숭배이다. 이러한 관점에서, 중독의 본
질은 우리가 하나님 나라의 경계 밖으로 나가기를 선택하는 것이
며, 우상의 땅에서 축복을 찾는 것이다. 우상에 의지한다는 것은

우리가 창조주를 원하는 것보다 피조물을 더 원한다고 말하고 있는 것이다.[78]

3년 후 저술한 우울증에 관한 글에서 웰치는 다시 다음과 같이 마음의 우상을 주제로 다루고 있다.

어느 수준에서는 모든 사람들이 하나님을 알고 있다고 말할 수 있다(롬 1:21). 우리는 저기 어딘가에 '신', '신들'이나 '강력한 힘'이 있다는 모호한 생각을 하는 것이 아니다. 인간의 마음속에는 하나님이 누구신지에 대한 개인적인 지식이 있으며, 그분을 믿거나 아니면 다른 것들을 믿는다. 보다 더 종교적으로 표현하자면 우리는 그분을 경배하거나 아니면 쾌락, 돈, 성공, 그리고 사랑과 같은 우상을 섬기고 있는 것이다. 결국 마음은 이것 아니면 저것이다.[79]

또 다른 성경적 상담자인 엘리제 피츠패트릭(Elyse Fitzpatrick)은 그의 저서 《내 마음의 우상》(Idols of the Heart)에서 우상에 대해 다음과 같이 기록하고 있다.

우상은 단순한 석상이 아니다. 우상이란 우리가 참된 하나님의 자리에 놓고 숭배하는 생각, 욕구, 열망, 기대 등이다. 이러한 우상들은 우리가 필요하다고 생각하는 것을 추구하는 데 있어 참된 하나님을 무시하게 만든다.[80]

지금까지 살펴본 바와 같이 마음의 우상이라는 폴리슨의 주
제가 성경적 상담 운동에서 폭넓은 지지와 추종을 받았다는 것
은 분명한 사실이다. 마음의 우상이라는 개념은 동기와 연결되는
대상이며, '왜'라는 질문에 구체적으로 대답해주는 대상이자, 행
동의 '이유'를 설명해주는 대상이다. 마음의 우상은 하나님이 아
닌 것들에 대한 경배 속에 잘못 자리 잡은 욕구들을 설명해줌으
로써 행동의 '이유'를 밝혀준다.

　　이와 같은 동기의 영역에 관한 발전은 아담스가 처음 제안한
상담 모델에 결정적인 변화를 가져왔다. 동기에 대한 이러한 개
념은 우리의 행동이 마음속의 동기에서부터 나온다는 성경적인
가르침을 준다. 예수님은 이에 관해 매우 명확하게 가르치셨다.

> 예수께서 이르시되 너희도 이렇게 깨달음이 없느냐 무엇이든지 밖
> 에서 들어가는 것이 능히 사람을 더럽게 하지 못함을 알지 못하느냐
> 이는 마음으로 들어가지 아니하고 배로 들어가 뒤로 나감이라 이러
> 므로 모든 음식물을 깨끗하다 하시니라 또 이르시되 사람에게서 나
> 오는 그것이 사람을 더럽게 하느니라 속에서 곧 사람의 마음에서 나
> 오는 것은 악한 생각 곧 음란과 도둑질과 살인과 간음과 탐욕과 악
> 독과 속임과 음탕과 질투와 비방과 교만과 우매함이니 이 모든 악한
> 것이 다 속에서 나와서 사람을 더럽게 하느니라(막 7:18-23).

　　예수님의 가르침은 사람들의 생각을 포함한 모든 행동이 마
음속 깊은 동기에서 일어난다는 것을 더욱 분명히 한다. 이 성경

적 진리를 강조하는 데 있어 현대의 성경적 상담 운동은 그 실제를 뒷받침하기 위해 신학을 더욱 강화해왔다. 성경에 모든 행동이 마음에 근거한다는 가르침이 있으므로, 이 가르침이 고백적인 방식으로 또는 실천적인 부분에서 확인된다면, 그것은 성경적 상담을 더욱 '성경적'으로 만들 것이다.

'마음의 우상'이라는 메타포에서 얻을 수 있는 또 다른 유익은 경배하는 존재로서의 사람을 이해할 수 있다는 것이다. 이것은 분명히 '마음의 우상'이라는 표현에 대한 폴리슨의 이해가 중심이 된다. '엑스레이(X-ray) 질문'이라고 부르는 글에서 그는 상담자들(그리고 내담자들)에게 동기에 관한 이슈를 어떻게 이해할 것인지에 대한 지침을 주었다. 그는 다음과 같이 지적했다.

엑스레이 질문은 인간 동기의 패턴을 파악하는 데 도움을 제공한다. 이 질문들은 사람들이 그들의 마음속에서 권위의 자리를 차지하는 사악한 주인을 식별하는 것을 목표로 한다. 그리고 그들의 특정한 행동, 생각, 감정, 태도, 기억, 기대를 조종하는 것이 무엇이든 혹은 누구이든 간에 실제적으로 마음속에서 '기능하는 신들'이 무엇인지 드러낸다. 때때로 이러한 '기능하는 신들'이 우리가 '고백하는 신'과 정반대 쪽에 서 있음을 주목해보라. 기독교인으로서, 하나님이 모든 것을 통치하시고, 그의 영광과 당신의 궁극적인 행복을 위해 역사하시고 … 그러나 죄를 범할 때 당신 속에 실제로 '기능하는 신'은 당신이 '고백하는 신', 즉 하나님과 맞서게 된다. 불신자는 전적으로 불경건한 동기들, 즉 그들 안에 기능하는 신들에 사로잡혀 있다. 때로는 참된 그리스도인들도 가끔씩 기능하는 신들과 타협하고, 고백하는 신과 분리된 모습을 보인다. 그러나 감사하게도 하나님의 은혜가 방향을 다시 바로잡아주고, 깨끗하게 해주어서 우리를 주님께로 되돌아가게 해준다. 하나님의 은혜가 당신이 고백하는 하나님과 당신 안에 기능하는 신을 일치하도록 만든다.[81]

이와 같은 맥락에서 인간은 근본적으로 예배의 존재라는 폴리슨의 이해는 정확하다. '엑스레이 질문'의 30번째 질문이 보여주듯이 '마음의 우상'이라는 메타포는 이러한 예배의 본질을 강조하고 있다.

당신의 우상 또는 가짜 신은 무엇인가? 당신은 무엇에 신뢰를 두고 희망을 거는가? 당신이 의지하고 추구하는 것은 무엇인가? 당신의 피난처는 어디인가? 누가 당신의 세계에서 구원자이며, 심판자, 통치자, 공급자, 보호자인가? 당신은 누구를 섬기는가? 어떤 '목소리'가 당신을 조종하는가? 이 전체 목록은 35개의 질문을 통해 하나님의 자리를 빼앗는 것들을 추적하는 것이다. 이들 각각은 비유적으로 당신이 충성을 바치는 '우상'이라고 칭할 수 있다. 당신은 하나님의 특징을 흉내 내는 우상의 목소리들을 듣는다. 일상생활에서 그것을 찾는 훈련을 해보라. 그러면 적절하게 그리고 명확하게 수직적인 차원에서 대응하는 능력이 성장할 것이다.[82]

마지막으로, 마음의 동기에 대한 강조(이는 항상 경배 중심적임)

는 상담에 있어 매우 실질적인 유익을 제공하고, 위에서 에드워드 웰치가 제기한 문제들에 대해서도 답을 해준다. 행동 뒤에 숨겨진 동기에 초점을 둔 상담을 할 때, 행동주의를 뛰어넘는 참된 성경적인 상담을 할 수 있으며, 성경이 언급하고 있는 모든 부분을 다루는 진정한 성경적 상담으로 나아갈 수 있다. 또한 동기에 대한 초점은 상담자와 내담자가 함께 '깊이 들어가도록'(go deep) 함으로써 행동에 대한 참된 이해를 이끌어낸다. 이러한 깊이는 겉으로 드러나는 행동의 수준에서만이 아니라, 코람 데오(*coram Deo*), 즉 항상 하나님 얼굴 앞에서의 삶을 사는 마음의 수준까지 변화를 유도한다. 또한 동기에 초점을 맞추면, 겉으로 볼 때는 옳은 행실이지만 사실은 옳지 않은 동기로 행해진 부분까지 관심을 기울이게 될 것이다. 이러한 상담 접근은 바리새인주의나 율법주의에서 벗어날 수 있도록 내담자를 더욱 무장할 것이다. 아담스도 이러한 유익들을 인정할 것이다. 앞서 그의 논문 〈성경적 상담의 위기〉(Critical Stages of Biblical Counseling)에서 인용한 부분 (114쪽, 주석 71)을 보면 아담스도 마음의 중요성을 인정했다. 여기에서 강조하는 것은 아담스가 무엇을 믿었는가 하는 것보다는 그의 가르침 속에 드러나는 주장의 일부분을 논의하는 것이다. 아담스 자신도 인정하듯이 일정 부분에 있어서는 그의 주장이 더 발전되어야 할 필요가 있다. 이와 같은 발전은 지난 20년 동안 동기에 관한 분야에서 이루어졌으며 이는 성경적 상담에 긍정적으로 기여했다.

# 결론

어떤 상담 모델이든 이론적 개념이 중요하다. 이는 성경적 상담 운동에서도 주요 쟁점이므로 이 장에서 다룬 포괄적 논의들은 필수적인 것이라 할 수 있다. 성경적 상담자들은 내담자를 죄인이며 고통당하는 자로 이해하는 아담스의 관점에서 진보하기 위해 중요한 발전을 이루었다. 2세대 성경적 상담자들은 내담자를 단편적으로 죄인으로만 이해하기보다 죄인인 동시에 고난 가운데 있는 자인 내담자에게 어떻게 상담자가 다가가야 하는지를 보여주었다.

동기에 관한 쟁점 역시 지난 20년 동안 발전을 이루었다. 성경적 상담 운동은 외면의 행동을 강조하는 아담스의 관점에서 보다 내면의 동기를 강조하는 방향으로 진보를 이루었다. 인간의 죄를 강조하는 단조로운 인간 동기의 이해에서 인간 동기의 모든 요소들을 고려하는 보다 역동적인 방향으로 발전했다.

위와 같은 각각의 발전은 교회가 신학적이고, 목회적인 접근을 통해 힘든 상황에 있는 사람들을 도울 수 있도록 성숙한 지혜를 제공했다.

# 3장

# 성경적 상담과 상담 방법

COUNSELING: THE BIBLICAL COUNSELING MOVEMENT AFTER ADAMS
BY HEATH LAMBERT | FOREWORD BY DAVID POWLISON

'상담자가 어떻게 상담하는가?'라는 질문은 상담의 방법론에 관한 것인데, 이는 상담 과정에서 이루어지는 것들을 이야기한다.[1] 즉, '상담 방법론'은 상담자가 상담의 방향을 어떻게 잡고 진행할지에 대한 이해로서, 내담자에게 얼마나 많은 문제가 있는지, 내담자와의 관계를 어떻게 맺어갈지, 자료를 어떻게 수집할 것인지, 사적인 정보를 얼마나 제공할지, 상담자 혹은 내담자가 얼마나 오래 이야기해야 하는지, 내담자가 상담을 통해 깨달은 것을 어떻게 실천할 것인지, 상담을 얼마 동안 지속할 것인지, 몇 번의 상담을 할 것인지 등에 관한 것이다. 이런 상담의 방법론은 상담 기술의 윤곽을 잡아준다.

모든 상담 이론에는 그에 따른 여러 방법론이 있지만, 성경적 상담자는 세속 심리치료사와는 다른 방법론을 따른다. 방법론의 결정이 곧 신학적 결정이라고 믿기 때문이다. 실제로 그들은 성경적 상담 과정을 세우기 위해 필요한 모든 방법론을 하나님의 말씀에서 찾는다. 기독교인이 상담의 방법을 배우는 데 있어 세속 심리학에 귀 기울일 필요가 없는 것이다. 더욱이 상담 방법은 상담자가 진정으로 성경적인지 아닌지를 판가름하는 기준이 되기도 한다. 제이 아담스는 상담자가 얼마만큼 성경을 따르는지 보여주는 것이 바로 상담 기법이라고 주장했다.

방법론과 상담의 실제 과정은 상담 이론의 핵심을 명확히 드러낸다. 상담의 실제 과정에 대한 숙고는 상담의 핵심과 관련 없는 것을 구분하고 도려내는 작업이다. 그중 효력이 있다고 여겨지는 것이 (말의 그럴듯함이나 이론적 결함 여부에 상관없이) 상담자의 기본 방법론이 될 것이다. 그 외의 것들은 효력이 없는 것으로 남게 된다. 바꿔 말하면 어떤 이론 체계의 본질이나 기본 신념을 언제나 정확하게 찾을 수는 없다는 것이다. 희미하게 이해하기도 하고, 잘못 설명하기도 하며, 심지어 의도적으로 초점을 흐릴 수도 있다. 그러므로 상담자가 상담의 과정에서 내담자를 위해 하는 모든 행위는, 내담자의 문제와 그 문제 해결에 대한 상담자의 믿음을 가장 잘 보여준다. 방법론은 바로 그곳에 존재한다. 어떤 올바른 목적에 모두가 동의한다 하더라도, 이를 '어떻게' 달성할 것인지의 문제에서는 즉시 의견이 나뉘기 시작한다. 방법론에 대한 갈등은 상담자들 간의 진짜 차이를 드러낸다.[2]

아담스는 상담 방법이야말로 해당 상담 이론의 최종 시험대라는 점을 분명히 했다. 그의 주장에 따르면 결국 모든 상담자들은 상담 과정에서 어떤 방법론에 헌신하고 있는지 드러난다. 어떻게 상담을 진행하는지가 상담의 결정적 요인이다. 성경적 상담자는 내담자와 관계를 형성하고 그를 돕고자 하는 과정에서 성경에 대한 상담자 자신의 헌신을 검증할 수 있을 것이다. 그러므로 방법론은 매우 중요하다. 성경적 상담 여부에 상관없이 모든 상담자는 방법론을 가지고 있고(그래서 옳거나 그릇된 신학을 가지고 있다), 그 방법론은 상담자의 이론적 헌신에 대한 시험대이다.

아담스의 첫 상담학 책인《목회상담학》은 성경적 상담의 개념에 기초를 놓은 최초의 노력이었다. 3년 후 그는 《기독교 상담 매뉴얼》을 썼는데, 이 책은 성경적 상담 방법론의 기초에 관한 것이었다. 그는 "성경적 상담 방법에 매뉴얼이 필요하다는 데 부담을 느꼈고, 이 책에서 그 필요를 어느 정도 채우기 위해 노력했다"라고 말했다.[3] 이후 성경적 상담자들은 성경적 상담 방법론의 보완과 발전에 관심을 가져왔다.

## 일관된 방법론 영역

이 장에서는 성경적 상담의 2세대가 성경적 상담 방법론을 어떻게 발전시켜왔는지 살펴보고자 한다. 그러나 발전의 논쟁에 뛰어들기 전에, 성경적 상담 운동이 변함없이 유지해온 방법론의 영역을 알아볼 필요가 있다. 이 부분을 제대로 다루지 않으면 성경적 상담 운동에서 세대 간의 차이점들만 부각되고 강조될 수 있다. 실제로 성경적 상담 운동의 발전 과정에는 방법론의 영역에서 동의를 이룬 부분이 많았다. 이제 성경적 상담이 일관적으로 동의해온 세 영역에 대해 논의해보자.

### 1) 정보 수집의 중요성

성경적 상담 운동의 초기부터 지금까지, 내담자의 문제에 대한 올바르고 정확한 정보 수집의 중요성을 이해하는 데 성경적 상담자들의 의견이 하나로 일치되어온 것은 아니다.[4] 그러나 성경적 상담자들은 적어도 다음 세 가지 이유로 내담자의 이야기를 듣는 것이 중요하다는 데 동의한다.

첫째, 내담자의 문제에 대해 그들의 이야기를 듣고 배우는 것은 성경적이다. 잠언 18장 2절은 "미련한 자는 명철을 기뻐하지 아니하고 자기의 의사를 드러내기만 기뻐하느니라"라고 말씀한다. 야고보서 1장 19절 또한 "듣기는 속히 하고 말하기는 더디하며 성내기도 더디 하라"라고 말씀하고 있다. 인간관계의 성경적 모델은 먼저 듣고 그 다음에 말하는 것이다. 이것은 모든 사람을 위한 진리이지만, 특히 상담자 곧 고난 가운데 있는 사람을 위해 사역해야 하는 자에게는 더욱 필요한 진리이다. 폴 트립은 예수님의 사역 안에서 정보 수집의 중요성에 대한 기초를 놓았다. 그는 히브리서 4장 14-16절 말씀에 언급된 우리의 연약함을 동정하시는 예수님에 대해 다음과 같이 말했다.

우리의 연약함을 긍휼히 여기시는 예수님이 사역의 모델이시기에 우리 역시 내담자들을 잘 섬기기 위해 진심으로 그들을 이해하기 원한다. 우리도 그들의 세계에 들어가는 것에 헌신해야 한다. 이는 좋은 질문을 던지는 것으로 시작할 수 있으며 그들의 이야기를 잘 들을 때 가능하다. 우리가 바라는 것은 그들이 우리를 찾고 그들의 고통에 대해 나눔으로, 즉 우리를 통해 그들의 삶에 예수 그리스도의 주 되심이 회복되는 것이다. 내담자의 세계에 들어가는 것은 우

리가 복음의 진리를 가지고 개인의 특정한 상황 가운데 들어가서 그것을 적용할 수 있게 한다.[5]

둘째, 듣는 것과 배우는 것은 상담자에게 중요하다. 말하기 전에 듣는 것이 성경적인 이유가 있다. 상담자는 조언을 하기 전에 내담자의 정보가 필요하다. "사연을 듣기 전에 대답하는 자는 미련하여 욕을 당하느니라"(잠 18:13). 이해하기 전에 던진 말은 진정한 도움이 되지 못한다. 욥이 받았던 형편없는 상담에 대해 연구한 웨인 맥(Wayne Mack)은 그 상담의 실패 원인을 친구들이 욥의 상황을 제대로 이해하지 못했기 때문이라고 결론지었다.

상담에서 이런 실수를 하지 않도록 반드시 주의해야 한다. 적절한 정보를 모으기 전에 내담자의 문제를 해석하는 것은, 그들이 문제에서 해방되도록 돕는 것이 아니라 오히려 고통을 가중시키는 것이다. 지혜로운 사람은 먼저 지식을 찾고 얻는다. 추정이나 짐작, 상상이 아니라 지식이다. 그리고 그 지식은 사실과 연결되어야 한다.[6]

상담자가 진심으로 내담자에게 도움이 되고 싶다면, 상담자는 내담자에게 일어나고 있는 일을 알아야 하고, 그렇기 때문에 문제에 대한 정보를 필요로 한다.

셋째, 듣는 것과 배우는 것은 내담자에게도 중요하다. 데이비드 폴리슨은 《사랑 안에서 진실 말하기》(Speaking Truth in Love)에서 상담자가 항상 물어야 할 두 가지 질문을 언급했다. 먼저 내담자가 처한 상황을 묻고, 다음으로 그 상황에 대해 하나님이 어떻게 말씀하시는지 질문해야 한다는 것이다. 그는 다음과 같이 두 질문의 필요성을 설명했다.

> 이 두 가지 질문은 체계적인 상담을 돕는다. 우리의 사역은 사람들이 연결하지 않았던 것들을 연결하도록 돕는 것이다. 그것은 삶 가운데 무엇이 진행되고 있는지를 재해석하는 것이며, 판에 박힌 일처럼 보이는 것들 중에서도 구원의 기회를 찾는 것이다. 이전에 보지 못한 삶의 실제적 의미들을 예수님 안에서 추적하는 것이다. 이것은 정신과 마음, 여전히 잘못된 삶의 방식을 새롭게 한다. 이 질문들은 당신이 적절한 때에 의미 있게 말하도록 하고, 삶의 훈련 속에 있는 사람들을 격려하도록 한다.[7]

상담자들은 보통 '무엇'(적나라한 내담자의 상황)에 대해서는 잘 알고 있다. 그러나 그들은 '왜'(내담자의 행동 이면에 있는 이유, 하나님의 시각에서 현재 일어나고 있는 일의 중요성, 하나님의 구속 사역에 관한 계획과 약속)에 대해서는 미숙한 해석자인 경우가 많다. 듣고 배우는 것은 성경적 상담자가 내담자의 경험을 성경적으로 재해석하도록 하고, 그로 인해 더 나은 상황적 이해를 하게 되므로 매우 중요하다. 상담자는 내담자에게 듣고 배우는 과정 없이도 그가 성경을 이해하도록 도울 수는 있지만, 내담자가 하나님의 시각으로 자기 삶을 볼 수 있도록 하지는 못할 것이다. 이처럼 성경적 상담 운동은 내담자 문제의 올바른 정보를 습득하는 방법론의 중요성에 일관적으로 주목해왔다.

## 2) 가르침의 중요성

성경적 상담이 지속적으로 동의해온 또 다른 영역은 가르침 (Instruction)의 방법론적 중요성이다. 아담스는 성경적 상담을 "죄의 패턴을 드러내고 잘못된 것을 수정하며 하나님이 인정하시는 새로운 삶으로 세우기 위해서 사람들의 삶 가운데에 하나님의 말씀을 비추는 것"이라고 했다.[8] 그는 죄의 패턴을 드러내고 새로운 패턴을 세우는 일이 가르침을 통해 일어난다고 믿었다. 그래서 성경적 상담의 핵심 요소에 대해 "여러 가지 문제는 언어적(구두의) 방법에 의해 권면적으로 해결된다"라고 주장했다.[9]

이러한 상담적 가르침의 강조는 성경적 상담 운동의 흐름에서 매우 중요한 부분이다. 아담스가 처음 이 부분을 이야기할 당시에 사람들의 문제 해결을 돕는 일에서 가장 영향력 있는 상담 방법은 칼 로저스의 인간 중심 치료였다.[10] 로저스는 상담자가 조언을 하거나 가르치거나 직접적으로 관여하지 말아야 하며, 오직 내담자의 내면에서 치유할 수 있는 힘을 끌어내야 한다고 믿었다. 그의 이런 수동적 심리치료의 개념에 도전하여 아담스는 적극적 개입을 지지했다. 아담스는 다음과 같이 주장했다.

전문가의 필요성에 대한 의견과 매우 대조적으로 로저스는 전문가가 전혀 필요하지 않다고 주장한다. … 로저스의 이론과 치료 방법은 모든 사람에게 자신의 문제를 다룰 적절한 지식과 자원이 있다는 사상에 기반을 둔다. … 그의 주장에 따르면 상담자(또는 치료사)는 내담자가 스스로를 잘 다룰 수 있도록 함께 시간을 보내면 된다. 상담자는 촉매제 역할을 한다. … 이 과정에서 내담자는 스스로 답을 찾는다. … 그러므로 상담자는 내담자의 자원을 스스로 비춰보게 하는 거울이 된다는 것이다.[11]

아담스는 로저스의 이러한 이해를 혐오했다. 이는 인간의 죄인 됨과 신앙인들이 서로 도와야 한다는 아담스의 개념과 근본적으로 반대되는 것이었다.[12]

이제 성경적 상담자들은 더 이상 로저스의 이론에 반대하는 투쟁을 하지 않지만, 상황에 따른 우려와 지도의 중요성에 대해서는 꾸준히 주장해왔다. 이에 대해 맥은 다음과 같이 말했다.

성경은 모든 사람의 영적 성장을 위해 가르침이 필요하며, 가르침은 삶의 문제를 푸는 과정에서 없어서는 안 되는 것임을 명확히 한다. 타인의 변화를 돕기 원한다면 우리는 반드시 성경의 가르침에 전문성을 갖추어야 하고, 이를 상담의 가장 중요한 부분으로 만들어야 한다.[13]

맥은 상담에서 필요한 가르침이 역사적으로 고려해온 방법이 아니라 성경에서 말하는 것임을 분명히 했다. 가르침은 성경에서 제시한 처방으로서 모든 성경적 상담 사역의 핵심이고 또한 지속적으로 필요한 부분이기 때문이다.

### 3) 상담의 적용

성경적 상담자들이 일관되게 주장해온 방법론의 마지막 세 번째 영역은 실제 삶에서의 적용 부분이다. 그들은 내담자의 특정한 상황과 의미 있게 연결되는 때를 포함하여 모든 상담의 적용 문제를 성경의 진리를 전하는 일보다 훨씬 더 신중하게 생각한다. 그들은 상담자의 가르침을 통해 내담자가 매일의 삶에서 영향력을 발휘하고 열매를 맺어 점점 더 예수 그리스도를 닮아가기를 바란다. 이에 대해 맥은 다음과 같이 말했다.

> 성경적 상담자들은 성경적 변화를 '삶의 양식'으로 가르치고 알리기를 원한다. 성경적 상담자들은 사람들이 욕구, 사상, 태도, 감정, 행위 등 삶의 모든 영역에서 일관적으로 예수님 중심으로 살고 예수님을 닮은 사람이 되도록 돕기 위해 그들의 삶에 성경적 원리를 도입하고 통합하여 발전시키기를 원한다.[14]

성경적 상담은 실제 삶에서 일어나는 변화의 역동성에 관심이 있기 때문에 상담 원리의 적용을 강조한다. 그것이 과제[15]나 훈련,[16] 행동,[17] 탈습관화와 재습관화[18] 등 무엇으로 불리든 간에 성경적 상담 운동은 반복적으로 그리고 일관적으로 상담 내용의 적용을 강조해왔다. 상담은 단지 말을 하거나 통찰하는 것이 아니라, 사람을 변화시키는 것이다. 그 변화란 하나님의 은혜를 '신뢰'하고 하나님과 이웃을 '사랑'하는 데 무엇인가 이전과 달라지는 것을 말한다. 상담이 말씀의 개인 사역이고 설교가 말씀의 대중 사역이라면, 상담에는 실제 삶에서의 적용, 즉 수행(implementation)이 있고, 설교에는 적용(application)이 있다.

이제 성경적 상담 운동이 발전시켜온 부분들을 검토해야 할 시점이다. 그러나 방법론의 발전에서 이처럼 일관적으로 동의해 온 영역이 있음을 아는 것은 중요하다. 발전이 거듭될수록 그 안에서 지속적으로 강조되는 영역을 살펴보는 것이 매우 중요하다.

## 방법론에 보완이 필요한 이유

앞서 살펴본 대로 성경을 토대로 한 상담 방법론의 공식화에 초석을 놓은 것은 아담스이다. 누구도 시도하지 않았던 작업을 한 개척자이기에 그의 이론에 보완이 필요한 것은 너무나 당연하다. 그의 방법론 중 가장 보완이 필요한 부분은 '상담 관계'(counseling relationship)에 관한 것이다. 그가 상담자와 내담자의 '관계'의 관점에 접근한 방법은 형식적이며 사실상 권위적이었다. 예를 들어 그는 《하나님의 양 목양하기》(Shepherding God's Flock)에서 "상담은 집이 아니라 목회 연구실에서 가장 잘 진행된다. 목사는 유연성이 있어야 하고 어디서든 상담할 준비가 되어 있어야 하지만, 모든 상담을 목회 연구실에서 이루어지는 공적 상담으로 제한해야 할 것이다"라고 말했다.[19] 이후에 그는 다음과 같이 덧붙였다.

나와 이야기를 나눴던 한 목사는 자신이 체계적이고 조직적인 방법으로 상담하지 않는다고 말했다. 이것은 실수다. 엉성한 상담은 곧 엉성한 결과를 가져온다. 목사는 상담 관계가 너무 가벼워지거나 쉽게 그만둘 수 있는 관계가 되지 않도록 애써야 한다. 즉, 기업을 경영하는 관리자처럼 (위세를 부리는 것이 아닌) 효과적인 접근 방법으로 그리고 상담에 대한 헌신적인 부담감으로 (물론 기꺼운 마음으로) 내담자를 도와야 한다.[20]

이 부분에서 아담스는 "하나님이 목회자를 전문 상담자로 부르셨다는 진리가 그리스도인들 가운데 확립될 수 있도록 모든 노력이 이루어져야 한다"라고 덧붙였다.[21]

그가 언급한 전문 상담자의 "기업을 경영하는 관리자"와 같은 태도와 역할 등 탁상공론에 그친 생각들은 매우 형식화된 상담에의 접근을 가져왔다.[22] 현실적으로 이런 그의 접근에는 성경적 근거가 없다. 물론 그 자신만의 이유가 있었지만,[23] 성경적 상담은 이 지점에서 아담스의 조언을 다시 살펴보면서 성경이 말하는 것과의 세세한 차이를 구별해야 한다.[24]

아담스 상담 방법론의 또 다른 쟁점은 상담 방법론의 권위성이다. 그는 "기독교 상담은 권위적인 가르침을 포함한다는 것에 주의하라. 권위적 가르침은 직접적이고 권면적인 기술의 사용을 요구한다"[25]라고 말했다. 그는 로저스의 상담 이론을 비판하면서 상담 영역에서 권위에 대한 개념을 회복시키는 데 열정적이었다. 즉, 상담자들에게 그들이 가지고 있는 '권위'를 상기시키고 영감을 주는 일에 관심을 가졌다.[26]

물론 성경적인 사역이 다 그러하듯 성경적 상담에도 권위에 관한 요소가 있다.[27] 그러나 아담스가 강조한 목회적 권위는 상담자와 내담자 사이에서 사랑의 관계를 세우는 중요성을 모호하게 하는 경향이 있다. 사실 이를 차치하더라도 그가 강조하는 것 중 일부는 '관계 형성'을 반대하는 것처럼 보인다.

아마도 권면적 상담자들이 실패하는 주된 이유는 그들이 가끔 내담자의 변명과 호소에 너무나 동정적이 되기 때문일 것이다. 내담자가 가슴 아픈 이야기를 할 때 종종 상담자에게는 이것이 아주 특별한 경우라는 결론을 내리게 하는 유혹이 된다.[28]

아담스의 이 발언은 '잘못된 딜레마의 오류'(다른 대안들이 있는데도 불구하고 양자택일의 질문을 강요하는 오류—옮긴이)로 보인다. 주의 깊은 경청이 결국 상담 실패와 연결되는 것은 아니다. 그도 인정하겠지만,[29] 아담스의 어조는 내담자가 역경 속에서 분투하는 것을 심각하게 다루지 않는 것처럼 보인다.

그러나 우리는 아담스 견해의 문제점에만 주목한 나머지 그의 접근이 주는 유익을 간과해서는 안 된다. 권위와 형식에 대한 그의 접근은 두 가지 면에서 좋은 점이 있다.[30] 첫 번째는 상담의 기반을 성경에 두면서 성경을 인용하고 성경으로 사역할 때 하나님의 권위가 온다는 것을 믿었다는 점이다.

상담에는 하나님이 부여하신 권위가 필요하다. 오직 성경적 상담에만 이 권위가 있다. 하나님께 권위를 부여받은 상담자는 그리스도가 교회에 주신 상담에 대한 권위를 행사한다(살전 5:12-13). 모든 그리스도인들은 성도로서 주님이 그들에게 부여하신 권위를 행사한다(골 3:16; 롬 15:14).[31]

아담스는 목사든 평신도든 하나님의 말씀에서 오는 상담에 대한 권위가 있다고 여겼다. 이 권위는 대단히 중요하다. 특별히 하나님의 권위가 없으면 대부분의 상담에서 권위가 없는 성경적 상담의 문맥에서는 더욱 그러하다.[32]

두 번째는 아담스가 강조한 권위와 형식이 없다면 상담에서 책임감의 중요성이 약화된다는 점이다.

상담자는 내담자의 변명에 동정적이 되거나 내담자의 행동에 대한 책임을 짚어주지 않을 때 상담에 실패한다. 그러나 진정으로 그들을 긍휼히 여긴다면 실패하지 않을 수 있다. 실패하는 것이 동정(sympathy)이라면, 실패하지 않는 것은 공감(empathy)이다. 단순히 마음만 약한 상담자를 만나는 것은 내담자에게 가장 은혜롭지 못한 일이다. 내담자에게 가장 친절한 공감의 자세는 그에게 진실을 말하고, 죄를 직면하도록 도우며, 그가 상황을 바로잡고 변할 수 있도록 격려하는 것이다.[33]

사실 내담자 입장에서는 권위 없이 책임을 지지 않는 상담과 진실하고 주의 깊게 듣는 경청 사이에 필연적 연결성이 없다.

진실한 경청이 될 수도 있고, 지속적인 관계가 될 수도 있으며, 주의 깊게 성경을 가르치는 일도 (책임에 대하여 관대한 상담을 하는 이유가) 될 수 있는 것이 현실이다. 그러나 성경은 모든 그리스도인이 가르치는 일에만 충실하도록 부르심을 받은 것이 아니라 관계를 위해서도 부르심을 받았다고 말씀한다.[34] 그러므로 아담스가 권위와 형식을 강조한 것은 성경적 관계에서의 중요한 요소를 놓친 것으로 보인다.

지금까지 살펴본 내용을 요약하면, 아담스는 상담 방법론에서 형식과 권위를 강조했다. 이는 성경적이고 역사적인 필요성이 있는 일이었다. 그러나 이로 인해 그가 다루지 않은 '내담자와의 관계 구축의 중요성'은 성경적 상담 운동의 2세대가 보완하고 발전시켜야 하는 영역이 되었다.

## 성경적 상담 방법론의 발전

폴리슨은 〈현대 성경적 상담의 주요 쟁점들〉에서 권위를 강조하는 상담 방법이 놓칠 수 있는 점들을 우려했다.

한편, 상담자와 내담자 간의 다양한 세속적 관계 형성에 대한 위험이 있다. 그러한 접근들은 적극적으로 권위를 막는다(물론 수정된 권위는 현재 모든 상담 체계에 존재하지만). 또 다른 한편에도 위험이 있다. 상담 관계에 대한 성경적 관점은 내담자가 의제를 정하는 것과

'관계'가 건설적인 상담의 핵심이라는 비권위적인 요소들을 가지고 있다. 성경은 우리가 '권위'와 건강한 성경적 '관계'의 상호성을 주의 깊게 살펴보고 알아야 할 것을 요구하고 있다. 우리는 상담자와 내담자 관계의 다양한 구성에 대하여 살펴보아야 하며, 그 관계는 성경이 하나님의 권위를 전달하는 수단이 된다는 것을 알아야 한다. 사실, 단호하게 개입하는 권위 있는 목회는 성경적 상담에서 쓰이는 여러 방식 중 하나이다. 그것만이 으뜸이 되는 방식이라는 것이 아니다. 먼저 사용한 방식이 실패했을 때 대처하기 위한 대안적인 방식이 된다. 성경적 상담 관계의 가장 큰 특징은 장기간의 우정과 함께 상담자와 내담자 모두 상담을 통해 서로에게뿐 아니라 하나님을 의존하는 일에 초대되었다는 것이다. 단기간의 권위적인 개입은 응급 처치, 인명구조법과 같은 것이다.[35]

이러한 그의 설명은 성경적 상담 운동이 걸어온 길과 앞으로 가야 할 방향에 있어 가장 중요한 부분이다. 이후 폴리슨은 아담스의 견해에 보다 비판적인 입장을 취했다. "아담스는 내게 동정심과 일체화 그리고 상호성(mutuality)이 필요하다고 말했지만, 그는 꾸짖고 선포하는 권위적인 모델을 만들고 가르쳤다. 그는 균형 잡힌 감각이 필요하다고 말했지만, 어떻게 해야 하는지에 대해서는 가르쳐주지 않았다."[36] 폴리슨은 상담자와 내담자 관계의 중요성을 인식하고 그에 대한 방법론의 개발이 필요함을 제기했고, 그 후로 여러 성경적 상담자들이 함께 발전시켜왔다. 그렇게 개발된 여섯 가지 영역에 대해 이야기해보자.

## 1) 가족적 관계의 대입

아담스는 상담 관계에서 '권위와 복종', '목자와 양'의 관계를 강조한 반면, 오늘날의 성경적 상담 방법론은 상담자와 내담자 사이에 존재하는 가족적 관계를 강조해왔다. 폴리슨과 맥 모두 이 부분을 연구했는데, 폴리슨은 데살로니가전서의 이 말씀에 근거하여 접근했다. "또 형제들아 너희를 권면하노니 게으른 자들을 권계하며 마음이 약한 자들을 격려하고 힘이 없는 자들을 붙들어주며 모든 사람에게 오래 참으라"(살전 5:14).

> 데살로니가전서 5장 14절이 말하는 상담 관계의 패러다임은 무엇인가? 오래 참고 권계하며 격려하라고 부르심을 받은 사람은 누구인가? 또한 돌봄을 받을 사람은 누구인가? 아집이 강하고 낙망하며 장애를 가진 자들로 묘사된 사람들이 누구인가? 우리가 데살로니가전서 전체를 통해 알 수 있듯이 이 서신은 상담자와 내담자의 관계에서 가족적 패러다임에 대한 이해를 말하고 있음이 명백하다. 어린아이일지라도 형은 동생을 돕는다. 어려운 처지에 있는 사람들은 다양한 종류의 문제가 있고, 더 지혜로운 사람들이 그들의 사랑에 강하게 적용할 수 있어야 하기 때문이다.[37]

맥은 이 개념을 디모데전서의 말씀에 근거하여 설명했다. "늙은이를 꾸짖지 말고 권하되 아버지에게 하듯 하며 젊은이에게는 형제에게 하듯 하고 늙은 여자에게는 어머니에게 하듯 하며 젊은 여자에게는 온전히 깨끗함으로 자매에게 하듯 하라"(딤전 5:1-2).

내담자를 가족으로 생각하라. 나는 상담할 때 어떻게 가까운 친척을 다룰 것인지 의도적으로 노력하여 상상한다. 나 자신에게 묻는다. '어떻게 말할 것인가? 내 앞에 앉아 있는 이 사람이 나의 어머니나 아버지, 또는 형제자매라면 나는 어떻게 상담을 진행할 것인가?' 실제 내담자들은 나의 영적 형제자매이며, 하나님 아버지는 우리가 그들을 그렇게 대하기를 원하신다.[38]

폴리슨과 맥의 견해는 아담스의 상담 방법론이 균형을 이루도록 돕는다. 하나님의 말씀을 전할 때 상담자는 그분의 권위를 갖게 된다. 그러나 한편으로 상담자가 내담자에게 말하는 것은 곧 그리스도 안에서 형제자매에게 이야기하는 것이다. 상담자는 여전히 권위를 가지고 말하지만, 일반적 관계가 아닌 형제자매 관계의 맥락에서 이야기할 때 그 권위의 느낌이 달라진다.

## 2) 사랑을 보여주는 상담

가족적 관계 맥락의 상담은 내담자에 대한 사랑과 애착을 보여주게 된다. 폴리슨은 다음과 같이 말했다.

상담은 진정한 이해, 곧 정확하고, 진정한 관심이 있으며, 자비롭고, 친절하고, 서로 소통하는 이해가 가장 중요하다. 내담자, 친구, 배우자, 어린아이가 "이 사람은 나를 정말 보살피고 있어. 이 사람은 나를 알고, 나의 세계를 이해해"라고 생각할 때 선한 일들이 일어나곤 한다.[39]

여기에서 그는 몇 가지를 강조한다. 첫째, 의사소통에 대한 진정한 이해의 중요성을 이야기한다. 상담자가 의도적으로 이해하려는 것만으로는 충분하지 않다. 이해하는 모든 감각(sense of understanding)이 내담자에게 붙잡혀야 한다(진실한 관심으로 이해하려고 해야 한다). 이와 같은 맥락에서 그는 상담자를 내담자 돌보는 일을 감사하게 여기는 사람, 돌봄의 가치를 진정으로 아는 사람으로 본다. "얼마나 많이 아는가보다 얼마나 남을 배려하느냐가 중요하다"라는 말 속에서 내담자에게 애정을 표현하는 것이 얼마나 중요한지를 강조한 그의 성경적 이해를 포착할 수 있다.

트립 또한 진실한 이해가 필요하다고 강조했다.

> 나는 사람을 변화시키는 사역의 기초는 정통 신학이 아니라 사랑이라고 확언한다. 사랑이 없는 신학은 노 없는 배와 같다. 사랑은 하나님이 아들을 보내어 희생하도록 이끄신 것이다. 사랑은 예수 그리스도를 순종하게 만들었고, 그 자신을 죄악이 가득한 세상을 위해 십자가에 달리도록 이끌었다. 사랑은 예수님이 잃어버린 자를 찾게 하는 것이며, 자녀들이 그의 형상대로 변화될 때까지 참고 인내하도록 하는 것이다. 그의 사랑은 자녀들이 영광의 자리에 앉을 때까지 쉬지 않는다. 모든 죄인의 소망은 신학적 대답에 있지 않고, 예수님의 사랑 안에 있다. 우리에게 사랑이 없다면 개인의 삶에도, 관계에서도, 영원에 대해서도 아무런 소망이 없다.[40]

여기에서 트립은 그의 관점을 관철시키기 위해 다소 과장하여 사랑과 신학 사이에 쐐기를 박았다. 그러나 역설적이게도 그가 말한 사랑 제일의 관점은 성육신, 대속, 의롭게 하심, 성화와 오래 참으심 등의 신학에 기초하고 있다. 그리고 더욱 역설적인 것은 그가 이것을 '사랑의 신학'이라는 제목으로 썼다는 것이다. 그러므로 보다 더 중요한 진리의 가치를 이야기하기 위해서 사랑과 신학에 쐐기를 박을 필요는 없다. 물론 상담에서 사랑 역시 중요하다. 상담에서 가르침(instruction)이 열매를 맺기 위해서는 반드시 사랑이 필요하다.

아담스도 그의 상담 접근이 기본적으로 사랑하는 것이라고 믿었다. 그는 사람들을 죄에 직면하게 하고 변화하도록 하는 것은 '사랑하는 것'이라고 믿었다. 이러한 그의 해석은 훌륭하다. 그러나 그가 미처 개발하지 않았던 것은 자신이 강조했던 가르침의 효율성을 높이는 데 필요한 내담자를 돌보는 구체적 방식이다.

### 3) 희생적인 상담

상담이 가족적 관계의 맥락에서 사랑을 발휘해야 한다면, 상담자가 이것을 보여주는 주요 방법은 내담자들의 삶에 희생적으로 투자하는 것이다. 트립은 다음과 같이 말했다.

예수 그리스도의 성육신하신 사랑에 대한 부르심을 잊어버릴 때, 우리는 우리 자신의 관계성을 선택하게 될 것이다. 그것은 곧 우리를 기쁘게 하고 우리에게 위안을 주며 우리가 선택하기 쉬운 것에 지배받는 것이다. 우리는 이것을 간섭하는 사람을 싫어하고, 우리의 분노는 대부분 이것을 간섭하는 사람들과의 관계에서 일어난다. 사람들은 우리에게 속해 있지 않다. 그들은 하나님께 속해 있다. 관계는 일차적으로 우리의 업적이나 성취가 아니다. 죄인들 사이의 관계는 복잡하고, 어렵고, 힘겨우며, 부담이 되지만 사람은 하나님의 영광을 위해 창조되었고 삶의 목적은 하나님이 높임을 받으시는 것과 우리의 마음이 변화되는 것에 있다. 효과적인 개인 사역은 우리가 하나님께 속한 관계를 우리의 것으로 취하여 우리의 이기적인 욕구를 위해 사용했음을 고백하면서부터 시작된다.[41]

트립은 상담자와 내담자의 관계에 대해 흥미로운 의견을 내놓았다. 그는 상담자가 내담자들의 삶에 투자해야 한다고 확신했다. 더 나아가 큰 희생이라고 할 정도의 투자를 해야 한다고 믿었다. 그리고 내담자들에 대하여 희생적으로 투자하지 않는 상담자들을 이기적이라고 비판하며 '도적'이라고까지 표현했다.

이러한 희생적 투자의 개념은 데살로니가전서 1장에 나온 사도 바울의 사역과 맥을 같이한다. "우리는 그리스도의 사도로서 마땅히 권위를 주장할 수 있으나 도리어 너희 가운데서 유순한 자가 되어 유모가 자기 자녀를 기름과 같이 하였으니 우리가 이같이 너희를 사모하여 하나님의 복음뿐 아니라 우리의 목숨까지도 너희에게 주기를 기뻐함은 너희가 우리의 사랑하는 자 됨이라"(살전 2:7-8).

상담자가 기꺼이 자신을 나누고 사랑을 담는 사역을 해야 한다는 이러한 방법론 접근은 아담스와 2세대가 함께 발전시켜왔다. 우선 아담스가 상담에서 진리에 대해 강조하고, 몇 번 안 되는 회기였지만 실제로 자신이 강조한 접근 방법으로 상담을 했다는 것에 의의가 있다.[42] 또한 성경적 상담 운동 2세대가 내담자에 대한 희생적 투자의 성경적 필요성을 덧붙인 것이 성경적 상담 방법론에 진보와 발달을 가져왔다는 것을 이해해야 한다.

### 4) 사람 지향적인 상담

앞에서 이야기한 대로 아담스가 성경적 상담 운동에 대한 기초를 놓았을 당시에는 로저스의 인간 중심 치료가 상담 방법의 주류였다. 이 같은 상황에서 아담스의 상담 모델은 권위적인 방법 안에서 죄를 다루는 상담 요소를 강조하며 말씀의 진리 위에 섰다. 이러한 모델을 발전시키는 과정에서 아담스는 사람들의 문제에 집중하는 경향이 있었다. 그 후 이러한 한계를 넘고자 한 성경적 상담자들이 로저스 방식의 상담이 지나치게 치우쳤던 것을 막고 적절한 성경적 방법으로 사람을 다루기 위해 인간 중심(person-centered) 접근이 아닌, 사람 지향(person-oriented) 접근을 발전시켰다.

맥은 아담스와 논쟁할 때, 이 문제를 솔직하게 언급했다. "성경적 상담은 사람들의 문제를 해결하는 것에 관한 것이다. 문제의 원인을 찾고, 성경적 이론을 그 원인에 적용하는 것이다. 그러나 선한 의도를 가진 상담자도 이 핵심 요소 없이 상담하는 실수를 저지르곤 한다." 그리고 맥은 아담스의 저서 《기독교 상담 사례집》(*The Christian Counselor's Casebook*)에서 그 사례를 찾았다.[43]

클라라는 당신을 찾아와 정신적, 육체적 학대를 이유로 이혼 신청을 했다고 말한다. 이제 클라라는 상담 3회차에 들어섰다. "남편과 함께 오려고 했지만 그는 다른 일이 있다고 해요. 물론 그 다른 일이 뭔지 아실 거예요. 이미 그것에 대해 다 말씀드렸죠."

"저는 부인께서 남편이 없는 곳에서 그를 험담하고 공격하는 소리를 듣고 싶지 않습니다. … 남편에 대한 지속적인 적대감은 … 비록 남편을 용서했다고 말해도 부인이 이 일을 묻는 것에 거의 노력을 하고 있지 않거나 … 아무런 노력도 하지 않는 것과 같습니다. 나는 부인이 남편을 용서했다고 생각하지 않습니다."

"그 사람을 용서하라고요? 한계가 있죠! 그는 나를 때리고, 음주로 재산을 탕진했어요. 집에 갔을 때 우리 침대에 그 사람이 다른 여자와 함께 있는 것을 보면 절대로 그 문제를 덮을 수 없어요. 그 사람은 미성숙하고 부도덕해요. 짐승 같다고요!" 그녀는 이렇게 확언한다.

당신은 그녀가 남편에게 말하는 언어를 바꿀 필요가 있으며, 당신이 그녀를 도와주려는 것이지 그녀가 자신의 의의 노예가 되거나 남편을 비난하는 소리를 들으려는 것이 아니라고 말한다.

"왜 당신은 그의 편을 드는 거죠? 나는 이 교회 성도예요." 그녀는 울음을 터뜨리고 만다.

왜 이 상담이 제대로 시작도 못하고 소망 없는 상태로 악화되었을까? 상담자가 말하는 것이 대부분 맞는 말이라고 해도, 이처럼 자동화된 기계처럼 접근하면 상담 결과는 부정적이다. 자동차를 수리하려고 정비소에 맡겨놓고 떠나면 정비소 기계는 매뉴얼에 따라 자동차를 진단하기 위해 진단 테스트를 하고, 매뉴얼에 따라 고장 난 부분을 고쳐나간다. 두렵게도 어떤 상담자들은 사람을 이런 방법으로 다룬다. 그들은 오직 문제가 무엇인지, 책이 그것에 대해 어떻게 말하는지에만 관심이 있다. 그리고 그들은 그 문제를 즉시 고치려고 한다. 내담자와의 관계 형성은 안중에도 없이 말이다.[44]

맥이 아담스의 저서에서 찾은 이 상담 사례는 처참하다. 이 사례에서 중요한 요소는 너무나 명백하다. 그것은 걷잡을 수 없는 분노나 용서받지 못한 죄 등이다. 그러나 그 외의 다른 요소들, 예를 들면 내담자 삶 속에서의 고난과 분투 등의 문제는 완전히 간과되었다. 이렇게 무시된 요소들 때문에 상담자는 옳은 말을 할 때조차 극도로 냉정하다. 단지 내담자의 죄나 실수만을 언급하는 반쪽짜리 접근 방법은 결국 사랑의 법에 대한 실패이며, 진정으로 도움을 주는 상담이 될 수 없다. 이에 대해 트립은 다음과 같이 덧붙였다.

우리는 문제에 집중한 나머지 그 문제 가운데 있는 사람을 놓칠 수 있다. 물론 성경적 사역에 문제 해결이 포함되지만, 중요한 것은 사람을 다루는 것(person-focused)이다. 변화를 향한 하나님의 사역은 명백히 상황과 관계의 변화를 포함하지만, 가장 큰 목적은 사람의 근본적인 변화이다. 우리가 누군가의 이야기를 들으면서 사람이 아닌 문제에만 집중한다면 우리는 마치 박람회의 사격장에 있는 사람처럼 플라스틱 오리를 맞추는 것을 목표로 삼게 되고, 우리의 목적은 그것을 쓰러뜨리는 것이 될 것이다. 우리는 문제를 표현하는 용어(간음, 의심, 두려움, 욕정, 도적질, 탐욕, 질투, 갈등)를 들을 것이고, 그러면 즉시 그 문제에 대한 성경적 관점이라 여기는 모든 것들로 그것을 겨냥하여 쏠 것이다. 그러나 이것은 하나님이 그분의 말씀이 사용되기를 원하시는 방법에 폭력을 행사하는 것일 뿐 아니라, 문제를 겪고 있는 사람의 마음을 완전히 놓치는 것이다.[45]

이와 같이 트립과 맥은 내담자의 문제만을 다루는 상담적 접근을 비판했다. 그들은 상담이 문제만을 다루는 것이 아니라, 문제를 겪고 있는 '사람'을 다루는 것이라고 이야기했다. 이것은 상담이 죄에 대해 언급하는 것뿐 아니라, 고통 중에 있는 사람을 고려하고 배려하여 함께 가야 한다는 것을 말한다. 성경은 진리를 이야기하라고만 말씀하는 것이 아니라, 사랑의 말을 할 것을 명령하고 있기 때문이다(엡 4:15). 이들은 내담자가 가져온 '문제'가 아니라 고통을 겪고 있는 '내담자'를 다룰 것을 강조하면서 몇 가지 지침도 제공했다.

## 5) 상담자도 죄인이다

'권위'에 집중한 아담스의 상담 방법론은 죄인이며 고통받는 사람인 상담자와 내담자의 관계를 상호 간에 은혜가 필요한 상태에서 어떻게 형성해나갈 것인지 언급하지 않았다. 폴리슨은 "아담스는 상담자 역시 은혜와 자비가 필요한 죄인이며 고통받는 사람이라는 입장을 거의 취하지 않았다"라고 말했다.[46] 아담스의 방법론 안에서 내담자들은 성경이 죄에 대해 어떻게 말하고 질책하는지 직면하고, 훈계를 통해 성경적인 변화로 가는 길을 알려주는 상담자들을 만난다. 아담스의 관점에서는 내담자와 동일하게 죄인이며 분투하는 상담자의 모습이 없다.[47] 그러나 맥이 제안한 방법에는 아담스의 접근과는 다른 부분이 있다.

우리가 내담자의 죄를 알게 된다면, 우리는 스스로 죄에 영향받지 않는 사람이 아니라는 것을 기억해야 한다. 우리는 누구나 그렇듯이 죄에 쉽게 빠질 수 있다. 우리가 할 수 없는 그 일을 오직 하나님이 은혜로 하셨다. 우리가 이것을 명심한다면 죄를 지은 사람을 바라보며 자기 의에 빠지거나 거만해지지 않을 수 있을 것이다. 대신 우리는 연민의 마음으로 그들에게 다가갈 수 있을 것이다.[48]

여기에서 맥은 상담자의 겸손에 대해 권고했다. 그는 내담자가 저지를 수 있는 모든 죄가 상담자 앞에도 있는 것임을 상기시킨다(고전 10:13). 또한 현실에서 이것을 간과하면 바리새인의 교만함이 상담자들에게 나타날 수 있음을 말한다. 트립은 이 주장에 다음과 같이 덧붙였다.

우리의 섬김에는 '내가 당신보다 낫다'라는 의식이 없어야 한다. 이것은 우리도 우리가 섬기는 사람들과 동일하게 연약하다는 겸손한 인식이 있을 때에만 가능하다. 내 안에서도 하나님의 사역이 완료된 것이 아니다. 우리는 하나님이 우리를 변화시키시는 뜻과 과정 안에서 한 형제자매이다. 나는 그 누구의 전문가가 아니다. 나의 지혜나 경험만으로 간단하게 변화가 일어나지 않는다. 함께 정체성과 경험을 나누고, 우리가 한 가족임을 아는 것이 필요하다.[49]

트립과 맥은 상담자들이 상담에 임할 때 겸손할 것을 요청하면서 내담자보다 우위에 있다는 생각을 버리라고 조언한다. 맥이 상담자가 자신을 내담자와 동일하게 여기지 않는 위험을 지적했다면, 트립은 상담자가 자신을 내담자와 동일하게 여김으로써 얻게 되는 유익에 대해 논했다. 트립은 이처럼 상담자가 겸손하게 자신을 내담자와 같은 연약한 사람으로 여기는 접근 방법이 핵심적인 이유 세 가지를 설명했다.

첫째, 내담자들 못지않게 상담자들도 성화의 과정을 통해 변화하게 된다는 데 가치가 있다. 둘째, 내담자 입장에서 자신을 돕는 근원이 하나님이 아닌 상담자로 착각할 수 있는 함정에 빠지지 않도록 보호한다. 상담자가 겸손하게 자기 자신을 내담자와 같이 죄성이 있고 분투하는 사람으로 여기는 것은, 내담자에게 상담자도 '과정에 있는', '지어져가는' 사람이라는 것을 보여주는 것이다.[50] 셋째, 상담자가 내담자에게 본이 되도록 돕는다. 내담자가 상담자를 자신보다 높은 단계에 있는 사람이라고 생각하는 한, 그는 상담자가 한 것을 자신도 할 수 있다고 믿는 것이 쉽지 않을 것이다. 그러나 상담자 역시 은혜가 필요한 죄인이며 분투하고 있다는 것을 본다면 하나님의 능력 안에서 자신의 삶에 소망을 가질 수 있다.[51]

이와 같이 트립이 말한 유익 외에도 이 방법은 또한 성경적이라는 장점이 있다. 바울은 "형제들아 사람이 만일 무슨 범죄한 일이 드러나거든 신령한 너희는 온유한 심령으로 그러한 자를 바로잡고 너 자신을 살펴보아 너도 시험을 받을까 두려워하라"(갈 6:1)라고 말했다. 이 구절은 내담자든 상담자든 상관없이 모든 사람에게 죄성이 있으며 누구나 유혹에 빠질 수 있다는 것을 강조한다.

### 6) 죄 이전에 고난을 이해하라

2세대 성경적 상담자들이 강조한 내담자의 상황에 대한 이해와 동일시는, 상처받아 분투하고 있는 사람들을 대상으로 하는 개인 사역의 실제적인 방법론 전략을 이끌어냈다. 그것은 상담자가 내담자의 죄를 언급하기에 앞서 내담자의 상황에 자신을 동일시하고 관계를 형성하는 것이다. 맥은 다음과 같이 말한다.

> 클라라의 경우를 다시 생각해보자. 그녀는 상담자가 자신에게 연민이 없다고 빨리 결론지었다. 그녀가 상담자에게 느낀 모든 것은 비난이었다. 상담자는 그녀가 무엇을 느꼈는가를 이해하기 전에 그녀의 불만과 걱정을 들어줄 필요가 있었다. 대답하기 전에 상담자는 자기 자신에게 "집에 갔을 때 술을 마시느라 돈을 모두 탕진해버린 아내가 있다면 나는 어땠을까? 그런 아내가 내 이름을 부르고, 나를 할퀴고, 나에게 물건을 던진다면 어떨까? 내가 말하고 생각하는 것은 안중에도 없는 아내가 있다면 어떨까? 집에 갔을

때 아내가 내 침대에서 다른 남자랑 있다면 나는 어떻게 느낄까? 어떤 감정이 들까?"라고 물을 수도 있었다. 여기가 바로 상담이 시작되어야 할 지점이다. 물론 죄의 문제가 언급되고 해결되어야 하지만, 대부분의 경우에 효과적인 상담은 상담자가 예수 그리스도 안에서 내담자가 겪고 있는 일에 동일시하는 동정이 있을 때 비로소 시작된다.[52]

이와 같은 맥락에서 트립은 '진입구'라는 개념을 논의했다.[53] 진입구는 상담의 더 깊은 단계로 들어가는 문이며, 내담자의 현재 어려움에 대한 것이다. 이 논의 한 가운데에서 트립은 한밤중에 남편이 없어진 것을 알게 된 여성의 상담 사례를 제시했다. 남편은 그의 물건을 모두 가지고 나갔고, 은행 계좌에 있던 돈도 모두 찾아 사라졌다. 트립은 이 여성이 가장 크게 힘들어하고 있는 것은 '두려움'이라고 결론을 내렸다.

이 상황에서 '두려움'은 가장 중요한 마음의 문제이다. 그곳은 전쟁이 일어나는 곳이며 당신의 사역이 일어나는 곳이다. 결혼과 이혼에 대해 성경이 말하고 있는 바를 다시 전달하는 것이 이 여성에게는 도움이 되지 않을 것이다. 만약에 당신이 이런 것밖에 제공할 수 없다면 당신은 그녀를 돕는 다음 기회를 잃을 것이다. 두려움에 직면한 그녀를 돕는 것은 사랑을 보여주고 상담 관계를 세우는 훌륭한 기회가 된다. 우리가 힘겹게 분투하고 있는 사람들에게 사랑으로 이야기할 때, 그들은 '이' 사람은 내 이야기를 들어주었고, '이'

사람은 나를 이해하며, '이' 사람에게 더 도움을 받고 싶다고 반응한다. 이것이야말로 사랑의 관계의 능력이다.[54]

여기에서 트립의 초점은 상담자가 내담자의 죄를 생각하기 전에 그의 고통을 먼저 생각하고 다루어야 효과적인 상담을 할 수 있다는 것이다. 이것은 내담자의 존경과 신뢰를 얻고, 내담자에게 사랑을 보여주며, 내담자의 이야기를 더 들을 수 있는 기회를 갖게 되는 접근 방법이다.

# 결론

결론적으로 성경적 상담 운동의 2세대들은 욥을 '죄인'이라는 하나의 관점으로만 본 그의 친구들과 같은 실수를 피하도록 상담자들을 강력히 권고했다. 그들은 경직된 방법으로 욥을 상담했고, 결과적으로 그것은 욥에게 도움이 되지 않는 방법이었다. 고통스러운 욥의 상황에 그들 자신을 동일시하지 않았고, 그런 관점이 없는 사역이었기 때문에 그들의 상담은 실패했다.

아담스의 상담 방법론은 그 당시 주류였던 세속적 상담 모델에 수정이 필요하다는 인식이 계기가 되었다. 그러나 그의 모델도 상담 관계에 대한 더 많은 성경적 이해를 포함하기 위해 발전해야 할 필요가 있었다. 이러한 발전은 지난 20여 년 동안 2세대 성경적 상담자들의 노력을 통해 이루어졌다. 이 발전은 매우

중요하다. 이 장을 시작하는 앞부분에서 다음과 같은 아담스의
말을 인용했다.

> 방법론과 상담의 실제 과정은 상담 이론의 핵심을 명확히 드러낸
> 다. … 그중 효력이 있다고 여겨지는 것이 상담자의 기본 방법론이
> 될 것이다. … 그러므로 상담자가 상담의 과정에서 내담자를 위해
> 하는 모든 행위는, 내담자의 문제와 그 문제 해결에 대한 상담자의
> 믿음을 가장 잘 보여준다. 방법론은 바로 그곳에 존재한다.[55]

아담스의 이 말은 사실이다. 우리가 그의 상담 이론에 관해
알아야 할 것이 한 가지 더 있다. 바로 내담자의 상황 이해에 대
한 방법(아담스가 상담했던 방법)의 개발이나 발전이 부족했던 것은
아담스가 내담자들을 대했던 방법에 대해 우리가 고려해야 할
것이 있음을 의미한다는 것이다. 즉, 상담 '개념'에 대한 아담스의
이해를 개선할 필요가 있었기 때문에 아담스의 상담 '방법론'도
개선할 필요가 있었다. 상담의 개념은 언제나 상담 방법론에 영
향을 준다. 성경적 상담 운동은 이것을 유념하면서 더욱 성경적
이 되기 위해 노력하고 있고, 아담스가 초석을 놓은 상담 개념과
방법론의 업적에 대해 감사하고 있다.

# 4장

# 성경적 상담과 변증 Apologetics

COUNSELING: THE BIBLICAL COUNSELING MOVEMENT AFTER ADAMS
BY HEATH LAMBERT | FOREWORD BY DAVID POWLISON

변증학은 매우 광범위하지만 학문 연구의 필수 분야이다. 변증이란 자신의 입장을 주장하고, 반론에 맞서 자신의 입장을 변호하는 것이다. 철학이나 신학뿐 아니라 이 장에서 살펴볼 내용처럼 상담에서도 변증을 필요로 한다. 성경적 상담 운동은 독자적으로 이루어진 것이 아니라, 사람들을 이해하고 그들의 문제를 해결한다는 맥락에서 여러 가지 다양한 상담 모델과 함께 발전하며 전개되어왔다. 그리스도인이 종교다원주의 사회 속에서 자신의 신앙을 지켜야 하듯이 성경적 상담자도 선택 가능한 다양한 상담 모델이 존재하는 상황에서 자신의 입장을 분명히 밝히고 지켜야 한다. 데이비드 폴리슨은 다음과 같이 말했다.

> 상담 모델은 다른 모델들과 상호 교류할 때 그 신념과 입장을 제시한다. 우리는 우리의 모델을 위해 우리가 믿는 것이 옳고 선하다고 주장한다. 우리가 믿는 것과 대립되는 모델에 대해서는 체계적인 질문을 쏟아낸다. 비판에 맞서 변호할 뿐 아니라 비판을 받으며 모델을 발전시킨다. 결국에는 우리의 모델이 다른 이들로부터 인정받기를 원한다.[1]

여기에서 폴리슨은 성경적 상담 운동에 있어 변증의 속성과 필요성을 이야기하고 있다. 즉, 성경적 상담자가 성경적 상담에 대해 어떻게 주장하고 변호하는지, 다른 상담 모델에 대해 어떤 입장을 취하는지 말하고 있다. 그런데 여기에 한 가지 문제가 있다. 그동안 성경적 상담 운동은 배타적인 편이었다. 성경적 상담 자들은 자신들의 상담에 대해 분명하게 설명하기 위해 노력해왔지만, 다른 상담 모델에 대해서는 상당히 비판적이었다.[2] 책이나 학술지 또는 학회에서 성경적 상담자들이 설명하고 변호하며 비판했던 것은 대부분 독백이나 마찬가지였다. 제이 아담스에서 현재까지 성경적 상담자들이 어떻게 성경적 상담의 변증을 시도하고 발전시켜왔는지 알아보자.

## 변증에 관한 여덟 가지 시점

성경적 상담 운동에서 전개한 변증을 위한 시도와 노력은 여덟 가지 시점으로 나누어 살펴볼 수 있다. 이렇게 분류된 시점들은 성경적 상담자가 성경적 상담 모델에 대해 어떻게 주장했는지, 성경적 상담 모델을 반대하는 사람들의 비판에 어떻게 맞섰는지에 대해 출판했거나 발표했던 시기만 포함된 것이다.[3] 성경적 상담자가 다른 분야의 사람들과 어떻게 교류했는지 알기 위해서는 그러한 교류가 기록된 시점을 찾아봐야 할 것이다. 만약 마스터스 신학대학원(The Master's Seminary)의 성경적 상담자가 UCLA(University of California, Los Angeles)의 심리학자와 대화했다는 기록이 없다면 우리는 그런 교류가 있었는지조차 알 방법이 없다. 그러므로 문서나 책에 남아 있는 기록을 바탕으로 아담스로부터 시작된 초기의 변증이 어떻게 발전해왔는지 살펴볼 것이다. 그리고 이를 통해 여전히 성경적 상담에서 변증이 필요한 부분이 많다는 것을 이해할 수 있을 것이다.

## 변증의 시작

아담스는 그의 저서 《기독교 상담 매뉴얼》을 다음과 같이 시작하고 있다.

> 나의 강한 어조와 명확한 표현들 때문에 내가 자만하는 것처럼 보일 수 있다. 그러나 나는 이 책을 나를 인정하고 나와 같은 견해를 가진 친구들을 위해 썼다. 성경적 상담을 모르는 사람들을 위한 것이 아니라, 이미 성경적 상담의 실제를 경험한 사람들을 위해서 쓴 것이다. 그래서 이 책에는 변증적이거나 비판적인 부분들이 거의 없다.[4]

이는 아담스가 성경적 상담의 방법론을 소개하기 위해 쓴 책의 서론으로, 그의 사역 전체를 소개하는 대목이기도 하다. 그는 새로운 상담 모델을 만들어 지역 교회 목회자들의 상담 사역을 돕기 원했다. 폴리슨이 언급한 것처럼 아담스는 성경적 상담 모델을 변호할 목적으로 책을 쓴 것이 아니었다. "(아담스의 성경적 상담 모델에서) 또 한 가지 주목할 것은 그가 자신을 반대했던 신학자들이나 단체에 대해 직접 비판하지 않았다는 것이다."[5]

이것은 아담스가 성경적 상담 외의 다른 상담 모델을 지지하는 사람들과 한 번도 교류한 적이 없었다는 이야기가 아니다.[6] 오히려 그 반대였다. 지금부터 살펴볼 성경적 상담 변증의 처음 다섯 가지 시점은 아담스가 그들과 교류했던 기록에 바탕을 둔 것이다.

### 1) 국립자유재단 회의

성경적 상담 변증의 첫 번째 기록은 아담스와 몇몇 통합주의자들 간의 대화이다.[7] 이 회의는 1969년 3월 20-21일에 필라델피아 국제공항 모텔에서 이루어졌다.[8] 아담스가 《목회상담학》 집필의 마무리 단계에 접어들었을 무렵 그를 후원하고 있던 미국 국립자유재단(The National Liberty Foundation)이 그의 책을 논평하는 자리를 마련한 것이다. 이때 내러모어 기독교재단의 브루스 내러모어(Bruce Narramore)와 풀러 신학교 심리대학원의 도널드 트위디(Donald Tweedie)가 논평을 맡았다.[9] 그들은 아담스가 성경을 토대로 전통적인 기독교 상담 모델을 세우려고 시도한 점은 인정했으나 전체적인 논평은 부정적이었다. 폴리슨은 다음과 같이 기록했다.

> 그들은 여러 가지 심각한 문제들을 지적했다. 성경적이라고 주장하는 아담스의 상담 모델은 성경을 인용한 것에 불과하며, 성경과 과학이라는 두 학문의 특징에 모두 미치지 못했다고 지적했다. 인

간의 마음과 상담이 갖는 복합성을 피상적이고 단순하게 설명했다는 것이다. 그들은 모든 사람을 용납하시는 하나님의 은혜를 무시하는 율법주의자, 도덕주의자라고 아담스를 비판했다. 행동 변화에 필수적인 동기의 문제를 간과했다는 지적도 있었다. 아담스가 말하는 이상적인 성경적 상담자는 내담자를 대할 때 돌보는 태도로 소통하기보다는 공격적이고 성급하며 형식적인 태도로 대한다는 것이다. 또한 아담스가 다른 신학적 입장들을 제대로 이해하지 못한 상태에서 그들을 비난하는 오류를 범했다고 비판했다. 그리고 모러(Mowrer)의 유산이 권면적 상담에 얼마나 내재되어 있는지도 설명하지 못했을 뿐 아니라, 그가 다른 상담 모델을 격렬히 비판했던 것과는 달리 권면적 상담에 대해서는 아무 근거 없이 성공을 과장했다고 평가했다.[10]

이 회의에서 비판적인 논평을 들은 아담스는 위축되지 않고 오히려 용기를 얻게 되었다. 상담은 성경만으로 충분하다는 성경적 상담의 핵심에 확신이 있었기 때문이다. 성경적 상담자가 처음으로 시도한 변증은 이렇게 비판을 받았지만, 아담스에게는 희망을 북돋아주는 계기가 되었다.

## 2) 크리샤임 심포지엄

공항에서의 모임 이후 10년 만에 아담스는 크리샤임 심포지엄에서 통합주의 지도자들과 다시 만나게 되었다.[11] 이 심포지엄은 아담스의 친한 친구이자 CCEF의 동역자였던 존 베틀러(John

Bettler)가 준비했다. 아무 교류 없이 보낸 10년의 시간이 서로를 이해하지 못하게 만들었다고 생각한 베틀러는 권면적 상담이 소외되지 않으려면 폭넓은 복음주의 기반과 학문 커뮤니티가 필요하다고 믿었다. 그래서 1979년 3월에 '성경적 상담이란 무엇인가?'라는 주제로 열린 이 심포지엄을 통해 그런 기반이 만들어지기를 소망했다.

이 심포지엄에는 아담스와 헨리 브랜트(Henry Brandt)가 성경적 상담의 대표로 참석했고, 브루스 내러모어와 존 카터(John Carter), 게리 콜린스(Gary Collins), 래리 크랩(Larry Crabb)이 통합주의 대표로 참석했다. 토론은 세 가지 쟁점으로 진행됐다. 첫째는 죄의 속성, 둘째는 성경의 권위 그리고 성경과 세속 심리학의 관계, 셋째는 상담 관계의 속성에 대한 것이었다. 토론 참석자들은 첫 번째 쟁점에 대해서는 개괄적으로 동의했지만, 나머지 두 쟁점에는 의견을 달리했다.

여기에서 주목할 것은 무엇을 어떻게 토론했는지의 내용이 아니라 심포지엄의 결과이다.[12] 이 심포지엄은 베틀러가 소망했던 교류의 가교가 되지 못하고 오히려 두 그룹의 분열이 앞으로 지속될 것임을 보여주었다. 토론할 때 아담스가 소리를 지르며 주장하는 모습을 본 통합주의자들은 그를 매우 싫어하게 되었다. 내러모어와 카터, 크랩은 분노에 가득 찬 그의 목소리에 대해 언급하면서 앞으로 아담스와 소통하지 않을 것이라고 말했다.[13] 아담스 역시 이 심포지엄의 토론이 언짢고 거북했다면서 다시는 통합주의자들과 말하고 싶지 않다고 했다. 폴리슨은 이 분열에 대해 다음과 같이 설명했다.

> 베틀러는 이 심포지엄에 크게 기대하고 있었다. 권면적 상담이 학문적으로 더 성숙하고 폭넓은 복음주의 상담으로 나아가며, 통합주의자들과의 대화를 통해 서로 다듬어지기를 바랐다. 그러나 이 바람은 이루어지지 않았다. 아담스는 인내하며 진리를 선포하는 사람이었지만, 크리샤임 심포지엄 같은 토론에는 맞지 않았다. 그는 사람들이 기독교로 개종하도록 하는 사역을 해왔기 때문에 사실 그 외의 주제에 대해 다른 사람들과 대화를 나눠본 적이 별로 없었다. 특히 교회를 세속화할 위험이 있는 일에 성경을 인용하는 사람들의 말을 조용히 듣고 있을 사람이 아니었다. 이 심포지엄을 통해 복음주의 심리학자들에 대한 아담스의 판단은 더 확실해졌다. 아담스는 그들이 범하고 있는 개념적, 방법론적, 단체적 오류를 성경 말씀으로 덮어씌우고 있다고 생각했다. 크리샤임에 오기 전부터 아담스는 자칭 '전문가들'과는 이야기하고 싶지 않다고 했었지만 베틀러의 간청으로 참석했던 것이다. … (크리샤임 이후) 아담스는 절대로 통합주의자들과 얘기하지 않을 것이라고 못 박았다.[14]

크리샤임 심포지엄은 서로 대화하려고 시도했던 성경적 상담 운동 지도자들에게 큰 충격을 주었다. 이러한 관계의 대립은 성경적 상담 지도자들과 통합주의자들 사이를 분열시켰다. 그러나 크리샤임의 좋지 않은 결과에도 불구하고 이후에 아담스는 통합주의자들과 다시 대화할 기회를 갖게 된다.

### 3) 기독교 상담 회의

1988년 11월 조지아 주 애틀랜타에서 열린 기독교 상담 회의에 게리 콜린스가 초청한 수천 명의 통합주의자들이 모였다. 그 모임에서 아담스는 기독교 상담의 개척자로서 그를 기념하는 감사패를 받았다. 그는 수여식에서 그 자리에 모인 통합주의자들에게 자신의 사역을 분명히 설명하는 동시에 초청하는 메시지를 다음과 같이 전달했다.

> 우선 설명하겠습니다. 지난 이십 년 동안 저는 여러분이 생각하는 것과 달리 여러분과 같은 기독교 전문가(정신과 의사, 심리학자, 사회학자)를 반박하려고 (또는 자극하려고) 일하지 않았습니다. 만약 제 목표가 그랬다면 더 확실히 했을 것입니다. 그러나 제 목표는 여러분이 아닙니다. 디모데후서 3장 17절 말씀처럼 하나님의 사람, 즉 목회자들을 도우려는 목표 하나로 지금까지 달려왔습니다. 그렇기 때문에 제가 책에 쓴 주장과 설명은 여러분을 향한 것이 아닙니다. 다만 목회자들에게 성경의 진리와 세속의 통합이 얼마나 무익하고 위험한지에 대해 알리고 싶었습니다. 목회자들을 깨우고 가르치기 위해 어쩔 수 없이 강한 어조와 부정적인 방법을 사용했지만, 제 사역은 본질적으로 긍정적입니다.[15]

이때 아담스는 자신의 주장이 변증하려는 시도가 아니었음을 확실하게 밝혔다. 그는 자신을 반대하는 사람들을 설득하려고 하지 않았다. 그의 목적은 지역교회 목회자들을 도울 수 있는 상담 모델을 세우는 것이었다. 통합주의 운동을 반대하기보다는 성경적 상담 운동을 일으키기 위한 노력이었다. 그는 비판을 했을 때에도 '사람'이 아닌 '생각'을 비판한 것이라고 설명했다.[16]

설명이 길었습니다. 이제 여러분을 초청하겠습니다. 제 안에 있는 모든 것으로 여러분을 설득하고 싶습니다. 성경의 진리와 비기독교적인 것을 통합하려는 일을 멈추십시오. 최근에 출판된 책에서 게리 콜린스는 이렇게 말했습니다. "과연 심리학과 기독교가 통합될 수 있을지를 예상하는 것은 시기상조이다." 시기상조라고요? 이미 수백 시간 이상 얼마나 많은 세월을 이 허망한 일에 쏟아부었는지 생각해보십시오. 왜 아무 성과가 없었을까요? 제가 말씀드리죠. 그것은 절대 불가능한 일이기 때문입니다.

하나님의 말씀을 기억하십시오. "이는 내 생각이 너희의 생각과 다르며 내 길은 너희의 길과 다름이니라 여호와의 말씀이니라"(사 55:8). 하나님은 이런 대립을 어떻게 해결하라고 말씀하십니까? 통합하라고요? 아니요! 이 말씀을 통해 하나님은 우리의 생각과 방법을 포기하고 하나님의 말씀과 언약으로 돌아오라고 명령하십니다.

상담은 사람을 바꾸는 것입니다. 하지만 그 일은 하나님의 일입니다. 사람을 바꾸는 방법은 두 가지밖에 없습니다. 하나님의 방법과 하나님의 방법이 아닌 방법입니다.

기독교 상담 체계는 결코 비기독교에 뿌리를 둘 수 없고, 기독교 상담에는 비기독교적인 가르침과 방법이 포함될 수 없습니다.

비기독교적인 생각과 방법은 하나님의 생각과 방법에 상충됩니다. 하나님은 성령으로 기록된 성경 말씀으로 열매(사랑, 기쁨, 평안, 절제 등)를 맺으라고 했습니다. 그런데 어떤 사람들이 나타나 성령이나 성경 없이 그들이 사랑과 기쁨과 평안을 만들어주겠다고 주장합니다. 이 두 가지 방법은 본질적으로 서로 경쟁할 수밖에 없기 때문에 통합되지 못합니다. 구약 성경에서 하나님은 그분 자신과 경쟁하는 자를 축복하지 않는다고 교훈하십니다. 따라서 통합은 불가능합니다.

저는 여러분이 이 쓸데없는 일을 그만두기를 바랍니다. 그 대신 기독교 상담 체계의 근본부터 철저하게 성경적으로 성경의 벽돌과 회반죽으로 쌓아 올리고 그리스도인 일꾼들을 찾는 일에 동참합시다. 세상을 따르자는 그리스도인의 제안을 거부하십시오. 오히려 세상 사람들에게 성경적 상담을 통해 하나님이 무엇을 하실 수 있는지 보여주십시오![17]

앞서 아담스는 변증하지 않겠다고 말했지만, 아이러니하게도 자신의 반대편에 있는 사람들에게 지나치게 공격적인 언어를 사용했다. 이로 인해 성경적 상담 운동 밖에 있는 그리스도인과 논쟁하기를 좋아한다는 그의 평판은 더욱 악화되었다. 성경적 상담과 통합주의가 교류하는 데는 12년의 세월이 걸렸으며, 그나마도 아담스는 통합주의자들과 다시 교류하지 않았다. 그의 변증적 시도의 대상은 통합주의자들에게만 국한되지는 않았다. 그는 세속 심리학자들과도 어느 정도 교류하려고 노력했다.

## 4) 정신분열증의 기독교적 이해

1976년에 아담스는《정신이상: 정신증적 과정의 개념과 치료》
(*The Construction of Madness: Emerging Conception and Interventions into the Psychotic Process*)라는 책에 글을 써달라는 부탁을 받는다. 이 책의 편집을 맡은 피터 마가로(Peter Magaro)는 정신분열증의 개념을 다양하게 소개하고자 했다. 아담스가 이런 세속적인 심리학 책에 글을 썼다는 것은 그가 상담 분야에 얼마나 큰 영향을 주었었는지를 단적으로 보여준다. 피터 마가로는 다음과 같이 아담스의 글을 소개했다.

> 현재의 치료방법에서는 찾아볼 수 없지만 오랜 세월 동안 큰 영향력을 행사한 도덕성에 대해 이야기하고 있다. … 영혼에 대한 직접적인 통찰이 정신분열증에 대한 답을 제공한다. … 도덕성의 개념으로 치료방법을 설명하려고 시도한 것에 주목해야 한다.[18]

아담스는 〈정신분열증의 기독교적 이해〉라는 제목의 글을 통해 정신분열증을 기독교 관점으로 설명했다.

> '정신분열증'이라는 개념은 불특정한 것들이 담기는 쓰레기통과 같은 용어가 되어버렸다. 내담자의 비정상적 행동 때문에 정상적인 사회활동이 불가능하다는 공통점만으로 여러 가지 문제와 엄청난 무지를 감추고 있는 것이다.[19]

아담스는 정신분열증의 이상행동을 기독교적으로 해석했다. "그리스도인 입장에서 바라볼 때 정신분열증 환자는 죄인이다. 성경이 말하는 죄인은 창조주 하나님께 반역하여 자만에 빠진 사람이다. 하나님의 법을 어기는 것이 죄인데, 정신분열증 환자에게서 보이는 모든 이상행동은 이 죄의 직간접적인 결과로서 나타난다."[20] 또한 아담스는 그리스도인이 정신분열증을 어떻게 이해해야 하는지 다음과 같이 설명했다.

기독교 상담자는 죄가 가득한 삶의 방식 때문에 힘들어하는 사람들을 직면할 때와 동일하게 정신분열증 환자를 대해야 한다. 이런 큰 책임을 완수했을 때 소망이 생기는 것이다. 죄로 인한 것은 바꿀 수 있다. 그러나 정신분열증의 원인을 죄가 아닌 다른 요소들로 본다면 변화는 일어나지 않을 것이다.[21]

아담스는 성경적 상담의 핵심을 분명하게 기술했다. 정신분열증과 같은 극단적인 경우도 죄와 죄에 대한 책임이라는 동일한 주제로 설명한 것이다. 이와 같이 세속적 상담의 맥락에서도 변함없이 성경적 상담 모델을 제시한 아담스에게 한 가지 변화가 있었다. 그것은 이전에 통합주의자들과 토론했을 때와 같은 신랄한 비판이 사라졌다는 것이다. 이때 그는 훨씬 더 참을성 있고 사람의 마음을 끄는 어조로 말했다. 그는 이렇게 새로운 태도로 세속 심리학자들을 만났다.

## 5) 비엔나 대학교에서의 강연

아담스는 1977년에 오스트리아 비엔나 대학교 정신병원에 초청받아 강연을 하게 되었다. 그곳의 교수들과 학생들은 아담스에게 강한 적대감이 있는 청중이었다. 그들은 세속 정신건강 전문가들이 무능력하다고 비판하는 보수주의 개신교 신자에게 우호적일 수 없었다. 이런 상황에서 아담스가 강의를 전개한 방식은 대단했다. 그의 강연에는 주목할 만한 세 가지 내용이 있다.

첫째, 아담스는 의구심을 제시하며 강연을 시작했다. 그는 정신건강 전문가들이 상처받은 사람들을 도울 자원을 갖고 있지 않다는 것에 대해 세 가지 근거를 들어 설명했다. 서로 모순되는 성격 이론의 사용, 수치스러울 정도로 부정적인 치료 결과, 기준의 부재 등이 그것이다.[22] 아담스는 그들에게 아무런 기준이 없다는 마지막 지적을 설명하는 데 가장 많은 시간을 할애했다.

다른 사람들의 인생을 변화시키는 직업을 가진 사람들끼리 왜 그동안 서로 의견을 일치시키지 못했는지 질문한다면, 여러분은 기준이 없기 때문이라고 대답할 것입니다. 어쩌면 여러분은 사회가, 아니면 치료 효과가, 아니면 내담자가 기준이라고 말할지도 모릅니다. 그러나 결국에는 정신과 의사 개개인이 기준을 결정합니다. 이런 주관성의 문제는 엄청난 것입니다. 여기에는 주관성의 한계와 편견을 가진 상담자와 내담자 외에 더 견고한 기반이 필요합니다. 그런 기반 없이는 프로이트가 심리치료를 시작할 때 그랬던 것처럼 분열과 논쟁이 불가피합니다. … 왜 기준이 필요합니까? 우리는 사람들의 인생을 바꾸는 문제를 다루기 때문입니다. "나는 당신이 어떻게 살아야 하는지 알고 있다"라고 말할 수 있는 사람이 어디 있겠습니까? 누가 감히 "당신의 인생에서 이것은 잘못되었고, 이것은 옳고, 이렇게 바뀌어야 한다"라고 말할 자격이 있습니까? 어떤 사람들은 심리치료가 도덕성의 문제를 피해갈 수 있다고 생각합니다. 그들은 도덕성의 가치를 무시해도 된다고 생각합니다. 하지만 사람은 그럴 수 없습니다. 인생은 그 가치와 계속 연결되어 있기 때문입니다.[23]

둘째, 아담스는 성경적 상담 모델의 요소들을 설명했다. 성경적 상담 모델은 예수 그리스도라는 다른 어떤 상담 모델에도 없는 유일한 기준을 제시하고 있다는 설명이다. 그리고 성경적 상담의 핵심을 세 가지로 제시했다. 내담자의 죄에 대한 책임, 직면의 필요성, 그리고 내담자의 안녕을 위한 상담자의 지속적인 관심이다.[24]

셋째, 이 강연에서 또 한 가지 주목해야 할 부분은 그가 차분한 어조로 말했다는 것과 청중에게 자신이 언급한 내용에 대해 생각해보라고 부탁했다는 것이다.

오늘 제가 할 일이 한 가지 있습니다. 성경적 상담의 강력한 지지자로서 제가 여러분에게 무언가 줄 것인데 여러분이 그것을 가져가길 바랍니다. 제가 사탕을 하나씩 나눠 드리려고 합니다. 그러나 이것은 단숨에 삼킬 만큼 말랑말랑한 사탕이 아닙니다. 그렇지만 깨 먹어야 할 만큼 딱딱하지도 않습니다. 먹기 좋은 사탕처럼 여러분이 이 자리를 떠날 때 그것을 천천히 녹여 먹기를 바랍니다.[25]

이와 같이 아담스는 생생한 표현과 자신감 있는 태도로 청중에게 그가 이야기한 것을 신중하게 생각해보라고 부탁했다. 그리고 그는 다음과 같이 강연을 끝맺었다.

여러분은 지금 권면적 상담이라는 사탕을 살짝 맛보았습니다. 어떤 분들은 이미 사탕을 뱉었을 것입니다. 어떤 분들은 사탕이 치아에 달라붙은 것 때문에 어려움을 겪고 있을지 모릅니다. 하지만 저는 여러분이 그 사탕을 계속 녹여 먹기를 바랍니다. 기준이 무엇인지 의심하는 것은 상담에 있어 가장 본질적인 문제입니다. 오직 우리 인간의 창조주이자 구원자 되시는 분만이 사람들의 문제를 궁극적으로 해결하실 수 있습니다.

여러분이 이에 대해 조금이라도 진지하게 생각해본다면, 결국 기준의 문제로 귀결될 것입니다. 섣부르게 결정하지 마십시오. 이 문제가 해결되지 않는다면 여러분은 아무것도 할 수 없습니다. 사람들을 돕기 원합니까? 돕는다는 것은 그들을 변화시킨다는 것입니다. 그렇다면 무엇으로 어떻게 그들을 변화시킬 수 있습니까? 그리스도인은 이 질문에 대답할 수 있습니다. '예수 그리스도를 닮아가도록' 변화시켜야 합니다. 다른 답이 있을까요? 제 이야기를 경청해주셔서 대단히 감사합니다.[26]

이처럼 아담스는 이전에 통합주의자들과 토론했을 때보다 훨씬 부드러운 어조로 설명했다. 무슨 차이가 있었을까? 왜 통합주의자들에게는 격렬한 비판을 쏟아붓고, 세속 정신건강 전문가들에게는 침착하게 말했을까? 그것은 개혁적 복음주의자인 아담스가 애초에 세속적인 사람들이 복음으로 상담하라는 성경의 가르침을 받아들이리라고 기대하지 않았기 때문이다. 이에 비해 그리스도와 멀어지게 만드는 세속의 가르침을 교회에 통합시키려고 하는 기독교인을 향해서는 침착하게 말할 여유가 없었다. 바로 이것이 기독교 정신건강 전문가들을 향한 아담스의 분노가 커져갈 수밖에 없는 이유였다.

지금까지 아담스가 성경적 상담 변증에 참여했던 다섯 가지 시점을 살펴보았다. 그는 먼저 통합주의자들과 대화했고, 그 후에 세속적인 사람들과 교류했다. 이를 시간 순서대로 정리해보면, 먼저 성경적 상담 운동이 시작될 즈음인 1969년에 공항에서 통합주의자들과 토론했고, 1970년대 후반에 세속 심리학자들과 만났으며, 그 후 1979년에 크리샤임에서 다시 통합주의자들과 만났다. 그리고 1988년에 기독교 상담 회의에서 주목받을 만한 강연을 했다.

## 성경적 상담 운동의 변증

이제 2세대 성경적 상담 운동에 시선을 돌려 어떻게 변증을 시도했는지 살펴볼 차례이다. 폴리슨은 〈현대 성경적 상담의 주요 쟁점〉에서 성경적 상담자들이 더 폭넓게 사람들과 소통해야 한다고 권고했다. "성경적 상담은 다른 사람들과의 관계를 구축하는 일이다. 진정한 성경적 운동을 위해 우리 스스로의 의식을 고양할 필요가 있다. 또한 이것은 하나님이 우리에게 주신 것들로 다른 사람을 교육하기 위해서 필요하다."[27] 2세대 성경적 상담 운동은 이러한 폴리슨의 권유대로 이루어졌다. 앞서 아담스가 변증에 참여했던 시점을 다섯 가지로 살펴본 것처럼, 2세대의 성경적 상담 변증을 세 가지 시점으로 정리하여 살펴볼 수 있다.

### 6) 하네만 대학교에서의 강연

1995년 《성경적 상담 저널》에는 에드워드 웰치의 강연 내용이 게재되었다. 이 강연은 아담스가 비엔나에서 그랬던 것처럼 세속 정신건강 전문가들인 하네만 대학교 임상심리학과 대학원생들에게 직접 말할 수 있는 기회였다. 아담스의 변화된 변증 스타일과 비슷하게 이때 웰치는 품위가 있으면서도 허심탄회한 어조로 강연했다. 이를 통해 이전의 논쟁은 사라지고 솔직한 이야기가 전달되었다.

웰치는 심리학의 네 가지 문제점을 제시했다. 첫째, 세상이 심리학자를 본질적으로 목회 사역을 대행하는 성직자로 본다고 주장했다. 둘째, 심리학이 증명할 수 없는 이론적 가치관에 기반을 두고 있다고 했다. 따라서 심리학은 과학적일 수 없으며 개인의 주관적 신념이라고 주장했다. 셋째, 세속 정신건강 전문가들은 이런 가치관들을 분별없이 그대로 받아들인다고 지적했다. 마지막으로 그는 세속 심리치료사들이 자신의 편향된 가치관으로 환자들을 끌어들이려 한다고 주장했다. 웰치는 하나님 중심의 기독교 가치관을 통해서만 현대 심리학이 가진 문제에 대해 깊은 깨달음을 찾을 수 있다고 제시했다. 결국 그는 기독교의 심리학적 이해가 세속의 그것보다 깊으며, 기독교를 제외한 심리학 현실은 무의미하다고 주장한 것이다.[28]

웰치는 청중 앞에서 공손한 태도로 일관했지만, 내용 면에서는 아담스보다 더 엄중하고 공격적이었다. 아담스가 비엔나에서의 강연 마지막에 사탕의 예를 들어 성경적 상담에 대해 숙고해 달라고 부탁했던 것과 달리, 웰치는 청중에게 회개할 것을 촉구하며 강연을 마쳤다.

> 학문적인 강의를 이렇게 마치는 것은 좀 이상하게 보일지 모릅니다. 단순한 문제점으로 시작했던 것이 이제 단순하지 않은 관계로 연결되었습니다. 지식에 대한 모호한 질문이 매우 구체적인 증거로 이어졌습니다. 이제 여러분은 "누구를 신뢰할 것인가?"라는 중요한 질문을 피할 수 없게 되었습니다. 우리의 지식은 궁극적으로 아주 개인적인 지식입니다. 여러분은 성경을 통해 말씀하신 하나님을 신뢰합니까? 아니면 여러분 자신과 조그만 의미의 집합체인 문화적 우상을 신뢰합니까?[29]

세속 심리학자들과의 교류 면에서 웰치와 아담스는 비슷한 부분이 많다. 그들의 태도는 친절하고 사람의 마음을 끄는 매력이 있었으며 다른 사람 앞에서 공손했다. 또한 두 사람 모두 성경적 상담 운동의 진실성과 세속 심리치료의 무익함을 굳게 믿었다. 지금까지 살펴본 대로 아담스에서 웰치까지 성경적 상담 변증은 역사적인 발전을 이루었다. 이 웰치의 강연이《성경적 상담 저널》에 게재될 무렵, 지난 18년 동안 성경적 상담자와 세속 정신건강 전문가들이 대면했던 내용이 꾸준히 기록되었다. 웰치의 강연은 성경적 상담 운동이 이에 반대하는 사람들과 대화하려는 도전에 지속적으로 응하고 있다는 것을 보여주었다.

### 7)《심리학과 기독교: 네 가지 관점》

2000년에 에릭 존슨(Eric Johnson)과 스탠턴 존스(Stanton Jones)는 심리학을 바라보는 네 가지 기독교 관점을 소개하는《심리학과 기독교: 네 가지 관점》(Psychology and Christianity: Four Views)이라는 책을 편집하여 출판했다.[30] 이 책에서 데이비드 마이어스(David G. Myers)는 설명 수준의 접근을, 게리 콜린스는 통합주의를, 로버트 로버츠(Robert Roberts)는 기독교 심리학을, 데이비드 폴리슨은 성경적 상담을 대표했다. 사실 1979년 크리샤임 심포지엄의 쓰라린 실패 이후 이런 교류는 한 번도 없었다. 이 책을 통해 각 대표 주자는 자신의 관점을 설명하고 다른 관점에 대한 평가를 제시했다.

앞서 아담스와 웰치가 그랬던 것처럼 폴리슨은 이 책에서 성경적 상담 운동에 대해 솔직하게 설명했다.

기독교인은 영혼과 영혼 치유에 대한 독특하고도 포괄적인 관점을 갖고 있다. 인간 심리와 그 치료 방법에 대한 하나님의 시각은 20세기를 압도하는 심리학 담론이나 치료 방법과는 본질적으로 크게 다르다.[31]

성경의 충족성과 세속적 상담 모델의 오류에 대한 폴리슨의 강한 신념은 그가 이 책에 쓴 글에서 반복적으로 나타난다. 그는 "믿음의 눈으로 심리학을 바라본 사람들은 스스로 깨닫지 못하는 자들에게 회개하라고 촉구해야 한다"라고 말했다.[32]

그는 이 책에 소개된 다른 관점들에 대해 솔직하게 비평했다. 그들의 장점을 인정하고 성경적 상담과의 공통점을 찾아냈을 뿐만 아니라 성경적 상담 모델의 단점도 인정했다.[33] 이러한 균형 감각으로 폴리슨은 자만하거나 분열을 초래하지 않고, 성경적 상담의 진실성과 정확성을 강력하게 주장하는 데 성공했다.

다른 관점의 저자들 역시 폴리슨의 관점을 칭찬하기도 하고 비판하기도 했다.[34] 그중 설명 수준의 접근을 대표하는 마이어스와 통합주의를 대표하는 콜린스가 가장 흥미로운 반응을 보였다. 마이어스는 다음과 같이 폴리슨을 지적했다.

폴리슨이 말하는 '세속 심리학'이 나쁘다는 것만은 확실하다. 그는 게리 콜린스가 언급한 제이 아담스 스타일의 '심리학을 향한 맹렬한 공격'을 보여준다. 폴리슨에 의하면 심리학은 "인간성을 소멸시키고 … 허구에 빠지게 만들고, 사람을 짐승이나 자동화된 기계, 시체로 만드는" 학문이다. 제이 아담스의 스타일을 모르는 사람은

폴리슨의 '심리학 혐오증'을 당혹스럽게 여길 것이다.[35]

마이어스에 이어 콜린스도 폴리슨에 대해 언급했다.

얼마 전에 있었던 기독교 상담자들과의 점심 모임에서 나는 데이
비드 폴리슨의 옆자리에 앉았다. 그때의 그가 얼마나 유쾌하고 친
절하고 매력적인 사람이었는지 기억한다. 폴리슨과 그의 동료들은
권면적 상담에서 발전한 새로운 상담을 소개했다. 성경의 충족성
과 무오(無誤)성을 믿는 그들은 이전의 성경적 상담자들보다 훨씬
온화한 사람들이었다.[36]

이전에 아담스를 만난 적이 없었던 마이어스는 폴리슨의 주
장이 무지하고 지나치게 감정적이며 심리학을 혐오하는 태도라
고 생각했다. 하지만 콜린스처럼 크리샤임 심포지엄이나 기독교
상담 회의에서 아담스를 만난 적이 있는 사람들은 성경적 상담
자들의 태도가 확실히 변했다는 것을 알았다. 성경적 상담 운동
이 새로운 시작을 맞이하게 된 것이다. 이렇게 성경적 상담 운동
의 변증은 점차 발전하여 25년 만에 드디어 더 폭넓은 기독교 상
담자들과 대화하게 되었다.

## 8) 《영혼 돌봄의 상담학》

크리샤임 심포지엄 이후로 무려 21년 동안 교류가 없었던 통합
주의자들과 성경적 상담자들은 《심리학과 기독교: 네 가지 관점》

출판 후 불과 1년 만에 다시 협력하게 되었다. 폴리슨이 다시 상담에 관한 집필에 참여하게 된 것이다. 2001년, 마크 맥민(Mark R. McMinn)과 티모시 필립스(Timothy R. Phillips)는 신학과 심리학의 교차점을 찾는 《영혼 돌봄의 상담학》(Care for the Soul)이라는 책을 편집하여 출판했다. 그들은 성경적 상담자가 이 책의 집필에 함께 참여했다는 것이 얼마나 큰 의미인지 설명하기 위해 서론에서 장문의 글을 통해 성경적 상담 운동과 통합주의 간에 있었던 갈등과 분열에 대해 언급했다.

> 신학과 심리학을 결합시키는 일보다 더 굉장한 것은 성경적 상담자들과 기독교 심리학자들이 화합하는 일이다. 제이 아담스의 막대한 영향력을 받은 성경적 상담자들은 게리 콜린스, 존 카터, 브루스 내러모어 같은 기독교 심리학자들과 거리를 두고 있었다. 두 그룹의 리더들은 각각 다른 기관에서 교육받았으며, 서로를 향해 비판적이었고, 상대 그룹에 오해하는 부분도 있었다. 성경적 상담자들은 기독교 심리학자들이 세속적인 현대 심리학 이론들을 무조건적으로 받아들인다고 생각했다. 반대로 기독교 심리학자들은 성경적 상담자들이 죄에 대해 너무 단순하게 접근한다고 생각했다. … 이러한 갈등의 역사를 뒤로하고 두 그룹이 다시 만나게 된 것은 기념비적인 일이다.[37]

폴리슨은 아담스나 웰치와 마찬가지로 성경적 상담 운동을 변호하고 다른 관점을 비판했지만, 보다 새로운 방법을 사용했다. 그는 성경적 상담 운동 최초로 변증을 위한 우선순위를 정했다. 이전의 성경적 상담자들은 성경의 충분성을 주장하면서도 심리학의 가치에 대해서는 모호한 태도로 얼버무렸다.[38] 그러나 폴리슨은 심리학의 가치가 정확히 무엇인지 밝히면서, 세속 심리학이 상담에 어떻게 도움을 줄 수 있는지에 대해 세 가지 인식론적 우선순위를 제시했다. 첫 번째는 성경적 진리를 분명하게 설명하고 영혼 돌봄을 위한 체계적인 신학을 구축하는 것이다. 두 번째는 다른 대안적 상담 모델의 어떤 부분이 틀렸는지 밝히고 성경적으로 재해석하는 것이다. 마지막은 다른 상담 모델에서 배울 수 있는 점을 받아들이는 것이다.[39]

이 세 우선순위는 두운(頭韻)법을 활용하여 Construct(구축), Confront(대면), Consider(고려)로 정리할 수 있다. 폴리슨의 제안에 따르면 성경적 상담자들에게 최우선 순위는 문제가 있는 사람들을 돕기 위한 성경적 모델을 '구축'(construct)하는 것이다. 다시 말해 그리스도인이 다른 상담 이론을 배우거나 빌려올 필요가 전혀 없다는 것이다. 그 다음으로 성경적 상담자들은 세속 상담 모델을 '대면'(confront)해야 한다. 세속 상담 이론이 사람을 진정으로 이해하지 못한다는 것과, 그리스도와 말씀 없이 사람들을 돕는 것은 본질적으로 잘못되었다는 것을 지적해야 한다. 따라서 그리스도인이라면 그들의 잘못된 부분을 지적하고 더 나은 방법을 제시할 책임이 있다는 것이다. 마지막으로 성경적 상담자들은 다른 대안적 상담 모델에서 배울 것이 있는지 '고려'(consider)해보아야 한다. 불신자들도 일반 은총을 통해 지식을 얻을 수 있고, 의미를 찾아내며 교회를 비판할 능력도 가지고 있기 때문이다.[40] 매우 잘못된 세속 이론에서조차 부분적으로는 진리를 찾을 수 있다. 이런 일반 은총의 현실에서 세속적인 사람들도 성경적 상담자들을 가르칠 수 있고, 성경적으로 사람들을 이해하도록 도울 수 있다.

지금까지 살펴본 폴리슨의 글은 성경적 상담의 변증적 접근을 새롭게 시도했다는 점에서 중요한 의미를 가진다.[41] 성경적 상담자 중에서 처음으로 다른 대안적 상담 모델을 다루는 방법을 제시했기 때문이다.

## 변증적 시도가 나아갈 길

지금까지 꾸준히 성경적 상담의 변증적 발전이 이루어졌지만, 여전히 발전시켜야 할 부분이 남아 있다.[42] 성경적 상담 운동은 많은 부분에서 아직도 고립되어 있다. 그러므로 성경적 상담자들은 다른 상담 모델을 따르는 사람들에게 지속적으로 다가가야 한다. 그 과정을 통해 그들과의 관계 속에서 성경적 상담 모델을 교육하는 데 접근할 수 있다. 성경적 상담 운동의 범위를 확장하여 잃어버린 영혼들을 찾고, 성경적 상담에 반대되는 다른 상담 이론을 따르는 기독교인들을 설득해야 한다. 이를 위해 성경적 상담 운동이 생각해야 할 두 가지 부분이 있다. 바로 학문적 영역과 목회적인 부분이다.

## 학문적 영역

폴리슨은 성경적 상담 운동이 학계의 전문가들에게 다가가야 한다고 권유한다.

성경적 상담이 반드시 주의를 기울여 관계를 맺어야 하는 사람들이 있다. 바로 기독교 학계이다. 우리는 이제 막 기독교 학교나 신학교의 교수들, 학생들과 의미 있는 대화를 나누기 시작했다.[43]

이 권유를 귀담아들을 필요가 있다. 처음 성경적 상담 운동이 이루어진 20년 동안 성경적 상담을 가르친 곳은 웨스트민스터 신학대학원뿐이었다. 그 후로 마스터스 신학대학원, 사우스이스턴 침례신학대학원, 사우스웨스턴 침례신학대학원과 서던 침례신학대학원에서 전임 교수들이 성경적 상담을 가르치고 있다. 이런 교육기관에서 성경적 상담의 교육적 기반을 제공하고, 교회에서는 사역할 목회자들을 훈련시키는 것은 매우 중요하다.

성경적 상담 운동이 확대되려면 성경적 상담 학자들이 다른 상담 이론을 따르는 자들을 가르쳐야 한다. 이것은 성경의 충족성에 대한 학문 기반을 보여주기 위해 논문을 게재하고, 책을 출판하고, 컨퍼런스에서 발표하는 등의 학문적 활동을 통해 이룰 수 있다. 또한 다른 상담 모델을 따르는 사람들과의 우정 어린 관계를 통해서도 가능하다.

그러나 아담스와 의견을 같이하는 성경적 상담자들 중에서는 이러한 변증적 시도가 무익하다고 주장하는 사람들도 있다.

세속 상담 이론을 따르는 자들을 가르치거나 그들과 대화한다고 해서 그들이 변화되지 않기 때문에 이런 노력은 시간 낭비라는 것이다. 그럼에도 불구하고 변증적 시도가 중요한 네 가지 이유에 대해 다음과 같이 강조하고 싶다.

첫째, 아직 어떤 상담 이론을 따를 것인지 결정하지 않았거나 어떤 상담 이론이 더 나은지 알아보려는 사람들을 위해 변증할 필요가 있다. 그들이 대학원생이든 대학생이든 목회자든 일반인이든 상관없이 상담을 배우는 사람의 입장에서 성경적 상담자가 어떻게 다른 상담 이론을 다루는지 목격하는 것은 매우 중요하다. 성경적 상담에 대한 비판을 어떻게 받아들이는지, 다른 상담 모델의 약점을 어떻게 찾아 설명하는지 배우지 못한다면 그들은 성경적 상담을 신뢰하기 힘들 것이다.

둘째, 다른 상담 모델을 따르는 사람들이 변하지 않을 것이라 단정 짓지 말아야 한다. 오히려 그들이 성경적 상담 모델을 따르게 되는 것을 종종 보게 된다. 최근에는 통합주의 운동도 더 성경적인 방향으로 흐르고 있다. 이런 점에서 볼 때 성경적 상담자들이 해야 할 일은 아주 많다. 예를 들어, 통합주의자가 성경적 상담자와 어떻게 교류했는지, 그것을 통해 어떻게 더 성경적인 방향으로 변하게 되었는지 보여주는 일을 할 수 있을 것이다. 무엇보다 성경의 권위를 최우선으로 여기는 그리스도인이라면 그들을 변화시킬 능력을 가진 것이다.

셋째, 성경적 상담자라고 해서 모든 것을 알지는 못한다. 다른 상담 모델을 다루다보면 성경적 상담이 간과했던 부분이나 더 발전시키고 설명해야 할 부분, 지혜롭지 못하거나 잘못된 부분을 발견하게 된다. 이런 부분들은 성경을 외면하도록 만드는 것이 아니라, 오히려 다른 사람들의 통찰력을 통해 더 확실히 성경적으로 생각할 수 있도록 도와준다.

넷째, 변증적 시도는 중요한 관계 요소를 가지고 있다. 성경적 상담자들은 성경적 상담에 반대하는 사람들이라 하더라도 그들이 그리스도 안에 있는 형제자매라면 그들을 사랑하는 것이 마땅하다. 폴리슨은 크리샤임 심포지엄에서의 분열에 대해 이렇게 말했다. "학문적인 단체적 분열이 인간관계의 분열로 인정되어버렸다."[44] 특히 교육에 종사하는 성경적 상담자들은 관계의 신학(2장 참조)을 가르칠 뿐 아니라 성경적 상담을 반대하는 자들을 사랑하는 삶의 모습을 보이도록 힘써야 한다.

## 목회적 영역

목회자의 사명을 가진 사람은 상담 사역을 책임질 의무가 있음을 항상 기억해야 한다. 목회자는 반드시 상담을 해야 하며, 성도들을 이끌고 훈련시켜서 다른 이들을 상담하도록 권해야 한다.[45] 지역 교회의 목회 사역은 성경적이면서도 인격적이다. 상담을 받기 위해 찾아온 사람들은 궁극적으로 성경의 충족성이 무엇인지, 상담자가 다른 상담 모델을 인식론적으로 얼마나 이해하고 있는지에 관심을 가지지 않는다. 그들의 관심은 오직 상담자가 자신의 문제에 해결책을 제공할 수 있는지의 여부이다. 만약 목회자가 상담자로서의 기능을 충분히 해낸다면 그것이야말로 성경적 상담의 영역을 확대시키는 가장 효과적인 방법이 될 것이다.

성경적 상담 사역의 좋은 예로 인디애나 주 라파예트의 믿음침례교회를 살펴볼 수 있다.[46] 윌리엄 구드(William Goode)와 밥 스미스(Bob Smith)가 개척한 이 교회는 현재 스티브 비아스(Steve Viars) 목사가 담임을 맡고 있다. 믿음침례교회는 성경적 상담 사역이 교회 공동체 전체와 지역사회에 어떻게 확대될 수 있는지를 보여준다. 이 교회에서는 수천 명의 성도들이 매주 상담을 받고 있다. 또한 이 교회는 퍼듀 대학교(Purdue University)에 상담센터를 설립하여 라파예트 주민들이 일반 상담뿐 아니라 남성, 여성, 고아를 대상으로 하는 특별 상담도 받을 수 있도록 했다. 이 상담 프로그램을 통해 성경적 상담의 효과가 잘 알려지게 되자 세속 정신건강 전문가들도 치료가 어려운 환자들을 정기적으로 이곳에 보내고 있다. 이렇게 효율적인 리더십으로 지역사회와 교류할 때 성경적 상담 사역의 능력이 발휘된다.

그리고 지역 교회는 세속 심리치료 기관에 파견된 상담선교사로서의 사명도 고려해야 한다. 성경적 상담의 소명과 은사를 받은 사람들은 지역 교회의 영적 지도를 받으면서 세속적인 교육 과정도 수료해야 한다. 이때 교회의 영적인 지도를 받아야 하는 두 가지 이유가 있다. 첫째, 목사를 임명하거나 해고하는 것은 교회의 책임이기 때문이다. 상담에 관심이 있다고 해서 상담자로서의 소명과 은사를 자기 스스로 결정할 권리가 있다고 생각해서는 안 된다. 상담은 그리스도의 몸인 교회의 일부로서 해야 한다.[47] 둘째, 교회의 감독이 중요한 이유는 세속적인 교육의 위험성 때문이다. 상담선교사가 되기 위해 훈련받는 목회자는 복잡한 세속 교육을 홀로 개인적으로 다루어서는 안 된다. 제대로 된 성경적 가치관을 잃지 않도록 교회가 영적 리더십을 책임질 수 있어야 한다. 이러한 상담선교사로서의 사명을 위한 계획은 앞으로 더 정교해져야 하지만, 성경적 상담자들이 나아가야 할 또 다른 방향을 제시한다.

# 결론

성경적 상담 운동은 성경적 상담을 변증하는 시도에 있어 많은 발전을 거듭했다. 아담스는 여러 번 성경적 상담을 효과적으로 변증하기 위해 시도했다. 그 후 2세대 성경적 상담 운동은 다른 가치관을 가진 이들과 활발하게 교류하기 위해 꾸준히 노력해왔다. 성경적 상담자들이 앞으로 더 멀리 도달하기 위해서는 반드시 다른 이들과 교류해야 한다는 것은 분명하다. 성경적 상담 운동이 이루고자 하는 것들을 완성하기 위해 해야 할 일이 많이 남아 있다.

하지만 여전히 성경적 상담자들에게는 다른 이들과 교류하는 일이 가장 어려운 분야임을 이해해야 한다. 여기에는 두 가지 이유가 있다. 첫째, 서로 극명하게 대립하고 있기 때문에 대화가 어렵다. 성경적 상담은 성경만으로 충분하다는 신념으로 인해 세속적이든 기독교적이든 다른 모든 상담 모델과 구별된다. 성경의 충분성은 성경적 상담자들에게는 타협이 불가능한 진리이며, 이 것은 다른 상담 모델은 모두 잘못되었다는 진리로 이어진다. 따라서 이런 대립은 타협을 어렵게 만든다. 둘째, 대부분의 성경적 상담자들은 학문적인 변증을 위해 시간을 투자하려고 하지 않는 다. 그보다는 하나님께 부르심을 받은 목회자로서 신실하게 그 소명을 감당하기 위해 사람들을 돕고 싶어 한다. 대부분은 성경 적 상담의 학문적 기반을 찾거나 다른 상담 모델과 비교하여 설 명하는 이 지루하고도 시간이 많이 걸리는 일에는 관심이 없다.[48]

그러나 성경적 상담 운동은 다른 모든 상담 분야뿐 아니라 무신론적 사회와도 교류할 책임이 있다. 위대한 지상명령(마 28:18-20)은 상처받고 잃어버린 영혼들에게 말씀으로 찾아가라고 명령한다. 또한 바울은 성경적 상담자들이 사랑으로 진리를 말하고 성경적 상담을 반대하는 자들이 그리스도를 닮아가도록 도와야 한다고 명령한다(엡 4:15). 이것이 바로 복음주의와 제자도를 따르기 위한 성경적 상담자들의 변증적 시도이다.

# 5장

# 성경의 충분성에
# 관한 진보

COUNSELING : The Biblical Counseling Movement After Adams
by Heath Lambert | Foreword by David Powlison

이제부터는 앞에서 살펴보았던 내용들과 다른 맥락의 영역을 다루려고 한다. 앞에서 우리는 제이 아담스로 대표되는 성경적 상담의 첫 세대와 좀 더 현대적인 리더십으로 규정되는 두 번째 세대의 성경적 상담자들의 이해가 발전해왔다는 사실과 그 발전의 시기, 방식에 대해 살펴보았다. 이제 우리는 성경적 상담의 (어떤 진보도 일어나지 않은 것처럼 보이는) 또 다른 영역을 살펴볼 것이다. 그러나 몇몇 학자의 경우 실제적인 변화가 없어 보이는 이 영역에서 진보가 일어났다고 언급했으므로 이 주제는 매우 중요하다.

이렇게 성경적 상담에 있어 몇몇 학자가 진보를 주장하는 하나의 영역은 바로 복음 중심의 사역이다. 어떤 이들은 아담스의 접근이 두 번째 세대보다 복음 중심적이지 않았다고 말하기도 한다. 그러나 나는 이런 주장을 뒷받침할 만한 근거가 없다고 생각한다. 아담스는 그의 책에서 내담자의 변화를 일으키기 위해 복음의 진리를 적용하는 데 그 무엇보다 성령님의 일하심이 중요하다는 내용을 특별히 한 장(章)을 할애하여 설명하고 있다. 그는 내담자의 지속적이고 진정한 변화에 필요한 예수 그리스도의 능력에 대해 처음으로 언급한 성경적 상담자이다. 그는 예수 그리스도의 복음의 핵심 진리가 없는 다른 상담 접근들은 근본적으로 잘못되었다고 믿었다.

아담스는 복음 중심적이다. 우리는 그가 이룬 성경적 상담의 공적을 인정해야 한다. 그는 지난 100년이 넘는 시간 동안 복음 중심 상담의 진정한 선구자였다. 이 사실에 이의를 제기하려면 내담자의 잘못된 죄의 행동을 의로운 행동으로 변화시키기 위해 그가 행했던 수많은 실제적 권면에 대해 설명해야만 할 것이다. 아담스의 권면적 접근을 고립되고 편향된 시각으로 본다면 그를 도덕주의자라고 생각할 수도 있다. 그러나 이 부분에 대한 해결 책은 바울의 관점으로 아담스를 읽는 것이다. 바울의 서한을 살펴보면, 그는 복음의 능력으로 누가 예수 그리스도 안에서 신자가 되었는지에 관한 내용으로 시작해서 신자가 그리스도 안에서 어떻게 행동해야 하는지에 관한 도덕적 권면으로 끝을 맺는다. 바울은 결코 골로새서 1-2장의 이해 없이 골로새서 3-4장을 강조하지 않는다. 또한 로마서를 12장에서 시작하지 않는다. 아담스도 그와 같은 맥락이다. 그의 강한 도덕적 권면은 그것의 도덕적 기반이 되는 예수 그리스도의 복음과 분리될 수 없다.

복음 중심의 사역에 관한 내용은 이 장에서 중요하게 살펴볼 하나의 예이지만, 이것이 이 장의 주 내용은 아니다. 여기에서는 첫 번째 세대에 비해 두 번째 세대의 성경적 상담자들이 덜 투철한 것으로 보이는 성경의 충분성 영역에 대해 범위를 확장하여 살펴볼 것이다.

에릭 존슨의 《기독교 심리학》(*Foundations for Soul Care: A Christian Psychology Proposal*)은 성경적 상담이 어떻게 발전해왔는지 논평한 또 다른 책이다. 어떤 면에서 성경적 상담을 평가한 이 책의 방법과 비슷하지만, 부분적으로 차이가 있는 평가와 분석을 담고 있다. 존슨은 다른 누구보다도 주의 깊게 성경적 상담의 변화의 흐름을 읽기 위해 노력해온, 경험이 풍부한 상담자이다. 그럼에도 그는 여전히 이런 변화의 흐름에 질문을 하고 있다. 성경적 상담 운동의 변화에 대한 존슨의 비판적 의식은 중요한 가치를 지니며, 성경적 상담 운동에 참여하는 이들의 주의 깊은 대응(response)을 필요로 한다. 하지만 여기에서 우리가 고찰하고자 하는 논의의 목적은 이와 좀 다른 것이다. 에릭 존슨은 앞으로도 계속 성경적 상담 운동 안에서의 변화를 인식하고 평가할 것이다. 그러나 성경적 상담의 진보에 관한 그의 관점과 우리의 관점 사이에는 차이가 존재한다.

## 에릭 존슨의 관점

존슨은 성경적 상담을 이해하기 위해 두 학파의 생각을 구분했다.[1] 그는 한 학파를 '전통 진영의 성경적 상담'(Traditional Biblical Counseling, 이하 TBC)이라고 명명하고, 이를 성경적 상담 운동의 주도적(dominant) 모델로 보았다. 또한 TBC 학자들을 "제이 아담스와 밀접하게 연관된 이들"이라고 하면서,[2] 존 브로거, 웨인 맥, 존 맥아더, 에드 버클리 등을 예로 들었다. 물론 아담스가 TBC의 리더이다. 존슨은 TBC와 관련이 있는 단체로 미국 권면적 상담협회(National Association of Nouthetic Counselors, NANC), 성경적 상담 재단, 마스터스 대학, 국제 성경적 상담자 연합회(International Association of Biblical Counselors) 등을 언급했다.[3]

존슨은 TBC의 가장 큰 특징을 '성경의 충분성'에 충실한 것이라고 했다. 그리고 그 성경의 충분성을 '절대적 충분성',[4] '극단적 충분성',[5] 또는 '좋은 의도를 가졌으나 불필요하게 경직된 충분성의 교리',[6] 심지어 '성경적 독단주의'(Biblical Positivism)[7]라고 표현했다. 그는 다음과 같이 주장한다.

> 전통 진영의 지지자들은 그리스도인의 영혼 돌봄이 오직 성경이 무엇을 가르치는지에 기반을 두어야 하며, 보편적인 심리학 연구와 이론들에 대한 긍정적인 참고는 성경에 있는 하나님의 계시의 적절성과 타협하려는 것이므로 이단적 요소가 있다고 가르친다.[8]

존슨은 그의 주장을 견지하기 위해 대부분 웨인 맥의 저서를 참고하고 인용했다.[9] "인간과 인간의 문제에 대한 이해는, 우리의 제한성과 죄성으로 인해 성령님의 가르치심으로 우리의 생각과 통찰력이 비춰질 때만 온전히 신뢰할 수 있다. 우리는 신의 계시에서 분리된 진리를 단순하게 확신할 수 없다."[10] 이 내용을 인용한 후 존슨은 다음과 같이 주장했다.

> 맥은 … "성공적인 삶을 위해 우리가 알아야 할 모든 것은 하나님의 말씀 안에 들어 있다"라고 말했다. 이어 그는 … "사람과 사람들의 문제를 이해하고, 하나님을 기뻐하고 즐거워하는 가운데 하

나님 앞에서 사는 것에 관한 올바른 태도, 욕구, 가치, 감정, 행동을 배우고 변화하도록 사람들을 돕는 데 성경 외의 어떤 자료도 필요하지 않다"라고 강조했다. … 그는 다음과 같이 결론을 맺는다. "세속 심리학은 사람들의 육체 외적인(non-physical) 문제를 이해하거나 해결하는 데 아무것도 제공하지 못한다. 상담할 때 우리는 제한되고 타락한 인간의 통찰력을 의지할 이유가 전혀 없다."[11]

존슨은 맥이 "성경은 사람들의 육체 외적인 문제를 해결하거나 이해하기 위해 필요한 이론적 충실성, 원리, 통찰력, 목표, 적절한 방법을 지닌 종합 체계를 제공하므로 상담할 때 우리는 제한되고 타락한 인간의 통찰력을 의지할 이유가 전혀 없다"[12]라고 말한 것에 대해서 부정적으로 인용했다. 존슨은 맥이 명명한 전통 진영의 '성경의 충분성'의 믿음에 강한 이의를 제기한다. 그는 전통 진영의 성경에 대한 이해가 적절한 범위를 넘어섰다고 주장한다.[13] 그는 맥의 주장이 "성경의 틀에 관한 터무니없는 오해"라고 언급하면서[14] 전통 진영이 "정도가 지나쳤다"라고 말했다.[15] 존슨은 코페르니쿠스처럼[16] 전통 진영의 잘못을 지적하면서 그들의 태도가 교만하다는 것을 암시했다.[17]

이에 반해 존슨은 진보 진영 성경적 상담(Progressive Biblical Counseling, 이하 PBC)이라고 명명한 두 번째 학파에 대해서는 부드럽게 설명했다. 그는 PBC를 "아담스의 권면적 상담 모델의 몇몇 관점들을 극복하려는 의지적 시도"라고 평했다.[18] 또한 데이비드 폴리슨, 에드워드 웰치, 마이클 엠렛, 폴 트립 등을 PBC

의 리더로,《성경적 상담 저널》을 통해 진보적 접근을 하고 있는 CCEF와 웨스트민스터 신학대학원을 관련 단체로 언급했다.[19]

존슨은 PBC의 네 가지 특징을 TBC와 비교하여 다음과 같이 말한다. (1) '행위'(doing)보다 '존재'(being) 자체에 초점을 맞춘다. (2) 죄와 고통에 대해 더 균형 잡힌 관점을 가졌다. (3) 상담자와 내담자의 관계를 강조한다. (4) 논지에 협조와 대화를 추구하는 자세가 있다.[20] 또한 그는 진보 진영과 전통 진영의 차이를 구분한 몇 가지 영역 중에서 가장 크고 분명한 차이는 '성경의 충분성'에 대한 영역이라고 주장한다. "PBC는 성경의 충분성에 대한 배타적 입장의 부적절함을 인식하고 있다"라고 말하면서 다음과 같이 폴리슨의 글을 인용한다.

세속 지식이 성경적 상담 방법론에 아무것도 제공할 수 없는가? 절대 아니다. 성경은 성경적 상담의 체계(system)를 제공하고, 다른 지식들(역사, 인류학, 문학, 사회학, 심리학, 생물학, 경영학, 정치학 등)은 목회자나 성경적 상담자에게 다양한 간접적 접근 방법들로 유용하게 쓰일 수 있다. 그러나 이런 학문들은 결코 사람을 이해하고 상담하는 것에 대한 체계를 제공할 수 없다.[21]

존슨은 폴리슨의 거친 어조를 다소 아쉬워했지만, 그의 의도는 칭찬했다. 폴리슨이 이 글에서 성경 자원의 한계성과 다른 자원들의 유용성을 명확하게 인식하고 있기 때문이다. 존슨은 "(폴리슨은) 성경 외의 다른 자원의 역할도 허용한다. 그는 성경을 '사람에 관한 모든 사실과 생명의 다양한 문제를 포함하는 백과사전'으로 이해할 수 없다는 것을 인식하고 있다"라고 말했다.[22] 또한 폴리슨의 입장을 분석하면서 "PBC는 성경이 그리스도인의 영혼 돌봄에 대해 모든 논의를 완전하게 지니고 있지는 않지만, 포괄적인 범위를 제공하는 것으로 이해한다"라고 강조했다.[23]

이와 같이 존슨은 PBC와 TBC의 차이를 '성경의 충분성'에 있다고 보았다. TBC는 상담에서 성경의 배타적 충분성(exclusive sufficiency)을 중요시한다. 그들의 신념은 '오직 성경'이다. 그러나 PBC는 미묘한 관점의 차이를 보이면서 성경의 가르침에 도움이 되는 다른 자원들의 역할을 허용한다. 이제 생각해봐야 할 핵심적 문제는 '존슨의 이 분석이 과연 옳은가'이다.


# 전통과 진보 사이에 있는 논점

성경적 상담 운동을 성경의 충분성이라는 영역에서 두 그룹으로 구분하는 것은 불필요한 작업으로 여겨지기도 한다. 이와 같은 분류는 성경적 상담 운동에서 핵심적인 부분을 빼버리는 것같이 보인다. 이러한 간과는 전통 진영 성경적 상담(TBC)뿐 아니라 진보 진영의 성경적 상담(PBC)에도 적용된다.

### 성경의 충분성에 대한 진보적 입장
존슨에 따르면 성경의 충분성에 대한 폴리슨의 관점은 성경의

'무조건적 충분성'을 강조하는 사람들에 비해 좀 더 완화된 입장이다. 그러나 존슨이 폴리슨을 정확하게 이해한 것일까? 이를 알아보기 위해서는 존슨이 이 문제에 관해 인용했던 폴리슨의 문헌 외에도 그의 다른 문헌들을 살펴볼 필요가 있다.

〈영혼 진단과 치료의 성경적 충분성〉(The Sufficiency of Scripture to Diagnose and Cure Souls)에서 폴리슨은 삶의 문제에 대한 성경의 충분성을 논의하는 실질적 변론을 하고 있다.[24] 그는 성경에서 하나님에 대해 숙고하는 문제들은 일반 상담 현장에서 다뤄지는 문제들과 같다고 주장했다. 또한 사람들과 그들의 문제를 이해하기 위해 하나님의 언어를 배워야 하고, 하나님의 언어를 배우려면 성경을 읽어야만 한다고 주의 깊게 강조했다. 예컨대 사람들은 성경에서 정신분열증이라는 용어를 찾을 수 있다고 생각하지는 않지만, 폴리슨의 요점은 그가 다른 곳에서도 주장했듯이 성경은 상담이 무엇인지 말해주고 있다는 것이다.[25] 논문의 제목에서도 알 수 있듯이 그는 이 부분을 강조하기 위해 많은 증거들을 사용했다. 그는 성경에 대해 다음과 같이 강력하게 주장한다.

우리의 신념은 무엇인가? 성경은 사람들을 이해하고 돕는 일에 관련되어 있다는 것이다. 성경의 충분성은 우리 시대의 문화가 '상담'이나 '심리치료'라고 부르는 대면 상담의 관계를 포함한다. 상담의 내용은 무엇인가? 그것은 사람들의 문제, 필요, 갈등에 대한 것이고, 이들의 세세한 부분과 깊이까지 성경이 인간의 삶에 가르치는 범주(categories)를 활용하여 합리적으로 설명할 수 있어야 한다.[26]

여기에서 폴리슨은 성경이 상담에 충분하다는 강한 신념에 대해 논증한다. 그리고 한 걸음 더 나아가 상담자는 진정한 도움을 주기 위해 성경적 범주 안에서 사람들의 문제, 필요, 갈등을 설명할 수 있어야 한다고 주장한다. 이 주장은 그 자체로 분명한 의미를 담고 있지만, 그는 계속해서 아래와 같이 말한다.

> 무엇이 진정으로 인간 영혼의 문제와 은혜의 사역에 대한 성경적 관점인가? 성경적 관점은 여러 가지를 고려하여 수립해야 한다. 첫째, 우리는 성경이 우리에게 '체계적인 성경적 상담'(systematic biblical counseling)이라고 부를 수 있는 것을 세우도록 하는 의무와 이를 위한 자원을 제공하는지 물어야 한다. 사실 우리는 상담과 같은 대면 사역에 일관적이고 포괄적인 실천신학의 자원을 가지고 있다. 성경은 이에 대한 설명, 권면, 적용으로 가득 차 있다. 우리는 성경적 '상담 모델'을 이해하고 명확히 설명하기 위해 많은 것을 해야 한다. 그러나 이를 위해 스스로 무엇을 새롭게 만든다거나 사람에 대해 설명하는 다른 상담 모델들을 빌려올 필요는 없다.[27]

폴리슨은 성경에 체계적인 성경적 상담을 위한 일관적이고 포괄적인 안내가 있기 때문에, 기독교 공동체가 사람들을 돕거나 그에 대해 설명하고 이해하기 위해 다른 상담 모델을 빌릴 필요가 없다고 주장한다.

이상은 폴리슨이 주장하는 두 가지 예이다.[28] 이것은 2세대로 불리는 성경적 상담자(존슨이 말하는 진보 진영의 성경적 상담자)들의 의견을 대표하는 것이기도 하다. 다음에 이어지는 웰치의 글은 이와 같은 의견의 또 다른 예이다.

성경적 상담은 간단하고 지속적인 원칙을 가지고 있다. 삼위일체 하나님이 우리에게 성경을 통해 말씀하신다는 것이다. 더 나아가, 하나님은 성경의 역사, 교리, 율법(Law Code), 시와 찬미를 통해 그와 우리 자신, 우리 주위의 세상에 관하여 우리가 알아야 할 모든 것을 계시하셨다(벧후 1:3).

'하나님이 말씀하신다'라는 근본적 약속은 교회의 오랜 고백이다. 모든 교회의 신자들은 여기에 동의할 것이다. 그러나 우리를 고민하게 하는 것은 '우리가 필요한 모든 것'이라는 부분이다. 우리는 성경이 많은 중요한 것에 관해 언급한다는 것을 알지만, 우리의 복잡한 삶의 상황 가운데 좀 더 명확한 지시, 더 많은 정보들 그리고 새로운 상담기술을 알기 원한다. 그러나 예수님이 가지신 모든 것에 우리가 접근할 수 있다는 것은 부인할 수 없는 진실이다. "… 내가 내 아버지께 들은 것을 다 너희에게 알게 하였음이라"(요 15:15). 하나님은 진리를 알고자 하는 우리를 제지하지 않으신다. 예수님이 하나님 아버지께 듣고 알게 된 것을 우리도 알 수 있다.

하나님이 그분 자신과 우리에 대해 계시하신 정도로, 우리는 성경이 상담에 대해 굉장히 큰 깊이로 이야기하고 있으며, 성경 전반에 걸쳐 삶의 문제를 언급하고 있다는 것을 추측할 수 있다. 우리는 성경을 통해 관계의 갈등, 재정적 압박, 건강과 병에 대한 우리의 반응, 양육에 관한 질문, 고독 등 우리 모두 공통적으로 마주

하는 문제들에 대해 분명히 이야기할 수 있다. 또한 우울증, 불안, 조증, 정신분열증, 주의력결핍증과 같은 현대 심리학에서 정의하는 문제들에 대해서도 뚜렷하게 말할 수 있다.

　　물론 성경은 이러한 문제들을 백과사전식으로 설명하지 않는다. 또한 요리책의 조리법과 같이 변화의 기술을 제공하지 않는다. 그러나 기도를 통한 말씀 묵상과 상호 보완적인 신학적 조언을 나누면서 우리는 창조, 타락, 구속의 성경적 가르침이 주는 삶의 모든 문제들에 대한 명확하고 유용한 통찰력을 얻을 수 있다.[29]

　　이러한 웰치의 주장은 진보 진영(PBC)도 그들의 선배들(TBC)처럼 성경의 충분성에 온전히 충실하고 있음을 증명한다. 웰치가 정교하게 표현한 이와 같은 신념은 성경적 상담 운동이 시작된 이래 수용되기도 하고, 논쟁을 일으키기도 하고, 비방을 받아오기도 했다. 누군가는 이 신념에 동의하기도 하지만, 반대로 어떤 이들은 전혀 이해할 수 없을지도 모른다. 그러나 성경의 충분성에 대한 믿음은 성경적 상담 운동에 헌신하는 모든 이들을 특징짓는 신념이다.

## 과학에 대한 전통적 입장

지금까지 살펴보았듯이 진보적이라고 분류되는 성경적 상담자들(PBC)은 성경의 충분성에 충실하고 있다. 그리고 이 사실은 소위 전통 진영(TBC)의 입장에 의문을 갖게 한다. 성경의 충분성에 대한 그들의 입장도 오해받아온 것은 아닐까? 전통 진영이 과도한 충분성의 입장에서 성경 외의 유용한 자료들을 받아들이지 않는다는 것은 과연 사실인가? 이 주장을 증명할 수 있는 증거가 있는가? 성경적 상담 운동의 창시자이며 TBC의 대표 격인 제이 아담스는 실제로 세속 심리학의 과학적 가치를 강하게 인정했다. 그는 상담에 관한 책 첫머리에서 이렇게 언급했다.

나는 과학을 폄하하길 원하지 않는다. 과학이 구체성을 가지고 일반화된 내용을 설명하고 지식의 여백을 채우거나 성경의 왜곡된 인간 해석에 도전하기 위한 유용한 보조학문이 되길 바라고, 그것이 다시 성경을 연구하도록 유도하길 바란다. 그러나 정신의학 분야에서 과학은 인본주의 철학과 함께 심각한 추측성 결론을 형성하는 길을 열어주었다.[30]

몇 년 후 아담스는 이와 비슷한 의견을 개진했다.

당신은 심리학자들에게 유용한 어떤 것을 배울 수 있다고 생각하는가? 그렇다. 당신은 많이 배울 수 있다. 나는 그들에게 많이 배웠으며, 이 대답이 당신을 놀라게 했을 것이다. 그렇지 않은가? 당신은 권면적 상담자를 심리학에서 어떤 유용한 것도 보지 못하는 반계몽주의자로 생각했을 수도 있지만 … 나는 심리학과 심리학자들을 반대하지 않는다. 어떤 방법도 정당한 심리학 업적에 대한 나의 흥미, 지지, 격려를 막을 수 없다. 하지만 나는 가치, 행동, 태도 등 변화의 영역에 대한 심리학적 시도에는 개탄한다. 왜냐하면 그것

은 목회자의 역할을 침범한 것이기 때문이다.[31]

이와 같이 아담스는 과학적 심리학에 가치를 두고, 그 유용성을 인정한다. 그러나 그는 실제로 상담자들이 과학에서 세계관을 심각하게 고려해야 할 때 주의가 필요하다는 것을 강조한다. 앞서 언급한 글들은 아담스가 성경적 상담 운동을 시작한 초기 몇 년 동안 쓴 것이다. 이처럼 초창기의 증거들을 살펴보면 아담스가 결코 성경의 충분성의 이슈에 불필요하게 경직된 관점을 갖지 않았다는 것을 알 수 있다.

아담스에 따르면 그는 늘 심리학의 과학적 가치를 발견했고, 이것이 성경의 충분성에 대한 강한 확신을 위태롭게 만든다고 생각하지 않았다. 그러나 존슨이 많이 인용하고 언급한 웨인 맥은 어떤가? 존슨은 맥을 예로 들면서 전통 진영이 비성경적일 정도로 성경의 충분성에 대해 강하게 접근한다고 주장했다. 존슨은 두 개의 소논문을 통해 구체적으로는 맥을 그리고 일반적으로는 전통 진영을 비판했다. 맥에 대한 존슨의 강한 비판은 주로 〈무엇이 성경적 상담인가〉(What is Biblical Counseling?)라는 글에서 인용한 내용을 바탕으로 하고 있다. 앞서 맥의 이 글을 인용한 바 있는데, 다음은 이에 대한 존슨의 비판이 덧붙여진 것이다.

맥은 더 강하게 주장한다. "인간과 인간의 문제에 대한 이해는, 우리의 제한성과 죄성으로 인해 성령님의 가르치심으로 우리의 생각과 통찰력이 비춰질 때만 온전히 신뢰할 수 있다. 우리는 신의 계시에서 분리된 진리를 단순하게 확신할 수 없다." 부주의하게 표현한 것이 아니라면, 이것은 '성경적 독단주의'의 한 예다. 맥에 의하면 성경에서 밝혀지지 않은 모든 정보는 거부해야 할 것처럼 보인다(예를 들면 신경성 식욕부진증, 신경전달물질, 성격 특성에 관한 정보 등). 그러나 사람의 이성에 대한 이런 과도한 비관주의는 기독교 전통의 위대한 사상가들의 생각과는 거리가 있는 것이다. 예컨대 칼뱅은 죄의 정신적인 왜곡과 함께 비신자의 사상에 임하는 하나님의 일반 은총에 대한 보호와 축복의 영향을 동시에 인정한다.[32]

이와 같은 존슨의 비판은 합당한가? 맥은 정말 하나님의 은혜에 대한 전통적인 교리와, 성경 외의 정보에 가치를 부여하는 전통 기독교 관례를 거부하는 '성경적 독단주의자'인가? 이 질문에 답하기 위해서는 맥의 삶과 사역이라는 큰 범위 안에서 그의 글을 이해하는 것이 중요하다. 그는 삶의 문제로 힘겹게 살아가는 사람들을 돕는 것과 목회자들을 훈련하는 데 자신의 인생을 헌신했다. 예수님 안에서 사람들의 변화와 성장을 돕기 위한 자료를 제작했고, 무엇이 성경적 상담이며 어떻게 성경적 상담을 할 수 있는지 설명하는 많은 책과 논문을 썼다.[33] 이런 활동은 그가 신학적 인식론을 설명하는 철학자의 역할을 하기 위한 것이 아니라, 성경적 상담이라는 틀을 통해 사람들을 어떻게 도울 수 있는지 설명하는 목회자의 역할을 하기 위한 것이었다.

〈무엇이 성경적 상담인가〉 역시 이런 맥락의 논문이다. 여기에서 맥은 성경적 상담의 본질을 설명하고 지지한 것이지, 지식의 본질에 관해 설명한 것이 아니었다. 그러므로 사실상 존슨이 언급한 맥의 주장은 매우 특정 부분에만 나타나는 것이다. 글의 제목에서도 알 수 있듯이, 맥은 성경적 상담의 본질에 관한 질문에 답하려는 의도로 글을 썼다. 그리고 그는 그것을 성경의 무오성에 관한 시카고 선언(Chicago Statement on Biblical Inerrancy)의 기반 위에서 설명했고, 그의 목적이 상담의 맥락에서 육체 외의 삶의 문제들을 지닌 성도들을 돕는 것임을 글 곳곳에서 분명하게 언급하고 있다.[34] 이를 증명하는 예들이 더 많지만, 여기에서는 한 가지만으로 충분할 것 같다. 〈무엇이 성경적 상담인가〉의 마지막 부분에서 맥은 다음과 같이 그의 주장을 요약한다.

> 상담 관련 이슈에 대한 성경의 충분성으로 인해 세속 심리학은 사람들의 신체 이외의 문제들을 이해하거나 그것에 대한 해결책을 제시할 수 없다. 사람들을 상담할 때, 우리는 제한적이고 타락한 사람의 통찰력에 의존할 필요가 없다. 대신 우리는 하나님의 거룩한 말씀, 즉 확실하고 의지할 수 있으며 완전한 진리인 그분의 계시 안에서 확신을 갖는다. 왜냐하면 성경은 사람들의 신체 외적인 문제들을 이해하고 해결하기 위한 이론적인 체계, 충분하고 보편적인 원리와 통찰, 목표, 적절한 방법들을 포함하고 있기 때문이다. 그것은 우리에게 다른 대안이 필요 없는 모델을 제공한다. 사람을 돕는 데 최고의 전문가이신 하나님이 성경을 통해 우리의 죄와 연계된 문제들을 해결하기 위한 완전하고 적절한 상담의 관점과 방법들을 제공하신다.[35]

이러한 맥의 노력은 인식론의 분야가 아닌 성경적인 기독교 사역에 관련된 것이다. 그는 사람들을 돕는 것을 강조하고, 죄와 인간관계의 문제에서 비롯된 신체 외적인 문제들을 상담하는 것에 대해 이야기하는 것이다. 이 글로 인해 맥을 '성경적 독단주의자'로 보는 것은 그의 사역의 큰 그림을 이해하지 못한 것이다. 그를 제대로 이해하고 성급한 판단을 하지 않기 위해 글의 배경을 이해하는 것이 중요하다. 맥은 결론을 내리면서 다음과 같이 심리학이 제한된 유용성을 가질 수 있다고 언급했다.

> 세속 심리학은 설명하는 기능(주의 깊게 그리고 급진적으로 재해석할 경우, 성경적 상담 모델을 설명하는 예시와 세부적인 내용을 제공하는 기능)과, 자극하는 기능(우리가 생각하지 못하거나 혹은 무시하거나, 의미를 잘못 해석하는 분야에서 상담 모델을 발전시키기 위해 성경을 좀 더 철두철미하게 연구하도록 도전하는 기능)을 가진다. 그러나 사람의 제한성과 타락으로 인해 세속 심리학의 통찰력, 방법, 실제(practice) 들은 위험하게도 많은 부분에서 비성경적이고 하나님을 경외하지 않으며 사람들에게 해를 끼친다. 세속 심리학의 다른 측면들 역시 기껏해야 중립적이기 때문에 불필요하다.[36]

맥은 이 부분을 매우 주의 깊게 썼다. 그는 심리학이 사람들의 문제를 돕는 데 기여할 수 있다고 명시했는데, 그것은 성경적 상담 모델을 설명하고(illustrative) 자극하는(provocative) 목적으로 기능할 수 있다. 그러나 심리학에는 위험 요소가 있기 때문에 심리학적 발견들을 재해석해야 할 필요가 있고, 궁극적으로는 심리학이 불필요하다고 명시했다. 그의 관점이 옳지 않을 수도 있다. 그러나 성경과 심리학에 관한 그의 관점은 아담스와 폴리슨, 성경적 상담 운동의 1세대와 2세대의 주장과 큰 차이가 없다.

## 전통과 진보는 서로 동의하지 않는가?

존슨이 성경적 상담 운동의 외부에서 성경의 충분성에 관한 첫 세대와 두 번째 세대의 차이를 발견한 접근이라면, 성경적 상담 운동 안에서는 서로를 어떻게 바라보는가? 좀 더 구체적으로, 첫 번째 세대(TBC)는 두 번째 세대(PBC)를 어떻게 이해하는가? 이 질문에 답하기 위해 〈무엇이 성경적 상담인가〉에서 맥이 폴리슨에 대해 어떻게 언급하는지를 보면 도움이 된다. 맥은 이 글에서 폴리슨을 두 번 인용하는데, 각각 중요한 의미를 지니고 있다. 먼저 첫 번째 인용을 살펴보자.

데이비드 폴리슨은 성경적 상담에서 세속 학문들이 해야 할 역할에 대해 언급할 때, 인간의 사고 과정에서 일어나는 죄의 영향력을 생생하게 묘사한다. "세속의 학문들은 사람에 대해 기술한다는 측면에서 유용하다. … 그러나 그 학문들은 세속적이기 때문에 액면 그대로 받아들인다면 우리를 심각하게 잘못 인도할 수 있다. … 세속의 학문들은 조직적으로 잘못된 구조를 가지고 있다. 이것은 세속의 사람들이 뛰어난 관찰자가 될 수 있다는 사실을 부인하는 것이 아니다. 그들은 어떤 면에서 독창적인 비판론자들, 이론가들이다. 그러나 그들은 보는 것을 왜곡하기도 하며, 잘못 가르치고 인도하기도 한다. 왜냐하면 하나님의 관점에서 볼 때 세상의 지혜는 근본적으로 어리석기 때문이다."[37]

맥은 이 부분에서 인간 본성의 부패에 대해 논의하고, 본성의 부패가 세속 이론을 신뢰하는 그리스도인의 능력에 영향을 끼치고 있음을 보여준다.[38] 그러나 맥(소위 전통 진영에 속한)은 폴리슨이 언급한 세속 이론의 기술적(descriptive)이며 자극하는 기능에 대한 평가에 동의한다. 같은 논문의 '경고의 필요'(The Need for Causion) 부분에서 그는 다음과 같이 언급한다.

데이비드 폴리슨은 상담이 그리스도인에게 제공하는 또는 그리스도인이 상담에 제공하는 성경 외적인 사고들의 위험성에 대해 잘 고찰했다. "세속 지식이 성경적 상담 방법론에 아무것도 제공할 수 없는가? 절대 아니다. 성경은 성경적 상담의 체계를 제공하고, 다른 지식들(역사, 인류학, 문학, 사회학, 심리학, 생물학, 경영학, 정치학 등)은 목회자나 성경적 상담자에게 다양한 간접적 접근 방법들로 유용하게 쓰일 수 있다. 그러나 이런 학문들은 결코 사람을 이해하고 상담하는 것에 대한 체계를 제공할 수 없다."[39]

여기에서 맥은 다시 폴리슨을 인용하여 그가 아는 한 폴리슨과 자신의 견해 사이에 다른 점이 없음을 보여주고 있다. 이 부분은 존슨이 앞서 인용한 내용이기도 한데, 그는 폴리슨이 성경적 상담 운동을 좀 더 과학을 포용하는 방향으로 주의 깊게 이끌며 첫 번째 세대의 입장과 미세한 차이를 만들었다고 주장한다.[40] 그러나 맥은 자신과 폴리슨이 성경의 충분성에 대해 같은 입장을 취하고 있으며, 심리학적인 유용성과 문제에 관하여 동일한 관심을 가지고 있다고 결론 내린다.

사실 맥이 이런 결론에 도달한 이유를 이해하는 것은 그렇게 어렵지 않다. 앞서 언급한 글들에서 폴리슨은 성경의 충분성에 대한 성경적 상담자들의 기본 입장을 분명하게 설명하고 있다. 그는 세속 학문들이 성경적 상담에 필수 구성 요소가 아니며, 그들은 근본적인 것을 제공하지 않는다고 말한다. 그는 사람들을 이해하고 상담하는 데 있어 어떤 세속 학문도 그 체계를 제공할 수 없다고 생각했다. 이 부분은 매우 중요하다. 그것은 폴리슨의 관점이 전통 진영의 다른 어떤 진술보다도 덜 극단적이지 않기 때문이다. 물론 폴리슨은 다른 세속 학문들이 부차적인 방법으로 도움이 된다고 이해했지만, 여기에서 그가 밝힌 입장을 보았을 때 전통 진영의 입장과 큰 차이가 없다.

존슨은 진보 진영이 상담에 대한 성경 외적인 정보에 접근하는 방식이 전통 진영과 다소 다르다는 것을 감지하고, 그들이 심리학 용어를 사용할 의지가 있음을 포착했다. 앞서 언급한 저서의 〈전통 진영의 충분성에 관한 실제 믿음〉(The Actual Sufficiency Beliefs of the TBC) 부분에서 존슨은 다음과 같이 언급한다.

[진보 진영의] 입장은 성경 외적인 자료에서 나온 중요한 용어의 사

용을 정당화한다. 더 놀라운 것은 많은 전통주의자들이 심지어 성경에서 찾아볼 수 없는 (큰 의혹들을 지닌) 단어들을 사용하고 있으며, 많은 이들이 현대 심리학의 담론에서 파생된 용어들을 사용한다는 사실이다.[41]

존슨은 일례로 엘리제 피츠패트릭이 '거식증'이라는 용어를 사용하고, 존 스트리트(John Street)가 '아동 발달과 혼합 가족'이라는 개념을 사용하며, 제이 아담스가 '탈습관화와 감정'을, 웨인 맥이 '우울증'을, 애셔(Ashers)가 다양한 심리학적 용어를 많이 사용하고 있다고 언급한다. 이에 대해 그는 다음과 같이 결론 내린다.

이러한 책들과 소논문들을 주의 깊게 연구하면, 심지어 전통주의자들도 성경에는 없으나 세속주의자들이 발전시킨 20세기 과학의 몇몇 내용의 가치를 인정하고 있다고 결론짓게 된다. … 결론적으로 전통주의자들도 심리학의 과학적 연구와 이론화에서 나온 정교한 개념으로 인해 어느 정도 이익을 얻은 것으로 보인다.[42]

존슨이 언급한 전통 진영의 심리학 용어 사용은 사실 전혀 새로운 것이 아니다. 전통 진영은 성경 외의 자료들을 통해 배워야 할 것이 많다는 것과, 이런 인식과 실천이 성경의 충분성에 대한 확증에 손상을 주지 않는다는 것을 인식해왔다. 그러므로 전통 진영이 취하지 않은 '오직 성경'의 입장을 압박하는 것은 옳지 않다. 심리학 용어의 사용은 전통 진영의 입장과 일치하지 않거나 반대되는 것이 아니다. 오히려 성경의 충분성에 대한 전통적 입장과 성경 외의 자료에서 얻은 정보를 수용하는 것이 양립할 수 있음을 보여주는 것이다.

모든 근거들을 검토해볼 때 성경적 상담자들이 성경의 충분성이 공유하는 관점을 서로 나누며, 상담의 실천신학을 발달시키는 데 성경이 충분한 자원을 제공한다고 결론 내리는 것은 어려운 일이 아니다. 그러나 이와 같은 성경의 충분성에 대한 관점이 성경적 상담자들이 이차적, 삼차적으로 도움이 되는 다른 정보들을 배제한다는 것을 의미하지는 않는다. 지금까지 살펴보았듯 성경적 상담자들은 자신들의 글을 통해 이것을 분명히 하고 있다.

## 진보 진영의 의견은 전통 진영과 다른가?

앞서 살펴본 것처럼 맥은 폴리슨의 글을 인용할 때 자신과 폴리슨의 의견이 같다고 믿었다. 즉, 전통 진영은 진보 진영이 자신들의 의견에 동의한다고 생각한다. 그럼 진보 진영은 어떻게 생각하는가? 그들 역시 전통 진영이 자신들의 의견에 동의한다고 생각하는가? 이 질문에 폴리슨의 글이 답을 준다.

폴리슨은 〈신발이 맞는가〉(Does the Shoe Fit?)라는 글에서 성경적 상담 운동을 향한 다양한 비판자들과 논쟁을 하면서 그들의 비판이 합당한지 그렇지 않은지를 평가한다. 다음의 폴리슨에 대한 제임스 백(James Beck)의 비평은 특별히 주목할 필요가 있다.

아직도 아담스와 그의 사상과 연관된 과거의 개념적인 문제들이 많이 남아 있다. 감정적 고통을 겪는 이들을 향한 사역에 성경만 쓰여야 한다는 그들의 주장은 여전히 경직되어 있다. 과학적 심리학, 임상 심리학, 상담 심리학의 지속적인 배제는 믿기 어려울 정도다. … 이러한 환원주의는 성경에 대한 신실함이라는 명목으로 성경적 사고의 풍성함과 성경의 저자들이 인간 경험의 결과와 연관시키는 성경의 복잡성을 모욕하는 것이다.[43]

제임스 백은 존슨이 편집한《심리학과 기독교: 네 가지 관점》에 기고한 폴리슨의 글을 비판한다.[44] 그는 존슨이 맥과 아담스에 대해 극단적 충분성이라고 부정적으로 평가한 것과 같이 폴리슨에 대해서도 극단적 충분성의 잘못을 지적한다. 그의 비판에 실망한 폴리슨은 다음과 같이 대답한다.

우리를 향한 그의 구체적 비판은 무엇에 관한 것인가? 그에 의하면 우리의 입장은 성경지상주의적 반과학주의(biblicistic anti-science), 그리고 인간 조건에 대한 도덕화된 환원주의인가? … 나는 간단하게 대답하려고 한다. 나는 하나님이 성경을 모든 지혜의 원천으로서 새롭게 지향(orienting)하고 재지향(reorienting)하기 원하신다고 생각한다. 성경은 우리를 구속하는 것이 아니라 우리에게 관점을 제공한다(우리는 이것을 '신앙의 심리학'이라고 부를 수 있다). 다른 체계(골로새서 2장 8절에서 말하는 '철학')들은 왜곡된 시각과 고장 난 나침반을 제공한다. 그것은 정확하고 올바른 사실과 방향을 제공할 수 없다. 하나님은 세상의 어떤 것이든지 (왜곡되는 것 없이) 어떻게 올바르게 이해하고, 적절하게 사용해야 하는지 알려주기 원하신다. 모든 것은 편견에 의해 조롱의 대상이 될 수 있다. 자신의 이야기부터 오늘의 날씨까지, 어제 내담자가 말했던 어떤 것부터 829,000명의 학생들에 대한 연구까지, 한 분야에 도통한 사람의 말[제이 아담스는 그의 책 《기독교 상담 매뉴얼》에서 힌두교 종교심리학자인 스와미 아킬라난다(Swami Akhilananda)를 자주 언급했다]부터 중동의 전쟁까지, 제우스를 향한 찬양에서(행 17:28) 성경 안에 결코 나타나지 않은 행동들의 관찰까지…. 성경지상주의적 반과학주의와 혼합적인 통합주의(syncretistic integrationism)는 전혀 다르다. … 제임스 백은 다르다는 이유만으로 다른 모든 것을 조소하듯이 편견을 발휘했다. 나는 풍자와 같은 글을 명확한 사진으로 대체하길 바란다. 그는 내 논문의 실제 내용이나 지난 30여 년간 쓴 글에 대해 평가하지 않았다. 《심리학과 기독교: 네 가지 관점》에서 나는 공개적으로 성경지상주의와 성경이 모든 진리를 포함한 백과사전이라고 보는 인식론과 거리를 두었다. … 논의의 주제에 대한 내 관점은 틀릴 수 있고, 백이 맞을 수도 있다. 그러나 백은 내가 (그리고 제이 아담스도) 갖고 있지도 않은 관점을 무참하게 밟고 있다.[45]

이 글은 아주 흥미롭다. 자신에 대한 백의 비평을 향해 폴리슨은 이렇게 묻고 있다. "우리를 향한 그의 구체적 비판은 무엇에 관한 것인가?" 이것은 폴리슨이 다른 성경적 상담자들과 같은 입장에 있다는 것을 의미한다. 폴리슨은 《기독교 상담 매뉴얼》에서 아담스가 상담에서 성경 외 정보의 사용을 인정한다고 언급했다.[46] 그는 지난 30년간 성경적 상담 운동에 대한 백의 언급이 모두 명확하지 않다고 지적했는데, 이것은 성경적 상담자 어느 누구도 백이 비판하는 관점을 가지고 있지 않음을 의미한다. 마지막으로 그는 백이 제이 아담스나 자신이 가지고 있지 않은 관점(성경지상주의, 반과학주의 입장)에 대해 비난했다고 지적했다.

폴리슨은 다른 논문에서도 이와 비슷한 논지를 펼친다.

아담스의 공식 인식론은 세속 학문의 관찰과 사상에 대처하는 전형적인 개혁주의 변혁론자(reformed transformationist)의 입장이다. 그는 체계적 목회 신학을 수립하기 위해 세속 학문의 필요성을 부인한다. 하지만 기독교인의 관점에서 그것이 유용하다면 적절하게 사용할 수 있다고 인정한다. 인식론적으로, 아담스가 세속 학문에 대한 급진적 기독교화(radical Christianizer)를 주장하는 것은 성경지상주의에 기초한 외부인 혐오자(biblicistic xenophobe)이기 때문이 아니다. 그는 기독교인의 믿음이 이미 모든 지혜의 합에 도달했다고 믿는 승리주의자가 아니라, 세속 학문들이 기독교인에게 도전을 주는 동시에 지식을 준다고 생각한다. 그러나 아담스는 심리학이 의심스러운 모델들을 만들어내거나, 공신력 있는 자격증을 갖추고 세속적으로 훈련한 심리전문가들에게 대면적인 영혼 돌봄의 주도권을 내어주려고 할 때, 심리학에 대항하여 날카롭게 반대한다.[47]

폴리슨은 아담스가 기독교의 믿음에 속한 영역을 심리학이 침범할 때 그에 대해 의혹을 던진 것이라고 설명한다. 또한 그는 아담스가 세속 학문의 필요성을 부인하면서도 그리스도인들에게 도전과 정보를 줄 수 있다고 말한 것을 지적한다. 이것이 바로 폴리슨이 그의 저서들을 통해 이야기하고자 한 것이다. 그는 아담스의 이러한 입장이 아담스를 좋은 성경적 상담자로 만들 뿐 아니라, 개혁주의 인식론의 좋은 실천가로 만들어준다고 평가했다. 그리고 아담스가 주장한 내용은 이상하지 않으며 자신의 의견과 동일한 것이라고 말했다. 이 모든 것은 성경의 충분성에 대한 폴리슨의 관점과 소위 전통 진영의 관점 사이에 아무런 원칙적 차이가 없다는 것을 나타내는 명확한 증거이다.

# 결론

지금까지 살펴본 모든 논의의 의미는 성경의 충분성에 대한 전통 진영과 진보 진영의 관점 사이에 원리적인 불일치가 존재하지 않는다는 것이다. 물론 강조점이나 논조, 적용에 차이가 있을 수 있다. 그러나 좀 더 주의 깊게 살펴보면, 존슨이 그의 책에서 언급한 모든 이들은 성경적 상담 영역에서 외부 자원의 연관성에 대해 기본적으로 같은 입장을 취하고 있음을 알게 된다. 이 모든 증거들은 성경적 상담자들이라 불리는 모두가 성경의 충분성에 대해 확고한 이해를 공유하며 성경을 세상의 모든 것을 이해하는 안경으로 사용하고 있음을 증명해준다. 나는 이 부분에 있어서 성경적 상담자들이 옳다고 생각하지만,[48] 이 장의 요점은 성경의 충분성에 대해 옳고 그름을 논의하는 것이 아니다. 다만 성경적 상담 운동에 참여한 사람들 사이에 성경적 충분성에 대한 의견의 차이가 존재한다는 오류를 바로잡고자 하는 것이다.

성경적 상담 운동의 발전선상에서 성경의 충분성에 관한 의견 차이는 보이지 않는다. 어떤 이들은 전통 진영의 성경적 상담자들이 '오직 성경'을 주장하며 상담에서 배타적인 성경의 충분성을 믿는다고 말한다. 이에 반해 진보 진영의 성경적 상담자들은 미묘하게 절충된 성경의 충분성을 받아들이며, 성경의 한계를 인식하고 다른 자원들의 사용을 허락한다고 말한다. 그러나 이 장에서 우리는 성경의 충분성에 관하여 전통 진영과 진보 진영 사이에 다른 점이 없다는 것을 살펴보았다. 사실 어떤 부분에서는 '전통 진영'의 성경적 상담자들이 진보 진영보다 더욱 진보적이며, '진보 진영'의 성경적 상담자들은 전통 진영보다 더욱 전통적이다. 이는 성경적 상담 운동에 그동안 진보가 없었다는 것을 의미하는 것이 아니다. 핵심은 성경에 관한 한 어떤 원칙적 괴리도 없다는 것이다. 어떤 이들은 성경의 충분성이라는 주제에 상담자들 간의 의견 차이가 있다고 믿기도 하지만, 분명한 사실은 지난 20년간 성경적 상담 운동에서 변하지 않은 중요한 영역 중의 하나가 바로 성경에 관한 관점이라는 것이다. 실제로 성경적 상담 운동의 발전에서 성경은 세대 간 분열의 근원과는 거리가 먼, 오히려 더욱 일치하게 하는 원천이다.

# 6장

# 동기 이론과
# 우상숭배

COUNSELING: THE BIBLICAL COUNSELING MOVEMENT AFTER ADAMS
BY HEATH LAMBERT | FOREWORD BY DAVID POWLISON

인간의 동기와 관련된 영역에서 이룬 성경적 상담의 진보는 2장에서 이미 논의한 바 있다. 이 장에서는 이와 관련해 앞으로 진보가 더욱 필요한 부분을 살펴볼 것이다. 상담에 있어 동기의 문제는 매우 중요할 뿐만 아니라 주목을 많이 받고 있다는 점에서 성경적 상담 역시 이러한 측면을 고려하여 추가적으로 관심을 가질 필요가 있다.

성경적 상담에서 '마음의 우상'이라는 말은 인간의 동기에 대한 핵심 의미를 잘 표현한 용어이지만, 몇 가지 아쉬운 점이 있다.[1] 여기에서는 이 문제를 원점으로 돌아가 해결하기보다는, 이 용어에 보다 더 신학적인 정확성을 추가함으로써 그동안 발전해온 연구 성과를 보완하고자 한다.

이제부터 우상숭배의 성경적 맥락을 검토하고, 어떻게 인간의 마음 안에 있는 이기적인 죄의 본성이 문제를 일으키는지 알아볼 것이다. 우상숭배는 악하고 교만한 인간의 일차적인 문제에서 비롯된 이차적 문제이다. 우상숭배에 대해 살펴보기 전에 이것을 구분하는 것은 매우 중요한데, 그 이유는 점차적으로 설명하겠다. 이를 위해 구약과 신약의 우상숭배 관점을 각각 살펴보고, 인간의 마음을 이해하는 데 필요한 제반 자료들의 중요성을 검토해볼 것이다.

# 구약의 우상숭배

하나님의 구원으로 약속의 땅에 들어간 이스라엘 민족은 여러 이방 나라의 가짜 신들을 숭배하는 데 구제할 수 없을 만큼 빠졌다. 이스라엘은 하나님의 도우심으로 애굽에서 나왔고, 하나님의 언약을 받았으며, 전능하신 하나님이 행하신 일들을 목격했고, 하나님의 은혜로운 선물들을 받았으며, 선지자들을 통해 하나님의 권위 있는 목소리를 들었다. 이렇게 하나님이 허락하신 영광스러운 것들을 반복적으로 경험하고 누렸던 이스라엘 백성이 곧바로 가짜 신들에게 마음을 빼앗겨 그들을 경배한 것은 믿기 어려울 정도이다(출 3장). 이사야 44장 9-20절을 보면, 그들의 이런 행동을 목격하고 충격받은 선지자의 반응을 살펴볼 수 있다.

여기에서 이사야는 우상숭배의 어리석음을 상세히 설명한다. 그는 우상에 대해 무익하다고 표현하면서(9-10절) 이 논지를 뒷받침하기 위해 두 가지 관점을 전개한다. 첫째, 이사야는 우상을 만드는 기술자들이 여러 재료들을 선택하고, 그것을 사용하여 우상을 만드는 모습을 묘사하는 데 공을 들인다(12-14절). 둘째, 이사야는 기술자들이 그 재료들 중 일부만 우상을 만드는 데 사용하고, 나머지는 일상생활에 필요한 다른 용도로 사용한 것을 언급한다(15-17절). 이사야는 우상을 만드는 기술자들이 자신이 만든 창조물, 즉 요리나 난방 등 일상생활에 사용하는 재료로 우상을 만들어 숭배하는 것은 말도 안 된다고 명확히 지적했다. 그리고 그는 다음과 같이 마무리한다.

그들이 알지도 못하고 깨닫지도 못함은 그들의 눈이 가려서 보지 못하며 그들의 마음이 어두워져서 깨닫지 못함이니라 … 그는 재를 먹고 허탄한 마음에 미혹되어 자기의 영혼을 구원하지 못하며 나의 오른손에 거짓 것이 있지 아니하냐 하지도 못하느니라(사 44:18-20).

우상의 무익함에 대한 이 묘사는 신뢰할 수 없는 우상숭배의 본질을 그대로 보여주는 것이다. 올바르게 사고하는 사람이라면 어떻게 영원한 하나님의 영광을 하나님이 아닌 것과 바꾼다는 것인가? 이 질문의 중요성은 아무리 강조해도 지나치지 않다. 이렇게 구약에 언급된 우상의 본질을 파악하고 나면, 상담자는 수많은 하나님의 사람들이 잘못된 신을 섬기는 것을 발견하고 놀라게 된다. 과연 드물게라도 하나님의 사람들이 우상숭배라는 정신착란과 같은 행동을 하게 되는 깊은 동기, 즉 마음의 쟁점[2]에 대해 심층적 검토가 있었는가? 성경은 우상숭배의 동기 문제를 방치하지 않는다. 사실 성경은 이 문제를 아주 명확하게 언급한다. 많은 구절들을 이에 대한 자료로 검토할 수 있지만, 여기에서는 예레미야 44장과 호세아 2장만을 살펴볼 것이다.[3]

예레미야 44장에서 선지자는 애굽에 있는 이스라엘 백성의 우상숭배를 신랄하게 비난한다. 하나님은 예레미야를 통해 그들에게 그동안 예루살렘에 임한 모든 심판의 재앙을 다시 깨닫도록 하셨다. 하나님은 우상을 숭배하는 그들을 분노로 삼킬 것이라고 아주 생생하게 말씀하셨다. 그러나 예레미야의 메시지에 대한 이스라엘 백성의 반응은 겸손한 회개와는 거리가 멀었다. 성경은 교만한 그들의 반응을 다음과 같이 강조하고 있다.

네가 여호와의 이름으로 우리에게 하는 말을 우리가 듣지 아니하고 우리 입에서 낸 모든 말을 반드시 실행하여 우리가 본래 하던 것 곧 우리와 우리 선조와 우리 왕들과 우리 고관들이 유다 성읍들과 예루살렘 거리에서 하던 대로 하늘의 여왕에게 분향하고 그 앞에 전제를 드리리라 그때에는 우리가 먹을 것이 풍부하며 복을 받고 재난을 당하지 아니하였더니 우리가 하늘의 여왕에게 분향하고 그 앞에 전제 드리던 것을 폐한 후부터는 모든 것이 궁핍하고 칼과 기근에 멸망을 당하였느니라 하며(렘 44:16-18).

하나님이 기름 부으신 선지자의 엄한 경고를 들은 후에도, 사람들은 우상을 숭배하는 것에서 떠나지 않겠노라고 말하면서 더욱 더 비열하게 저항한다. 그들의 반항적인 태도를 통해 왜 그들이 계속 고집을 부리는지 분명히 알 수 있다. 그들은 우상을 숭배할 때 자신들이 원하는 모든 것을 얻을 수 있었다고 믿었다. 그리고 그들에게 나쁜 일들이 일어난 것은 우상숭배를 그만두었을 때였다고 믿었다. 예레미야의 증언은 사람들이 가짜 신을 숭배하도록 동기를 부여하는 것이 무엇인지를 명확히 설명한다. 우상들은 그들이 원하는 것을 주었던 것이다.

호세아 2장 역시 우상숭배에 대한 내용이지만, 예레미야 44장과는 조금 다른 방식으로 설명하고 있다. 호세아서는 간음이라는 생생한 비유를 통해 우상숭배가 무엇인지 보여주고 있다. 사람들은 참 하나님을 저버리고 우상을 섬김으로써 그들의 남편인 여호와를 배신하고 간음 행위를 범하고 있는 것이다. 하나님은 이스라엘에게 그들이 받았던 모든 선물을 공급하신, 신뢰할 만한 진정한 남편이시다. 그러나 이스라엘은 의도적이고 지속적으로 그 남편에게서 등을 돌린다. 왜 이스라엘은 이토록 부끄러운 행동을 하는가? 선지자는 다음과 같이 설명한다.

> 그들의 어머니는 음행하였고 그들을 임신했던 자는 부끄러운 일을 행하였나니 이는 그가 이르기를 나는 나를 사랑하는 자들을 따르리니 그들이 내 떡과 내 물과 내 양털과 내 삼과 내 기름과 내 술들을 내게 준다 하였음이라 … 곡식과 새 포도주와 기름은 내가 그에게 준 것이요 그들이 바알을 위하여 쓴 은과 금도 내가 그에게 더하여 준 것이거늘 그가 알지 못하도다 그러므로 내가 내 곡식을 그것이 익을 계절에 도로 찾으며 내가 내 새 포도주를 그것이 맛 들 시기에 도로 찾으며 또 그들의 벌거벗은 몸을 가릴 내 양털과 내 삼을 빼앗으리라 … 그가 전에 이르기를 이것은 나를 사랑하는 자들이 내게 준 값이라 하던 그 포도나무와 무화과나무를 거칠게 하여 수풀이 되게 하며 들짐승들에게 먹게 하리라(호 2:5-12).

이스라엘 백성은 현실에 입각해서 진실을 보지 못했기 때문에 진정한 하나님으로부터 등을 돌렸다. 여기에서 거론되는 물질들(떡, 물, 삼, 기름)은 사치스러운 물건이 아니라, 이 땅에서 살아가는 데 가장 필수적인 것들이다. 이러한 것들이 없으면 그들은 죽을 수도 있었다. 그들은 애인인 가짜 신의 손에서 이 중요한 것들을 얻을 수 있다고 믿었다. 이스라엘 백성은 그들이 열망하는 것을 가짜 신이 준다고 인식했기 때문에 또 다시 우상을 숭배했다.

지금 살펴본 두 본문은 모두 우상숭배의 근본 실상을 보여 준다. 고대의 가짜 신은 아주 실용적인 신이었다. 전적으로 그들에게 이익을 가져다준다고 믿었기 때문에 숭배한 신들이었다. 이 것은 모쉬 하버탈(Moshe Halbertal)과 아비샤이 마갈리트(Avishai Margalit)의 책 《우상숭배》(*Idolatry*)에서 잘 설명하고 있는 부분이다. 그들은 성경에서 자주 나타나는 간음(우상숭배)의 비유에 대해서 많은 지면을 할애하여 다음과 같이 설명한다.

> 이 비유에서 남편의 주된 기능은 아내의 물질적 필요를 만족시키는 것이다. 확장해 생각하면, 이스라엘의 필요를 만족시키시는 분은 하나님이다. … [그럼에도 불구하고] '이스라엘은 자신들의 필요를 더 성공적으로 채워준다고 생각한 다른 애인들을 좋아하게 된다.' 우상숭배의 죄는 매춘과 같다. '이스라엘은 자신에게 가장 높은 대금을 지불한 어느 누구에게라도 자신의 사랑을 주는 것이다.' 우상숭배는 일반적인 매춘보다 더 악하다. 이것은 그들의 남편이신 하나님이 세상의 주인이시므로 결국 남편의 돈으로 그들의 우상숭배 대금을 지불하는 것이기 때문이다. 매춘이라고 할 수 있는 이러한 우상숭배의 죄는 남편의 신실함과 아내를 향한 사랑, 그리고 남편을 배신하는 아내의 부정한 행동 사이의 큰 간격으로 인해 더 악

화된다. '아내의 성적인 관계는 사랑이 아닌 지불에 근거하고 있기 때문에, 그녀는 남편보다 애인이 더 많이 지불한다고 믿는다. 이스라엘 민족은 하나님을 물질의 공급자로 생각한다. 그래서 하나님이 실망스러워 보이면 곧바로 다른 신에게로 간다.'[4]

여기에서 살펴봐야 할 중점은 두 가지이다. 첫째, 우상은 매우 실용적인 기능을 제공한다. 그것은 하나님이 충족시켜주시지 않는다고 믿는 이스라엘 백성의 필요와 욕구를 채워준다. 둘째, 이 본질은 앞에서 다룬 바 있는 깊은 마음의 문제와 이어진다. 이스라엘 민족은 자신들이 원하는 것의 명확한 그림을 가지고 있었다. 문제는 그들이 필요로 하는 것과 그것을 얻는 방식을 자신들이 일방적으로 결정하기 원했다는 것이다. 자신들의 필요를 하나님에게서 배우고 찾지 않았으며, 하나님의 공급하심에 대해 신뢰하지 않았다. 그 대신 스스로 신이 되어서 자신을 숭배했다.

그러므로 우상숭배는 결국 자기 자신을 숭배하는 문제에서 파생된 이차적 문제이다. 이스라엘 민족이 하나님을 섬기는 것과 우상을 숭배하는 것 사이에서 오락가락한 것은 그 둘이 같은 기능을 한다고 생각했기 때문이다. 여호와와 바알은 모두 이스라엘을 위해 심부름하는 소년이었다. 그들의 진짜 신은 이스라엘 민족 자신으로서, 어떤 수단이든 가장 성공하게 만들어주는 것으로 그들의 목적을 추구했다. 다시 말해, 이스라엘의 본질적 문제는 우상숭배가 아니라 무엇을 필요로 하며 그것을 어떻게 얻을 것인가를 일방적으로 결정하고자 하는 그들의 시도이다. 이스라엘 민족의 문제는 모든 사람이 자신의 눈에 옳은 것을 하려는 것이었다(신 12:8; 삿 17:6; 21:5; 잠 12:15; 16:2; 21:2).

이스라엘의 문제는 그들이 진정으로 주님을 하나님으로 예배하는 것에 실패했다는 것이다. 이스라엘은 그들에게 공급해주시는 주님이 기뻐하시는 것이 아닌, 그들의 욕망, 즉 자신이 좋아하고 동시에 죄악 된 것에 집중하여 스스로를 숭배했다. 자신에 대한 애착에 사로잡혀서 그것이 어떤 것이든 상관없이 자신들을 충족시키는 공급원을 의지해버린 것이다. 하나님과 그분의 공급하심을 기뻐하지 않고, 자기 자신의 욕망에 따른 즐거움을 추구하는 것이 바로 우상숭배의 원죄이며, (향후에 좀 더 논의하겠지만) 다른 모든 죄의 뿌리이다.


## 신약의 우상숭배

성경 주석자들이 신약에서 우상숭배라는 주제가 비교적 적게 언급되었다고 말하는 것은 그리 이상한 일이 아니다. 구약은 우상숭배가 어떻게 기능하는지 이해할 수 있도록 설명했다면, 신약은 이러한 우상숭배에 대한 성경적 이해가 변함이 없을 뿐 아니라 오히려 그것을 더욱 명확히 하고 있다는 것을 보여준다. 다시 말해서, 사람들의 마음 깊은 곳의 문제들에 대한 신약의 그림은 구약의 모습과 같다는 것이다. 겉으로 보이는 우상숭배의 외적인 행동이 구약에서 보다 더 많이 나타난다고 해도, 신·구약 모두 근원적인 마음의 문제를 보여주고 있다.

많은 말씀 구절들이 이것을 증명하는데, 가장 명확히 보여주는 것은 마태복음 22장 37-40절 말씀이다. 이 구절은 율법 중에서 어느 계명이 가장 크냐는 바리새인의 질문에 대한 예수님의 대답이다.

> 예수께서 이르시되 네 마음을 다하고 목숨을 다하고 뜻을 다하여 주 너의 하나님을 사랑하라 하셨으니 이것이 크고 첫째 되는 계명이요 둘째도 그와 같으니 네 이웃을 네 자신같이 사랑하라 하셨으니 이 두 계명이 온 율법과 선지자의 강령이니라(마 22:37-40).

두 문장으로 이루어진 예수님의 이 대답은 하나님의 완벽한 율법을 자명한 두 원칙으로 압축하여 정리했다는 점에서 중요하다. 이 간결한 표현으로 하나님의 아들은 인간이 저지르는 모든 죄의 숨겨진 뿌리에 대해 설명하셨다. 인류 역사의 모든 죄는 하나님 사랑과 이웃 사랑의 실패에 공통적으로 뿌리를 두고 있다.

예수님은 하나님과 이웃 사랑 속에서 의의 총체를 요약하셨는데, 이 두 가지를 성취하는 데 실패한 것에 모든 죄가 뿌리박고 있으므로, 결국 죄악 된 인간의 마음은 무언가를 섬기는 데 깊이 연관되어 있는 것이다. 죄악 된 인간이 섬기려고 추구하는 존재가 만약 하나님과 이웃이 아니라면, 도대체 그는 누구인가? 신약은 죄인인 인간이 다른 모든 것보다 사랑하는 그 대상이 바로 '자기 자신'이라는 것을 반복해서 가르치고 있다.

오직 각 사람이 시험을 받는 것은 자기 욕심에 끌려 미혹됨이니 욕
심이 잉태한즉 죄를 낳고 죄가 장성한즉 사망을 낳느니라(약 1:14-15).

야고보는 사람이 미혹되는 과정을 논리적으로 '욕심에서 죄
로, 죄에서 사망으로'라고 언급했다. 성경은 죄의 대가가 사망이
라는 것을 분명히 명시하고 있다(롬 6:23). 그러면 죄에 선행되는
것은 무엇인가? 야고보는 이에 대해 모든 죄에 앞서 각 사람이
"욕심에 이끌려 미혹됨이니"라고 말하고 있다. 이 구절은 앞선
마태복음 22장 37-40절의 말씀을 완벽하게 보완한다. 모든 죄의
뿌리가 하나님 사랑과 이웃 사랑의 실패에 있다는 것이 진리이
듯이, 다른 어떤 것들보다도 자기 자신의 욕구를 추구하는 것을
우선순위에 두는 것이 모든 죄의 근원이라는 것 또한 진리이다.
사도 바울은 빌립보서 2장에서 이와 비슷한 맥락의 이야기를 하
고 있다.

각각 자기 일을 돌볼뿐더러 또한 각각 다른 사람들의 일을 돌보아
나의 기쁨을 충만하게 하라 너희 안에 이 마음을 품으라 곧 그리스
도 예수의 마음이니 그는 근본 하나님의 본체시나 하나님과 동등
됨을 취할 것으로 여기지 아니하시고 오히려 자기를 비워 종의 형
체를 가지사 사람들과 같이 되셨고 사람의 모양으로 나타나사 자
기를 낮추시고 죽기까지 복종하셨으니 곧 십자가에 죽으심이라(빌
2:4-8).

이 말씀은 빌립보서의 주제 구절로, 여기에서 우리가 주목하고자 하는 것을 논의하는 데 적절한 말씀이다. 마태복음 22장 37-40절의 말씀이 하나님 나라에 대한 가장 기본적인 명령을 나타내고, 야고보서 1장 14-15절이 죄악 된 인류라는 존재의 가장 기본적 실제에 관해 언급한 것이라면, 빌립보서 2장 4-8절은 하나님의 말씀에 완전하게 순종하고 다른 모든 인간의 죄악 된 인생의 모습을 따르지 않은 이상적인 한 사람을 묘사하고 있다. 즉, 예수 그리스도는 완벽하게 하나님의 율법을 성취하시고 인간의 죄의 욕구에 저항하신 분이다.

바울은 사람들이 각각 자기 일을 돌아볼 뿐 아니라, 다른 이들의 일도 돌아보라고 권유했다. 그는 이 일을 완벽하게 행하신 예수님을 예로 들었다.[5] 예수님은 십자가에서 순종의 죽음을 통해 그분 자신을 아무것도 아닌 자로 여기셨고, 아버지(첫 번째 율법)와 인류(두 번째 율법)를 섬기셨다.[6] 이러한 예수님의 순종에서 가장 놀라운 것은 예수님이 곧 '하나님의 형상'이심에도 불구하고, 그것을 취하지 않으셨다는 것이다. 이러한 사실 때문에 하나님과 인간을 향한 예수님의 헌신적인 섬김은 우리 머릿속에 그려볼 수 있는 최상의 거룩한 자기 부인의 예가 되었다.

예수님은 아버지가 명하신 모든 것을 행하고 죽기까지 그분의 백성을 사랑하심으로 율법 강령을 완벽하게 성취하셨다. 예수님의 의로움은 스스로를 부인했다는 사실과 함께 실제로 모든 명예를 받으실 만할 때에 아무 영광도 찾지 않으셨다는 것에서 나타난다. 그러나 타락한 인간의 속성은 예수님과는 반대로,

그 속에 사실상 아무것도 받을 만한 자격이 없을 때에 모든 명예를 추구한다. 인간이 가진 모든 것을 통해 주님을 사랑하는 대신에 하나님과 동등됨을 갈망하고, 권리가 없음에도 가지려 하고, 이웃을 사랑하는 대신에 이웃의 섬김을 요구한다. 그러므로 모든 죄의 뿌리는 근본적으로 다른 모든 우선순위(하나님과 이웃) 위에 자기 자신을 올려놓고 스스로를 높이려는 부당한 욕구에 있다. 인간의 근본 문제는 신성한 위치를 자신이 차지하려는 욕망이다. 죄악 된 모든 인간은 헌신적으로 남을 섬기는 대신 남을 조종하여 자신을 섬기도록 만들려고 한다.

죄인들의 문제는 하나님을 사랑하는 대신 그들 자신을 하나님의 자리에 올려놓는 데 있다. 모든 불의는 하나님과 같은 위치에 자신을 올려놓는 죄인의 욕구에 있다. 이것은 물론 무엇이 인류를 처음 곤경에 처하게 했는가와 연결된다. 창세기 3장에서 뱀이 하와에게 '하나님같이' 된다고 유혹하며(창 3:5) 하나님이 먹지 말라고 금지하신 열매를 맛보라고 한 것은 바로 인간의 깊은 마음의 문제, 즉 자기 우월감에 호소한 것이었다. 다음의 말씀 구절이 보여주는 것처럼 그 유혹은 먹혀들었다.

> 여자가 그 나무를 본즉 먹음직도 하고 보암직도 하고 지혜롭게 할
> 만큼 탐스럽기도 한 나무인지라 여자가 그 열매를 따먹고 자기와
> 함께 있는 남편에게도 주매 그도 먹은지라(창 3:6).

이 모든 것은 죄인인 인류가 하나님과 이웃을 사랑하는 것

을 원하지 않음을 보여주는 것으로 귀결된다. 인류의 가장 근본적인 문제에 대한 성경의 설명은 바로 인간이 스스로 하나님이 되고자 하는 욕망이다. 죄인은 은혜를 떠나서는 보좌에 홀로 앉으신 하나님을 예배할 수 없다. 인간은 끊임없이 신성한 위치를 움켜쥐는 가운데 하나님의 보좌에 자신이 군림하려 하고 모든 것과 모든 사람들이 자신을 섬기도록 함으로써 스스로 하나님이 되려고 한다. 인간의 악함은 무엇보다도 신성한 위치를 움켜쥐고 차지하려는 욕망 속에 있다.

## 우월감과 마음의 우상

자존심, 오만, 우월감, 자만, 하나님처럼 되고 싶은 욕구 또는 그 외 수백 가지의 어떤 표현으로 부르든지 죄성을 지닌 인간의 마음 안에 가장 중요한 것은 바로 자기 자신이다. 죄인들은 참 하나님 위에 자기 자신을 올려놓고, 그들 자신의 법칙을 만들어서 무엇이 좋은지 스스로 결정한다. 죄인들은 그들의 이웃과 이웃의 자리를 위해 섬기는 것이 아니라 자신이 섬김 받기를 원한다. 우리는 여기에서 인간의 가장 깊은 마음의 문제에 대한 이해가 데이비드 폴리슨과 그를 따르는 성경적 상담자들이 발전시켜온 마음의 우상에 대한 가르침과 어떻게 연결되는지 살펴보려고 한다.

우상은 실제로 마음이 악하게 변하는 마지막 단계에서 나타나 절정을 이룬다. 신약에서 자주 언급하는 악하고 교만한 마음은 〈마음의 우상과 '허영의 도시'〉라는 논문에서 폴리슨이 말한 강한 욕망과 악한 욕구를 만들어낸다. 이런 욕구와 욕망은 마음에서 점점 자라나서 그 자신을 최고로 우월하게 여기며 최선의 사항을 혼자 결정하려고 한다. 죄악 된 마음이 욕망을 일으키는 것은 거룩한 고통 대신에 죄의 편안함을 추구하기 때문이다. 진짜 하나님 안에서의 겸손한 믿음을 갖기보다는 자신이 모든 것을 주관하려고 한다. 헌신적으로 남을 섬기는 것 대신에 섬김을 받으려고 한다. 성경이 언급하는 모든 욕망과 악한 욕구는 자신을 최고라고 여기는 일차적 문제에서 파생된 이차적 문제이다.

그러나 이런 욕망은 아무것도 없는 진공 상태에서 일어나는 것이 아니며, 강한 세력들과 부딪친다. 이런 세력들은 곧 성경이 언급하는 세상, 육체, 사탄이다(엡 2:1-3).[7] 이 세력들은 강력하게 작용하여 죄악 된 인간의 욕망을 일으키는데, 사람들은 자기 자신을 높이려는 욕구를 서로 똑같은 방식으로 표현하지 않는다. 죄인은 개별적으로 세상과 독특한 관계를 지니기 때문에(예를 들어 교육, 롤 모델, 다른 문화에의 노출), 세상에서 그가 배우는 대로 자신을 높인다.

그러나 세상은 단지 여러 가지 영향 중의 하나일 뿐이다. 죄인은 그들의 세상 속에서 그들에게 다가오는 욕망을 끊임없이 받아들이기도 하고 거절하기도 한다. 모든 죄인은 각각 자신의 육체에 독특하게 흥미를 끄는 욕망을 가지고 있다. 폴리슨에 의하면, 죄인들의 문제는 사회적 환경에서 영향을 받을 뿐만 아니라, 인간의 마음 깊은 곳에 뿌리내리고 있다.[8]

이 세상에서는 사탄의 어두운 세력이 일하고 있다. 의를 위한 전쟁은 세상과 육에 대항하는 것뿐 아니라 정사와 권세에도 대항하는 것이다. 어둡고 강한 세력은 타락한 세상에서 영향력을 행사하여 사람들이 진정한 하나님을 예배하지 않고 자기 자신을 숭배하도록 한다.

이런 각각의 영향들, 즉 세상, 육체, 사탄은 그 욕망을 제공하고, 죄악 된 마음 앞에 자기 자신을 사랑하는 일을 북돋는 욕구의 대상들을 올려놓는다. 이런 우상들은 돌이나 나무가 될 수도 있고 성, 관계, 권력, 그 외의 수많은 것들이 해당될 수도 있다. 우상은 세상, 육체, 사탄이 사람들에게 영향을 주어 스스로 높아지려는 욕망을 공급하는 데 쓰이는 외적 요소들이다. 그러므로 우상은 자기 충족성을 실현하려는 욕구를 성취하기 위해 죄악 된 마음을 고정시키는 외부 대상들이다(도표 참조).

### 우상숭배와 자기 예찬의 마음

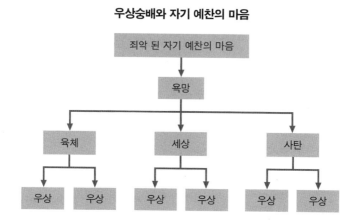

이 도표는 구약에서 우상숭배가 어떻게 사람들에게 작동했는지를 보여준다. 구약에서 이스라엘 민족의 근본 문제는 하나님을 신뢰하기보다 그들에게 무엇이 필요한지, 언제 필요한지를 결정하는 특권을 스스로 차지했다는 것이다. 이스라엘 백성은 자기 지향적(self-oriented) 마음으로 세상을 바라보았고, (그들 속에 이방 민족들을 포용하여) 스스로 높아지려는 마음의 욕망을 만족시키기 위해 하나님이 아닌 다른 신들에게 절하는 것을 따라 했다. 이것을 이해하면 이스라엘 민족의 잘못된 예배에서 엄청난 모순을 발견할 수 있다. 이스라엘 민족이 그들의 이방 민족을 따라 나무 토막 앞에 절한 것은 제멋대로 하려는 그들의 욕망을 보여주는 것이며, 역설적으로 이것은 우상숭배라기보다 '자기 예찬'이다. 우상 그 자체는 부차적인 것이다(오늘날 세상에서 그것은 포르노일 수도 있고, 상호 의존하는 특정 대상으로서의 배우자일 수도 있고, 자녀를 과잉보호하여 조종하려는 엄마의 집착적인 두려움일 수도 있다). 결국 자기 예찬이 근본적인 문제이며, 오늘날 역시 마찬가지이다.

이런 죄악 된 인간의 주된 문제는 본질적으로 우상이 아니라 마음이다. 주된 문제 안에 물론 우상이 포함되지만, 그것은 마음에 뿌리내리고 있으며 더 깊은 문제의 표현일 뿐이다. 이런 깊은 마음의 문제는 결국 자기 예찬이며, 상대적으로 우상숭배의 문제는 부차적인 문제로 여겨진다.

자율성을 추구하는 자기 예찬은 모든 우상을 통합하는 대통합이론(GUT: Grand Unifying Theory)이다. 우상이 문화에 따라 달라지고, 어떤 문화 안에서 개인에 따라 다르더라도, 인류의 근본적인 문제는 창세기 3장부터 줄곧 변하지 않았다. 죄악 된 본성을 가진 인간은 세상 그 무엇보다도 하나님같이 되기를 원한다.

A. W. 토저는 《거룩의 지식》(*The Knowledge of Holy*)에서 지금까지 살펴본 것과 같은 내용에 주목했다.

> 자연적인 인간은 자신과 관련한 하나님의 특성에 도전하기 때문에 죄인이다. … 그러나 이러한 자아의 모습은 아주 미묘하므로 누군가 그 존재를 의식하는 것은 매우 드물다. 인간은 처음부터 반역자로 태어났기 때문에, 자신이 반역자라는 것을 인식하지 못한다. 그의 끊임없는 자아 주장은—그가 그것을 일단 한번 생각해본다면—아주 정상적인 일처럼 보인다. 그는 원하는 목표를 위해 기꺼이 손해를 감수하거나 희생할 수도 있다. 그러나 그는 자신을 격하시키지는 않는다. 그가 사회적인 수용에서 멀리 벗어났다고 해도 그의 눈에는 자신이 여전히 높은 보좌에 앉아 있고, 어느 누구도—심지어 하나님조차도—그에게서 그 보좌를 뺏을 수 없다. 죄는 다양한 형태를 지니지만 핵심은 단 하나이다. 하나님의 보좌 앞에 예배하는 자로 창조된 도덕적 존재가 자기 자신의 보좌에 앉아 높은 자리에서 "I AM"(나는 존재한다)이라고 하는 것이다. 그것이 바로 죄의 핵심이다.[9]

폴리슨은 그의 논문 〈현대 성경적 상담의 주요 쟁점〉에서 이렇게 언급한다. "나는 현행의 성경적 상담학의 치명적인 단점에 대해 이야기하는 것이 아니다. 우리의 문제는 강조와 분명함의 부족이다.”[10] 이것이 이 장에서 주장하는 것이다.

　이 부분에서 알 수 있는 것은 성경적 상담 운동이 '마음의 우상'이라는 언어를 사용하는 데 있어서 근본적으로 잘못된 것은 아니라는 것이다. 폴리슨은 마음의 우상에 관한 그의 논문에서 이 생각을 분명히 언급하고 있다.

　'굶주림의 충동'이 내 인생과 그 일부를 몰아붙일 때, 나는 사실상 종교적인 행위에 관여하고 있는 것이다. 나, 즉 '육체'는 나 자신의 신이 되었고, 음식이 나의 의지, 욕구, 두려움의 대상이 되었다.[11]

　이것은 우리가 여기에서 전개하고 있는 견해와 일치한다. 또한 폴리슨은 다음과 같이 말했다.

　성경이 일관되게 보여주는 귀납적인 추론은 사람들을 서로 구별하기 위한 분류 체계가 아니라, 우리의 공통점을 강조하는 요약적인 설명임을 잊어서는 안 된다. 모든 사람은 하나님을 외면하고 '각기 제 갈 길로 갔으며', '그들 각자가 보기 좋은 대로 했다'는 것이다.[12]

　죄악 된 자기중심성이 문제의 뿌리라는 것을 보여주는 다른 방법도 있다. 웰치는 몇 가지 면에서 이것에 대해 언급했다.

　모든 우상숭배의 목적은 '우리 자신의 이익'을 위해 우상을 조종하는 것이다. 이것은 우리가 우상에게 지배받는 것을 원하지 않는다는 것을 의미한다. 우리는 그들을 이용하길 원한다. 예를 들면, 엘리야가 바알의 선지자들과 갈멜산에서 마주했을 때(왕상 18장), 바알의 선지자들은 바알을 자신들의 의지대로 조종하기 위해 자해를 하면서까지 온 힘을 다했다. 우상숭배자들은 우상을 포함한 그 어떤 것도 그들 위에 올라가는 것을 원하지 않는다. 그들의 조작된 신들은 결국에는 꼭두각시 왕들이 되어버린다.[13]

성경적 상담 운동에서 어느 누구도 이런 견해를 언급한 적이 없었던 것은 아니다. 그러나 이 부분을 최대한 발전시키지는 않았다. 이러한 논의의 목적은 향후의 성경적 상담 발전을 위해 어떤 부분이 더 필요한지를 검토하는 것이다. 동기의 문제는 성경적 상담학의 담론을 형성하고 상담 목회에서 중요한 역할을 차지하므로 좀 더 주의 깊게 발전시킬 필요가 있다.

성경적 상담자들은 여기에서 살펴본 것처럼 우상에 관한 복잡한 관점을 발전시키지 않았다. 마음의 우상은 더 깊은 무언가를 보여주는 대상이 아닌 흔히 실체 그 자체로 논의되었다.[14] 그것은 하나의 통속어가 되었다. 폴리슨은 이에 대해 다음과 같이 언급한다.

나는 굉장히 중요한 부분을 설명하려고 한다. 종종 이것은 성경적 상담자와 비평가들 모두가 오해했던 부분이다. 나는 '마음의 우상'을 성경적 상담의 주인으로, 만능적인 범주로, 혹은 모든 상담의 열쇠로 보지 않는다. 그것은 오직 '첫 번째 율법 강령의 불순종'을 보여주는 많은 것들 중 하나일 뿐이다. … 나는 '우상'이라는 단어를 고집하지 않는다. 성경적 상담자들 사이에서 이 단어는 남용되고 있으며, 뜻을 알 수 없는 용어가 되어버렸다. 사람들은 이 용어의 설명적인 힘에 사로잡혀서 본래의 의미를 벗어나 이해한다.[15]

실제로 '마음의 우상'이란 표현은 이 문제에 대한 폴리슨의 언급과 일치한다. 그의 논문 〈마음의 우상과 '허영의 도시'〉에서 폴리슨은 이렇게 언급한다.

마음의 우상이라는 말은 오직 하나님의 자리를 사람의 마음으로 옮겨놓은 많은 비유들 중의 하나일 뿐이며, 이것은 특정한 마음과 특정한 행동 사이에 끊을 수 없는 결속을 만든다. 손과 혀뿐 아니라 다른 모든 지체에도 그렇다.[16]

그래서 폴리슨은 동기와 우상숭배에 관한 범주에 일종의 수정이 필요하다는 데 동의하는 것으로 보인다. 한 사람의 신학적인 확신이 좀 더 향상되고 신뢰할 만한 표현이 될 수 있도록 고민하는 것은 언제나 지혜로운 일이다.

이것이 바로 폴리슨의 논문 〈현대 성경적 상담의 주요 쟁점〉에서 기울인 노력이며, 이러한 노력은 앞으로도 계속되어야만 한다. 그 어떤 운동도 '도착 지점'에 머물러서는 안 되며, 개혁의 필요성을 항상 염두에 두어야 하는 것이다.

여기에서 강조하고자 하는 것은 마음의 문제에 대한 성경적인 노력과 고심이며, 어떻게 우상숭배가 마음의 문제에 대한 징후가 될 수 있는가 하는 것이다. 특정한 우상과 자기 예찬 사이에 있는 동기를 구분하는 것은 많은 면에서 미묘한 문제이다. 그러나 그것은 실제 상담과 깊은 연관이 있으며, 다음과 같은 일곱 가지 방향으로 살펴볼 수 있다.

## 1) 교만에 대한 더 깊은 이해

동기와 우상숭배에 대한 보다 정확한 통찰은 신약에서 강조한 교만과 자기중심성과 일치한다. 실제로 신약은 우상숭배에 대해 여러 차례 언급하고 있다(예를 들어 고전 10:14; 엡 5:5; 골 3:5; 살전 1:9; 요일 5:21). 그러나 지금까지 논의한 것처럼 결국 성경이 인간의 핵심 문제와 관련하여 말하고자 하는 것은, 곧 우리의 죄악 된 성향이 다른 어떤 것들보다도 자기 자신을 존중하고 사랑한다는 것이다(마 22:37-40; 요 3:30; 롬 12:3, 16; 고전 10:33; 고후 5:15; 빌 2:1-11; 요삼 1:9).

이 커다란 문제는 육체의 욕망에서 증명된다(롬 1:29-32; 갈 5:16-26; 엡 4:22; 약 1:14-15). 다시 말해, 자기 숭배라는 인류의 잘못된 초점이 결국 잘못된 욕구를 낳았다는 것이다.

구약이 좀 더 상세히 우상숭배에 관해 논의하고 있지만, 신약은 이러한 우상숭배의 뿌리를 향해 더 깊게 들어간다. 사도들의 글은 우상숭배가 어디에서 비롯되었는지 설명하고, 영원한 하나님 대신 죄인인 자신을 예배하는 것이 문제임을 보여줌으로써 우상 너머에 있는 것을 발견하여 우상숭배를 잘 이해하도록 그리스도인들을 돕는다. 이것은 일관된 성경적 신학을 갖도록 하는 일 중의 일부이다. 신약이 삼위일체에 대한 구약의 이해에 명확성을 가져다준 것처럼, 예수님과 사도들은 히브리인들에게 우상숭배에 대해 좀 더 분명한 이해를 밝혀주었다.

## 2) 사람에 대한 더 깊은 이해

동기와 우상숭배에 대한 보다 정확한 통찰은 사람들을 이해하는 데 있어 성경이 의미하는 깊은 수준까지 인도한다. 성경적 상담의 2세대 이론가들은 문제 행동에 주목하고, '왜?'라는 질문을 던지며 행동의 동기를 찾고자 했다. 그들은 '하나님이 아닌 다른 대상에서 기쁨을 찾는 것'이라는 마음의 우상에 대한 유용한 비유로 이 질문에 답했다. 그리고 3세대로 접어들면서 우상을 바라보고 섬기는 이유를 보다 더 분명하게 물을 필요성이 대두되었다. 그 답은 하나님이 받으시기에 합당한 영광을 인간이 받기를 사모한다는 데 있다. 영광을 사모하는 인간의 마음이 자신에게 영광을 가져다주는 우상을 갈망하게 만든다.

## 3) 죄에 대한 더 깊은 이해

동기와 우상숭배에 대한 보다 정확한 통찰은 죄인들이 가지고 있는 문제를 성경적으로 이해하도록 돕는다. 죄인들은 하나님께만 합당한 영광을 자신이 가질 수 없다고 생각할 때, 초조한 마음으로 그것을 얻기 위해 궁리한다(갈망). 그러나 그 영광이 부인될 때 그들은 의기소침하여 뒷걸음치면서 자신에게 벌을 주거나(번

민), 격노의 폭발이나 계획적인 복수로 남을 응징하거나(분노), 또
는 스스로 조절할 수 있는 은밀한 즐거움의 정원으로 슬그머니
도망친다(회피).

이러한 동기와 우상숭배의 역학적 관계의 보다 정확한 이해
는 섹스를 거부하는 아내에게 소리를 지르고, 포르노를 마음껏
즐기며 저녁 시간을 보내는 것이 별개의 문제가 아니라 결국 하
나의 문제임을 우리에게 말해준다. 물론 아내에게 화를 폭발한
문제에 대해 짚고 넘어갈 필요가 있고, 포르노 문제를 다룰 필요
도 있다. 그러나 여기에서의 요점은 명백히 달라 보이는 이 두 가
지 문제가 어떻게 하나로 귀결되는지를 보는 것이다. 아내를 섬
기는 것을 원하기보다 하나님께 합당한 영광을 자신이 갖기를
원하는 것이 그 사람에게 어떻게 귀결되는가? 이 문제는 성경적
상담자들이 말하는 것과 같이 분명히 예배의 문제이다. 명확히
해야 할 것은 이 예배의 문제가 하나님과 그의 섹스 욕구 사이의
문제가 아니라는 것이다. 예배의 문제는 하나님과 그 사람 본인
의 문제이다. 섹스라는 우상도 문제의 상당 부분을 차지하지만,
핵심은 죄악 된 자기를 예찬하는 그의 마음이다.

## 4) 회개에 대한 더 깊은 이해

동기와 우상숭배에 대한 보다 정확한 통찰은 문제의 해결책을
이해하는 데 있어 더욱 성경적이다. 왜냐하면 그것은 더 깊은 수
준의 회개를 이끌기 때문이다. 마음속에 있는 특정한 우상(예를
들면, 아내에게 소리를 지르는 것)을 회개하게 되는 것이 그것이다. 또

다른 마음의 회개는 오직 하나님 한 분에게만 합당한 영광을 자신이 받고자 갈망했던 마음을 회개하고, 악담하면서 다른 사람들을 조종하려 한 것이 하나님을 신뢰하고 이웃을 섬기는 대신 자신이 무엇을 해야 하고 또 하지 말아야 할 것인가를 스스로 결정하고자 하는 갈망의 지표들이었음을 고백하는 것이다. 기독교인의 삶에서 구체적인 회개는 실제로 영원히 지속되는 변화로 인도하며, 그와 함께 죄의 문제를 다룰 수 있게 한다.

## 5) 긍휼의 상담

동기와 우상숭배에 대한 보다 정확한 통찰은 상담자를 긍휼과 이해로 이끈다. 약물을 사용한 적이 없고, 포르노에 중독된 적도 없으며, 자살 시도를 해보지 않았고, 음식을 먹고 토하는 일을 반복한 적이 없는 상담자가 어떻게 그러한 문제들로 고통을 겪는 내담자와 자신을 동일시하며 그들을 도울 수 있겠는가? 여기에서 전개된 동기와 우상숭배의 이해는 모든 잘못된 행동을 관통하는 공통적인 주제를 보여준다. 매일 저녁식사 전에 아내에게 불평을 쏟아내는 남편이나, 암페타민(중추 신경과 교감 신경을 흥분시키는 작용을 하는 각성제—편집자) 중독의 십 대 소녀는 둘 다 공통된 문제를 가졌다. 그들은 그들 자신을 예배하고 경배하며 영화롭게 하기 위해 산다. 분노하는 남편과 중독된 십 대는 그들 자신의 영광을 추구하며, 스스로를 위해 어떻게 영광을 추구할지 결정권을 가지려고 할 것이다. 죄악 된 자기 예찬은 스스로를 중심으로 전 우주가 돌아가도록 한다. 내담자나 상담자를 포함한 모든 죄인들이 그것을 얻기 위해 서로 다른 방법을 추구한다 하더라도 그들 모두는 이런 공통점을 지닌다.

이것은 상담자가 상습적 간음자의 이야기를 들을 때 그 행위를 불가능하게 여기거나, 상담자 자신의 삶과는 무관한 것처럼 충격적인 역겨움이나 불신으로 반응하는 것을 의미한다. 그러나 사실 그런 이야기를 듣기 힘들어하며 일부일처제를 따르고 있는 상담자조차 자기 자신을 높이기를 원하며, 하나님이 싫어하시는 것을 자신이 간절히 원한다는 것을 명확하게 안다. 다른 점이 있다면, 일부일처제를 따르는 상담자는 자기 자신을 높이고자 하는 동일한 목표를 쟁취하기 위하여 간음한 내담자와는 다른 수단, 즉 다른 우상을 이용한다는 것이다. 상담자의 우상은 좀 더 '사회적으로 수용되는' 것이지만, 하나님의 시각에서 볼 때 하나님 위에 자신을 올려놓는 명예를 추구한다는 점에서 상담자와 내담자 모두 똑같은 죄인이다.

## 6) 우상 사냥으로부터의 보호

동기와 우상숭배에 대한 보다 정확한 통찰은 상담자를 '우상 사냥'이라고 부르는 집착으로부터 보호할 것이다. 우상 사냥은 상담자가 특정 부분에서 내담자를 괴롭게 하는 '결정적인' 우상을 찾아내고자 하는 것이다. 성경적 상담 운동의 그 어떤 이론가도 이런 시도를 옹호한다는 증거는 없으나, 성경적 상담의 가르침들이 변형되거나 다른 사역에 영향을 끼침에 따라 상담 영역에도 이러한 시도가 있는 것은 사실이다.

한 가지 예로 통합주의자 댄 알렌더(Dan Allender)와 트렘퍼 롱맨 3세(Tremper Longman Ⅲ)의 책《당신 마음의 우상 깨뜨리기》(*Breaking the Idols of Your Heart*)를 들 수 있다.[17] 알렌더와 롱맨은 폴리슨의 저서를 인용하지는 않았지만, 그의 생각을 책 전체에서 발전시켰다. 알렌더와 롱맨은 일곱 가지 마음의 우상이 있다고 주장했다. 권력, 관계, 일과 돈, 기쁨, 지혜, 영성, 부도덕이 그것이다. 그들은 이 책에서 일곱 가지 우상에 대한 각각의 개념을 발전시켰고, 그 우상들을 신뢰하는 것의 위험성도 언급했다.

그러나 알렌더와 롱맨의 작업에는 많은 문제점이 있다. 첫째, 그들이 말하는 범주는 매우 혼란스럽다. 예를 들어, 그들은 조종의 우상을 설명하면서 일과 부도덕으로 인한 집착이 조종의 또 다른 시도이며, 그것들이 서로 분리된 것이 아님을 고려하지 않았다. 또 다른 예로 그들은 쾌락의 우상을 다루면서 돈과 인간관계 역시 쾌락 추구를 묵인하는 방법이 될 수 있다는 사실을 언급하지 않았다. 둘째, 그들은 책 전체에 걸쳐 우상이 인생을 지배하는 방법에 관해 썼지만, 사람들이 구체적인 회개의 행동을 통해 어떻게 우상으로부터 돌아서는지에 대해서는 설명하지 않았다.

알렌더와 롱맨의 가장 심각한 문제는 그들이 우상의 목록을 일곱 가지로 제안한 것의 위험성을 인식하지 못한 것이다. 즉, 알렌더와 롱맨은 사람들이 우상의 일부 또는 전부에 사로잡혀 있든지 혹은 아무 우상에게도 사로잡히지 않았든지 간에 모든 인간의 마음에 어떤 문제가 있는지를 발견할 수 있는, 그 우상들의 뒤에 감추어진 부분을 눈여겨보지 않았다는 것이다. 현대의 성경적 상담 운동 안에서 이러한 그들의 사상은 사실 도움이 되지 않는다. 만약 그들이 우상의 목록을 제시하는 것(이것이야말로 우상 사냥에 더 공헌하는 것이다)을 피하고, 그 대신 모든 죄악 된 욕구의 공통적인 뿌리인 자기 예찬을 밝혔다면 좀 더 도움이 되었을 것이다. 일단 자기 예찬이라는 공통된 주제를 이해한다면, 상담자는 다음과 같은 것들을 물어봄으로써 자신과 다른 사람들이 문제의 세부 사항을 이해하도록 도울 수 있다. 이 사람이 자기 자신을 높이고 스스로를 영화롭게 하려고 사용하는 것은 무엇인가? 그리고 이 사람은 삶의 어떤 영역에서 자신을 위해 해야 할 것과 하지 말아야 할 권리를 유보하고 있는가?

### 7) 과도한 자기 분석으로부터의 보호

마지막으로 보다 정확한 동기와 우상숭배에 대한 통찰은 내담자를 지나친 자기 성찰에서 보호할 것이다. 앞에서 살펴본 여섯 가지 항목이 상담자들의 유익을 목표로 하고 있고 그들을 내담자와 함께 우상 사냥으로부터 보호하는 것이었다면, 여기에서는 내담자들의 지나친 자기 분석을 막는 유익에 대해 다룬다. 때때로 내담자들이 그들 자신의 특정한 우상을 식별하는 것에 집착할 수도 있다. 그러나 이 목표는 개인의 진정한 변화가 지속되기 위해서는 결정적 우상과 같은 하나의 특정한 부분을 분리해내는 작업에 달렸다고 믿게 한다. 잘못된 자기 예찬에 대한 성경의 가르침을 이해하는 것은, 지나친 자기 분석이라는 내담자의 잘못된 추구에서 자유롭게 한다. 또한 내담자에게 자기 예찬의 근본 문제가 수백만의 독특하고도 구체적인 모습으로 나타날 수 있다는 것도 이해할 수 있게 해준다. 이러한 이해는 내담자가 특정한 죄나 우상에 대하여 회개할 필요가 없다는 것을 의미하는 것이 아니라, 이를 위해 자기 성찰을 꼭 해야 한다고 집착할 필요가 없음을 의미한다. 내담자는 그 무엇보다 복음의 은혜를 기억해야 하고, 이것이야말로 믿음과 순종의 단순한 부르심을 깨닫게 하여 자기 자신을 죄에서 자유롭게 만든다.

## 결론

성경적 상담 운동의 2세대는 신학을 통해 성경적으로 동기의 범주를 고찰하는 데 기여해왔다. 폴리슨이 발전시킨 '마음의 우상'이라는 말은 인간의 동기를 설명하는 데 함축적인 의미가 담겨 있는 중요한 용어이다. 이 용어는 죄악 된 인간이 하나님 아닌 다른 것을 통해 행동의 동기를 부여받는다는 것을 정확히 설명한다. 그러나 우상은 그들 스스로 존재하는 것이 아니라 각 인간의 마음 깊이 자리 잡은 자기 예찬이라는 욕망의 구체적인 표현임을 보여줌으로써 앞으로 이 비유를 더 성경적으로 발전시킬 필요가 있다. 죄악 된 자기 의로움을 중심으로 한 우상의 성경적 이해는 개인의 고통과 연관된 각각의 우상들을 체계적으로 이해하는 데 매우 유용하다.

맺음말

1960년대 말, 제이 아담스가 제안한 성경적 상담은 급진적이었다.[1] 그 이전까지만 하더라도 삶의 문제로 고통받는 사람들을 돕는 접근은 세속적인 방법이 점령하고 있었다. 교회는 자신들이 가지고 있는 그 풍부한 자원을 인정하지 않았고, 오히려 상처 입은 사람들을 돕는 데 세속 이론과 치료방법을 전적으로 도입했다. 교회가 종종 기도문이나 부분 인용(proof texts) 등에서 세속적인 접근들을 직·간접적으로 공인해주는 죄를 범한 것이다.

아담스는 상담 영역에서 예수님과 성경 그리고 교회의 회복에 불을 지피는 역할을 했다. 아담스의 목적은 잠자고 있는 신앙인들을 깨워, 고통받는 사람들을 상담하도록 하나님이 허락하신 풍부한 자원으로 이끄는 것이었다. 이 관점과 목적은 성경적 상담 운동의 창시자에게 이중의 필요성을 안겨주었다.

## 성경적 상담 운동의 설립

한편, 아담스는 맨바닥에서 성경적 상담 운동을 시작해야 했다. 오랫동안 기독교인들은 여러 세대를 통해 유익한 돌봄의 자원들을 개발해왔다. 하지만 20세기의 '상담'이라는 특별한 도전에 걸맞은 기독교적 관점에서 나온 자원은 뚜렷이 없었다. 하나님의 섭리 안에서 이에 대한 비전과 자원을 제공하는 과업은 거의 아담스에게 맡겨졌다. 그는 처음부터 다시 상담의 이론적인 이해와 상담 과정의 접근과 치료사들과 이론가들 사이의 조율을 위한 전략을 만들어가야 했다. 이 모든 것은 성경의 가르침 위에 기초한다는 그의 목적과 부합해야만 했다. 더욱이 아담스는 이 작업을 성취해나가는 수십 년의 세월 동안 쉴 틈이 없었다. 어떤 의미에서 그는 굉장히 빠르게 이 일을 수행했다. 아담스와 존 베틀러(John Bettler)는 한 인터뷰에서 이에 대하여 언급했다.

아담스: 계획된 것이 아니에요. 예기치 않은 일이었죠.

베틀러: 상담이나 상담센터에 대한 어떤 것도 계획되지 않았지요. 즉흥적이고 직감적이었습니다. 월요일에 무언가를 하다가 그것을 준비해서 화요일에 웨스트민스터에서 가르치는 식이었죠.

아담스: 나쁘지는 않았어요. 그 다음 주도 같은 식이었죠! 최소한 한 주 동안 더 생각하고 연구했으니까요. 현장에서의 학습이며, 교습이고, 훈련이었어요.[2]

이 인터뷰에서 아담스는 그의 모델에 대한 자료들을 즉시 만들어냈어야 함을 말하고 있다. 시간을 충분히 투자한다는 것은 그가 누릴 수 없는 호사였다. 아담스는 들어주는 방식으로 자신의 모델을 제시해야 할 필요가 있었다. 듣기의 필요성은 자신이 말하는 방식의 이유를 설명할 때도 효과가 있었다. 아담스가 사용한 강한 어조는 태생적인 성격상의 결함이라기보다는 듣는 사람들에게 결심을 유도하도록 하려는 전략이었다. 아담스가 여기에 대해 언급한 인터뷰를 폴리슨은 다음과 같이 기술한다.

> 아담스는 그의 과장된 표현 전략에 대하여 거침없이 이야기했다. 무뚝뚝한 과장은 '성경적 상담 운동의 창시자'라는 위상에서 나온 것이 아니라 하나의 전략으로 이해했을 때 다르게 들렸다. 그는 의식적으로 과장하는 이유를 직접 말했다. 과장은 영역 다툼에서 선동가들이 쓰는 흔한 전략이며, 사람들이 찬성 혹은 반대를 결정하도록 강요한다는 것이다. 그리고 그는 학자들의 조심스러운 표현은 효과가 없는 전략이며 소심한 짓이라고 비판했다.[3]

아담스에게 있어서 과장하며 말하는 것은 계산된 책략이었다. 물론 이것이 그가 행하고 말한 모든 것의 이유는 아니다. 사랑 안에서 진리를 말해야 하는 성경적인 부르심의 더 깊은 인식이 아담스에게 또 다른 전략을 쓰도록 이끈 시간도 있었을 것이다.[4] 어쨌든 이러한 내용은 우리에게 더 큰 전략적 맥락에서 아담스의 전술을 보여준다. 그것은 1세대로서 아담스가 직면한 도전들이 2세대와는 다르다는 것과, 창시자의 강력한 능력으로 탄생한 성경적 상담 운동 위에 2세대가 발전을 가져올 수 있었다는 것을 상기시켜준다.

아담스는 이 운동을 시작하는 일에 많은 노고를 아끼지 않았으며, 반대자들이나 이 운동의 필요성을 전혀 모르는 사람들에게도 큰 영향을 끼쳤다. 사실 운동을 창시한 이 업적은 너무 위대하기에, 아담스가 그러한 성취를 이룰 수 있었다는 것은 놀라운 일이 아닐 수 없다. 여러 가지 어려움에도 불구하고 그는 성경적 상담을 구축하는 데 발판을 마련했다. 그러나 곧 이 운동은 성장과 발전을 필요로 했다.

## 성경적 상담 운동의 신학적 발전

아담스로 시작된 이 운동은 다음 세대로 넘어가며 변화하고 성장했다. 우선 2세대가 성경적 관점에서 죄와 고통의 의미를 어떻게 균형 잡을 것인지, 어떻게 마음의 동기 문제를 생각할 것인지, 행동의 원인을 어떻게 설명하고 언급할 것인지에 대해 보다 주의 깊게 숙고함으로써 개념이 진보되었다. 성경적 상담자들이 성경을 통한 인간관계의 접근에 있어서 보다 잘 돌보고, 친절하며, 덜 형식적이고 덜 권위적인 태도를 취하는 것을 배움으로써 방법론적인 개발도 이루어졌다. 또한 실패를 통해서 배워가는 2세대의 변증론적 발전이 있었으며, 외부 사람들과의 관계를 조율하는 1세대의 성공적인 접근 방법을 계승하고 또 강화했다.

1988년 폴리슨이 쓴 〈현대 성경적 상담의 주요 쟁점〉은 아담스의 기반 위에 이루어진 성경적 상담의 발전을 의도적으로 자기 비판적 관점에서 본 첫 번째 시도였다. 그 출발점에서 이 운동은 지난 20년 동안 성장과 발전을 지속해왔다. 이 운동은 보다 더 사려 깊고 신중하며 지혜롭게 말하고 다른 사람들을 사랑하는 것을 담고 있다. 즉, 이 운동은 더욱 성경적으로 되어가고 있다.

이러한 진보가 아담스에게는 그리 놀라운 일이 아니다. 이 운동의 진보는 그의 작업 안에서 이미 예견된 것이었다. 그는 자신의 작업이 단지 시작일 뿐이라고 하면서 자신의 뒤에 오는 사람들이 더 많은 작업을 하도록 격려했다. 예를 들면, 그의 저서 《기독교 상담 신학》에서 아담스는 상담에 견고한 신학이 필요하다는 것을 언급했다.

정말로 상황이 복잡하다(나는 거의 참혹하다고 쓰고 싶다). 왜 내가 많은 책이 쓰이기를 갈구하는지, 왜 성경적 상담자들이 직면한 인류학의 많은 문제를 다루는 토론에서 내가 시작점을 만드는 것 이상의 일에 대해서 아무런 주장도 하지 않는지를 당신은 이해할 것이다. 더 큰 야망에 대한 시도는 고사하고 어디에서 나의 그림이 시작하는지를 아는 것도 쉽지 않은 일이다.[5]

아담스는 그의 작업이 단지 시작이라는 것과, 신학적 고찰의 필요성을 언급하는 것이 너무나 중요하고 위대한 일이어서 그 시작점을 찾는 것이 힘든 일이라는 것을 알고 있었다. 그러므로 아담스 이후의 사람들과 그들의 작업은 아담스의 위임 사항을 완수하는 것이었다. 심지어 아담스는 다음과 같이 경고했다.

내가 깔아놓은 길에는 분명히 썩은 널빤지도 섞여 있고, 널빤지가 일부 빠진 부분도 있다. 독자들은 그 길을 조심해서 걸어야 한다. 못이 뒤로 박혀 있거나 위아래가 바뀌어 박힌 곳도 있을 것이다. 그러나 확실한 것이 하나 있다. 그것은 분명히 많은 성경적인 널빤지들이 그 길에 단단하게 잘 박혀 있다는 것이다. 현재 나는 다른 것들을 재기도 하고, 톱질도 한다. 그러나 길의 처음부터 끝까지 못이 잘 박혀 있고 안정된 길이 되기 위해서는 다른 신앙인들도 망치를 들고 와서 못을 박으며 도와야 한다.[6]

아담스는 또한 그의 작업이 불완전했으며, 다른 사람들이 이 프로젝트를 함께 도와야 한다는 것을 분명히 했다.

권면적 상담 그룹은 프로이트를 둘러싼 정신분석 그룹과는 매우 다르다. 정신분석 그룹에서는 창시자와 다르다는 것이 곧 이단으로 간주되며 반(反)프로이트 신조를 철회하거나 제명되어야 했다. 그러나 권면적 그룹에는 이런 관계가 존재하지 않으며, 그들 모두가 자기 소신대로의 신학자나 사상가이다. 그들은 예스맨(yes-man)이거나 노맨(no-man)이다. 나는 그들의 반대로부터 계속 배운다.[7]

아담스는 여기에서 그가 기초를 놓은 상담 운동에 대하여 자신의 뒤를 잇고 자신의 프로젝트를 평가하기 위한 독립적인 신학자들과 사상가들이 필요함을 분명히 하고 있다. 더 나아가 이 운동에서 다른 사람들의 반대가 그에게는 큰 배움의 원천이라는 것을 분명히 하고 있다. 이에 덧붙여, 의도적으로 비판적인 숙고는 성경적 상담을 다른 세속적인 접근 방법들과 다르게 하는 요소 중 하나라고 언급했다.

## 성경적 상담의 발전에 대한 평가

성경적 상담이 3세대로 넘어감에 따라 오늘날의 성경적 상담자들은 지난 20여 년간 이루어진 2세대의 발전을 어떻게 평가해야 하는가? 이 질문에 답을 하기 전에 그들이 어떠한 평가를 하지 말아야 하는지를 먼저 언급하는 것이 도움이 되리라 생각한다. 세 가지 잘못된 접근이 있다.

먼저, 성경적 상담자들은 1세대에 의해 이루어진 작업을 축소하지 말아야 한다. 아담스의 사명은 '시작'하고 기초를 세우는 것이었다. 삶의 어려움을 겪는 사람들을 성경적인 방법으로 돕는 일에 헌신된 모두는 아담스에게 감사할 이유가 있다. 이 책의 목적은 아담스가 기초를 놓은 이 운동이 어떻게 발전해왔는가를 주의 깊게 보여주는 것이며, 이 작업과 운동이 지금 어느 지점에 있으며, 어디에서 왔는가를 평가하는 것이 중요함을 보여주는 것이다. 아담스를 일방적으로 지적하고 비난하는 것은 적절한 반응이 아니다. 왜냐하면 하나님이 그의 연약함을 포함한 모든 것을, 고난의 삶에서 고투하는 사람들을 돕는 사명에 더욱 충성하도록 교회를 부르시는 일에 사용하셨기 때문이다. 후세의 성경적 상담자들이 그들에게 영향을 준 거인들의 어깨에서 발을 쿵쿵거리기만 하는 것은, 지혜롭지 못하며 사랑이 부족하고 경건하지 못한 행동일 것이다.

둘째, 성경적 상담자들은 2세대의 작업을 무시하거나 경시하는 평가를 해서는 안 된다. 2세대의 작업을 무시하는 것은 1세대의 작업을 축소하는 것만큼 잘못된 일이다. 성경적 상담 운동은 성경적인 방법으로 발전해왔다. 모든 성경적 상담자들은 인간의 고통과 동기의 관점이 발전한 것에 대해, 사랑과 돌봄과 관심의 관계 형성에 관한 사려 깊은 고찰에 대해 그리고 성경적 상담의 비전이 외부로 퍼져나가는 증대된 노력에 대해서도 감사할 수 있다. 아담스 이후에 그들이 가졌던 같은 비전에 따라 신실하고 성실하게 그들의 사명을 감당한 사람들의 작업으로 인하여 오늘날 성경적 상담 운동은 지난 20여 년보다 더욱 강해졌다.

마지막으로, 비록 1세대와 2세대 사이에 차이가 있다 하더라도 그것은 한 가족 내의 미세한 차이에 불과하므로, 성경적 상담자들은 이 두 세대 사이에 확실한 선을 그어 발전을 평가해서는 안 된다. 성경적 상담 운동이 어떻게 성숙되어 왔는가를 살펴볼 때 1세대와 2세대를 묶어주는 공통점을 눈여겨보지 않은 채 차이점만을 평가하는 것은 위험한 일이다. 앞서 이 책에도 언급되었지만, 1세대와 2세대는 분리되기보다 더욱 연합되고 있음을 기억하는 것이 중요하다. 고투하고 있는 사람들을 돕고 그들이 변화되는 것을 보고, 또 성화의 과정에 헌신함에 따라 그리고 사역의 영역을 침범한 세속 심리학에 대하여 회의적인 태도를 가지고 예수 그리스도와 그의 말씀과 교회의 충분성에 충실함으로써 모든 성경적 상담자들은 하나로 뭉쳐진다. 이 연합은 성경적 상담의 모든 세대가 가족이 되게 한다. 분리하는 영을 피하고 이 연합 위에 함께 서는 것은 매우 중요하다.

그렇다면 성경적 상담자들이 지난 20여 년 동안 이루어진 발전을 어떻게 평가해야 하는가? 두 가지 적절한 응답이 가능해 보인다. 첫째, 성경적 상담자들은 첫 세대의 시작과 기초 작업에 대해 감사해야 하며, 2세대가 이루어놓은 진보에 대해서도 역시 감사해야 한다. 또한 성경적 상담자들은 고투하는 사람들을 돕는 방법에 있어서 성경적 접근으로 헌신한 모든 사람들 사이에 존재하는 연합에 대해서도 감사해야 한다.

두 번째로 올바른 응답은 성실함이다. 성경적 상담자들은 그동안 이루어진 작업을 성령이 계신 곳에서 지속해나감에 있어 성실해야 한다. 아담스는 베뢰아 사람이었다. 그는 당시 존재했던 상담의 풍경을 바라보고 그가 본 것들의 수용을 거부했다. 대신에 그는 보다 성경적인 것을 요구하고, 교회의 선함과 예수 그리스도의 영광을 위해 성경적인 상담을 만들었다. 2세대 성경적 상담자들도 마찬가지이다. 그들은 아담스의 초기 작업을 관찰하고 그것을 그대로 받아들이지 않았다. 대신에 교회의 선한 역할과 예수 그리스도의 영광을 위해 그것을 보다 성경적으로 다듬어왔다. 3세대, 4세대, 5세대로 이어질 성경적 상담자들도 감사함으로 그들의 태도를 이어받을 때 그들과 같아질 것이며 동시에 하나님의 말씀을 더욱 따르기 위해 분투할 것이다.

# 공중에서 비행기를 만들다

성경적 상담의 실천적 신학을 발전시키는 일은 마치 공중에서 비행기를 만드는 일과 같다. 1세대는 하늘로 들어가는 프로젝트에 착수했다. 또한 그들의 프로젝트를 무시하는 공격에 방어하면서 이 작업이 하늘에서 계속 진행되도록 힘을 공급했다. 이 운동의 시작을 이렇게 생각하는 것은 지속적인 발전의 필요성이 있음을 말해주는 것이다. 아담스 초기의 신학적 제안은 비행 중인 날개에 엔진을 다는 것에 버금가는 일이었다. 그는 객실에서 우아한 작업을 하거나 단순히 바람막이를 달았던 것이 아니다.

아담스가 힘을 공급하는 일이 비행기를 이륙시키는 데 필요했던 것처럼, 2세대의 세공 작업은 비행의 질을 높이기 위해 꼭 필요했다. 이 책에서 언급된 사려 깊은 고찰은 1세대의 성실한 노력에 의해 가능했다. 2세대의 노력은 비행기의 질을 훨씬 더 높였으며 따라서 타고 날기에 더욱 훌륭한 비행기가 되었다.

아담스의 작업은 완벽하지 않았다. 그러나 그가 살았던 시대의 역사적 맥락 안에서 볼 때 그보다 더 잘할 수는 없었을 것이다. 아담스는 설립자로서의 힘을 발휘했다. 그리고 뒤따르는 미흡한 점도 있었다. 아담스는 루터였다. 이렇게 볼 때 그의 작업에서 발전의 필요성, 즉 보다 능숙하며 지혜롭고 사랑이 넘치는 상담의 신학적 고찰에 대한 필요성이 제기된 것은 당연하다. 이 작업은 2세대 성경적 상담자들의 노력으로 진행되었으며, 이는 다음 세대를 통해서도 계속될 것이다.

하나의 프로젝트는 여러 사람의 귀한 수고로 이루어진다. 내 경우도 마찬가지이다. 이 프로젝트를 완성하는 데 다양한 방법으로 기여해주신 많은 이들에게 큰 빚을 졌다.

먼저 내가 목사로 섬기고 있는 켄터키 주 루이빌의 크로싱 교회(Crossing Church) 교인들에게 감사드린다. 그들과 함께 신자의 삶을 사는 것이 참 기쁘다. 그들이 내게 말하고 내가 그들에게 말할 때, 예수님을 더욱 닮아가는 것을 배운다.

또한 서던 침례신학대학원(Southern Seminary)과 보이스 대학(Boyce College)에서 수강했던 학생들에게 고마움을 전한다. 그들의 질문과 비판, 코멘트는 이 책에 큰 도움이 되었다. 그들의 관점이 이 책에 있는 많은 생각들을 발전시키고 개선하는 데 자극을 주었음을 밝힌다.

스튜어트 스콧(Stuart Scott)에게 감사드린다. 그의 옆에서 그리스도의 나라를 위한 사역을 준비하는 것은 매우 기쁜 일이다. 그는 여러 해 동안 내게 귀한 스승이자 인도자였고, 친구였다. 우리가 나눈 수많은 대화 가운데서 그는 진실하고 사랑이 담긴 대화가 신앙 공동체에서 어떻게 이루어져야 하는지 본이 되었을 뿐 아니라 지혜와 격려의 원천이 되어주었다. 나에게 미친 그의 영향력이 아니었다면 이 책은 지금과 매우 달랐을 것이다.

이 글은 책으로 엮이기 이전에 박사 학위를 위한 논문이었기에 박사 과정 위원회에 감사하고 싶다. 시간을 할애하고 지혜로 도움을 준 채드 브랜드(Chad Brand)와 랜디 스틴슨(Randy Stinson)에게 진심으로 감사드린다. 이 책에 도움을 준 것과 별개로 이들은 나를 매우 격려해주었다. 이 두 사람과 함께 연구하고 일하는 것은 내게 큰 영광이었다.

논문 지도 교수는 데이비드 폴리슨(David Powlison)으로, 그는 이 프로젝트의 모든 과정에 함께해주었다. 그의 지혜와 보살핌이 없었다면 이 책은 결코 쓰이지 못했을 것이다. 그가 보여준 신자다움의 살아 있는 본이 없었다면 나는 지금의 나보다 훨씬 부족했을 것이다. 그의 지도 아래 박사 과정을 밟은 것은 내 인생의 큰 명예 중 하나이다. 다시 한 번 그의 우정과 지혜와 조언에 진심으로 감사드린다.

또한 이 논문이 책이 될 수 있다고 내게 자신감을 준 크로스웨이(Crossway) 출판사의 모든 팀원들에게 감사드린다. 그들과 함께 작업하는 것은 축복이었다. 특별히 리디아 브라운백(Lydia Brownback)의 작업에 진심으로 감사를 표한다. 그는 꼼꼼한 편집으로 많은 사람들이 놓친 부분도 잘 작업해주었으며, 이로써 더욱 수준 높은 책을 만들 수 있게 되었다.

사랑하는 나의 소중한 아내 로렌(Lauren)은 하늘 아래 어떤 사람보다도 이 프로젝트의 완성에 책임감을 갖고 있었다. 논문을 책으로 엮는 동안 아내는 수많은 끼니를 제공했고, 수많은 기저귀를 갈았으며, 두 번이나 아이를 낳았고, 날마다 나를 돌보아주었다. 로렌은 하나님이 주신 가장 귀한 선물이며, 나는 여기서 표현할 수 있는 것보다 백배는 더 아내를 사랑한다. "그의 자식들은 일어나 감사하며 그의 남편은 칭찬하기를"(잠 31:28).

　　마지막으로, 나를 늘 붙들어주시는 은혜의 하나님께 가장 큰 감사를 드린다. 이 프로젝트의 완료는 내가 약할 때 그분의 강함이 진실로 완전하다는 것을 보여주는 또 하나의 증거이다.

2011년 1월, 켄터키 주 루이빌에서

히스 램버트

# 어떤 대안을 말하는가?

이 책의 2장에서 우리는 '육체'에 대한 아담스의 관점을 반대하는 2세대의 비판을 언급했다. 이러한 비판은 에드 웰치의 논문 〈신학이 사역에 어떻게 영향을 미치는가?: 육체에 관한 제이 아담스의 관점과 대안〉[How Theology Shapes Ministry: Jay Adams's View of the Flesh and an Alternative, Journal of Biblical Counseling 20, no. 3 (2002): 16-25]에 기술되어 있다. 제이 아담스는 에드 웰치의 결론을 강하게 부인하고, 이에 답하는 장문의 글을 썼다. 그러나 《성경적 상담 저널》은 이 중에서 단지 몇 줄만을 실었다[Jay E. Adams, "Letter to the Editors"(편집자에게 보내는 편지), Journal of Biblical Counseling 22, no. 3 (2003): 66쪽을 참고하라]. 이 부록에는 논문 사용의 허락을 얻어 일체 편집이나 첨가 없이 제이 아담스의 답변 기록을 제공하기 위해 글 전문을 실었다.

나는 로마교회로 보낸 바울의 편지에서 언급된 '육체'에 관한 나의 관점에 대하여 에드 웰치가 논평한 것에 감사하고 싶다. 주변에 떠도는 잘못된 관점을 잠재울 기회를 주었기 때문이다. 답변의 기회란 어떤 면에서는 무엇이 옳은지를 분명하게 하고, 좀 더 자세히 설명하며, 그 관점을 더 힘차게 가르치는 것과 같은 것이다.

나는 먼저 이 저널에서 대답이 나오지 않았던 질문을 던짐으로써 반론을 시작하고자 한다. "만약에 바울이 분명하게 가르친 것처럼 죄가 물질적으로 '지체 안에', '몸 안에' 그리고 '육신 안에'(같은 것을 세 가지로 표현함) 있다면, 바울의 뜻은 무엇인가? 어떻게 그렇게 될 수 있는가?"

바울은 영지주의자가 아니었다. 그는 하나님이 인간에게 주신 육신이 그 자체로는 악하지 않으며 죄의 원천도 아니라고 믿었다. 죄는 몸속에 타고난 것이 아니다. 그러면 죄가 어떻게 몸과 육신과 지체들을 지배한다는 것인가? 만약에 바울이 의미한 것이 거듭나지 않은 상태에서 인간의 죄악 된 영혼에 의해 프로그램 된 결과로 죄가 신자의 몸을 지배하고, 그에 따라 죄가 습관적인 행위를 통하여 몸을 점거하며, 이러한 습관이 새로 거듭난(회개한) 삶에도 들어오는 것이 아니라면, 도대체 어떻게 그렇게 된다는 말인가? 명백하게 바울의 비유는 죄에 매여 사용되는 노예화된 (영혼이 아니라) 몸을 말하는 것이다. 그리고 바울이 말했듯이 몸의 지체들은 더욱 죄의 목적을 조장하기 위해 사용된다. 바울은 이와 같은 방법으로, 거듭난 인간의 몸의 지체들을 제어하고 사용하시는 성령에 대하여 설명한다(롬 6:13,19). 신자는 자신의 몸의 지체들을 죄가 아닌 하나님께 드리고자 한다. 하나님께 순종으로 인도하는 성화가 아니고서는 어떻게 신자가 그렇게 할 수 있겠는가?

그럴 수 없다. 에드가 언급하기는 했지만 충분히 설명되지 않았던 대안은 '육신'이 우리의 물질적인 몸과 관계되는 것이 아니라 '육신적 그룹'과 관련이 있다는 것이다. 이 사람들은 아마도 (필경) 구원의 율법에 의지하는 사람들이며 다시 말해, 그들은 유대인이다. 그들은 "옛 언약 아래 사는 것이지 성령에 이끌려 사는 것이 아니다"라고 바울은 말하고 있다. 이 그룹은 '육신적으로 사는 삶'(sarx)을 살지만, 이제 바울은 전혀 다른 '공동체'에 속해 있다. 이 새로운 그룹은 '영적인 삶'을 산다. 에드는 바울이 그 자신에 대하여 언급할 때 '그의 실제적 경험'보다는 그저 '수사적인 도구'를 사용하고 있는 것이라고 말한다.

그러나 바울은 하나가 아닌 두 가지의 언약 아래에서 사는 흔들림 때문에 고투를 피력한 것(롬 7:14-24)이 아니다. 이 로마서 본문이 자전적인 것이 아니라 수사적인 표현이라는 생각은 이 그룹이 개인의 내면에서 오는 갈등이 아닌 두 가지 언약 아래에서 겪는 갈등에서 온다는 이상한 믿음으로 독자들을 인도한다. 에드는 다음과 같이 말하면서 바울의 이런 표현의 구조에 대해 확신이 없음을 명백히 했다. "그렇다고 나에게 다른 대안이 있는 것은 아니다. 바울의 관점에 대해서는 반가워할 뿐이다. 어찌 되었든 간에 그(바울)는 이 새로운 관점을 나에게 하나의 대안으로서 언뜻 비춰주었다." 솔직히 나는 에드 논문의 이러한 면모에 대해 매우 실망했다. 나는 그의 논문에서 무엇인가 나를 잡아끌 만한 알찬 내용이 있을 거라고 생각했다. 왜 그는 자신의 견해를 확신하지도 못하면서 다른 견해를 반박하는 것에 관심을 갖는가?

이제 어떻게 에드 웰치의 '대안'의 관점이 육신 안의 죄, 몸 안의 죄, 지체 안의 죄와 같은 표현을 설명할 수 있는지 살펴보자. 사실 내가 어떻게 그것이 되는지를 볼 수는 없다. 이 새로운 관점은 바울의 말과 양립될 수 없는 것처럼 보인다. 바울이 비유를 사용했다고 생각할 이유가 여기에는 없다. 본문 속의 비유는 노예와 관계가 있다. 강조하기 위해서 그 위에 다른 비유를 더한 것처럼 보인다. 다른 표현들 또한 '대안'의 관점과 충돌한다. 한 사람이 어떻게 하면 그의 지체들을 죄에 대한 순종에서 돌이켜 하나님께 순종할 수 있도록 하는가? 에드는 이 주제에 대해 빙빙 돌려 말했을 뿐 확실한 주장을 했다고 볼 수는 없다. 그 논문의 제목도 에드가 말하는 것과 맞지 않다. 그는 '대안'을 제시하는 것보다 나의 관점이 틀렸음을 말하는 데 관심이 있는 것으로 보인다. 대안을 제시한다는 것이 모호하며 매우 짧은 것으로 보아 이것은 육신에 대한 나의 관점을 반박하기 위한 논문에 조금 덧붙인 내용처럼 보인다.

에드가 여기에 집착하는 것은 흥미로운 일이다. 주석도 없고 논증도 없다. 대신 육체에 관한 나의 관점이 초래할 수도 있는 것에 대해 그의 생각을 언급한―점으로 표시한 후 나열한―것들의 목록과 대면하게 된다. 그러므로 여기에 응답하기 위해 내가 할 수 있는 것은 그 논문(22-23쪽)에서 20개의 점이 표시된 내용에 관해 언급하는 것이다. 지금부터 이 일을 하고자 한다. 편의를 위해서 글머리표에 D1, D2 식으로 숫자를 붙이며 설명할 것이다. 에드의 논문을 이해하기 위해 저널 논문 사본에 숫자를 붙여가며 나의 설명을 함께 보기를 바란다.

D1에서 에드는 육체에 관한 나의 관점이 자기 절제를 핵심적인 과제로 하고 있다고 주장한다. 물론 그것이 권면적 상담에 해당되는 것은 아니다. 그러나 성경이 그러하듯이, 필요할 때 자기 절제를 강조하는 것은 아무런 문제가 없다. 그리고 그것이 '핵심적인 과제'도 아니다. 확신하건대, 에드는 무심결에 내가 자기 도움(self-help)의 방법을 가르친다고 생각한 것 같다. 그러나 내가 말하고 싶은 것은, 우리의 핵심적 과제는 내담자들을 변화시키기 위해서 하나님과 성령이 사용하시는 말씀, 곧 성경으로 하는 사역을 견지하는 것이다. 성경적 시스템에 대한 이 같은 오해는 D2에서도 입증이 되는데, 성경에서 '의로' 교육받는 내용(딤후 3:16-17)을 테니스 서브의 개발과 비교한 것이다.

그는 내가 반복을 강조하는 것을 문제시한다. 왜 그럴까? 성경은 아주 반복적이다. 여기에는 이유가 있다. 더구나 하나님은 반복에 의해 테니스 서브를 개발한 사람이 다른 많은 것들도 그 방법으로 배우도록 사람을 만드셨다. 하나님께서 사람들이 성경에 따라 같은 방식으로 다른 많은 일들도 배울 수 있도록 도우신다고 왜 생각하지 않는가? 그리스도인들은 같은 방법으로 많은 것을 배우겠지만, 상담에 관한 큰 차이는 하나님이 안내하고, 동기를 주시며, 행동에 변화가 오도록 하신다는 것이다. 생각과 행동의 반복은 성화의 과정에서 하나의 요소일 뿐이다. 다시 정리하면 D2, D3, D4에서 에드가 시사하는 바는 권면적 상담이 행동주의의 개선에 지나지 않는다는 것이다. 그러나 그렇지 않다!

D4에서 에드 웰치는 내가 동기에 대해 변화를 위한 목적이 아니라고 했다고 주장한다. 여기에서 권면적 상담의 잘못된 이해가 드러난다. 나도 동기의 중요성을 부인하지 않았다.

D5에서 에드는 내담자를 향한 하나님의 은혜의 도구로서의 상담자와 내담자의 '관계'에 대해 걱정하는 듯하다. 그러나 거의 모든 신학자들과 성경번역자들이 인정한 '은혜의 도구'에는 에드의 이런 문제 제기를 포함시키지 않는다. 에드는 성경 어디에서 이 내용을 보는가? 상담자의 과제는 그가 성경을 설명하는 메시지를 방해하여 내담자의 상담 진행을 지연시키지 않는 것이다. 은혜로운 관계를 증진시키는 문제라면, 내담자에게 하나님과의 올바른 관계를 가져야 한다는 것을 확신시키는 것이 상담자의 의무이다. 이것이 바로 상담자가 하는 것이다. 결국 그의 백성들을 바꾸는 것은 성령이시다. 상담자가 아니다. 나는 이것을 오래전에 쓴 《목회상담학》에서 언급했다. 심지어는 불신자인 상담자도 (때때로 그들의 관계성에 의해서) 내담자의 변화를 가져올 수

있을 것이다. 그러나 이 변화는 하나님을 기쁘게 하지 못한다(롬 8:8). 실제로 상담에서 발생한 어떤 변화도 본질적으로 성령에 의한 것이 아니면 받아들일 수 없다. 상담자의 임무는 성령이 변화를 위해 사용하시는 말씀으로 사역하는 것이다.

D6에서 에드는 상담자들이 내담자들과 한 배를 타고 있다는 것을 나타내는 일에 관심을 보인다. 고린도후서 1장 4절에서 바울은 경험을 통하여 다른 사람들을 상담할 수 있는 것에 대해 이야기한다. 그러나 이 본문을 잘 들여다보면, 바울은 유사한 문제를 가진 사람들을 연결해주는 것에는 관심이 없음을 알 수 있다. 바울은 경험이 다른 어떤 문제를 가진 사람과도 상담할 수 있다는 것을 말하고 있다. 어떻게 하는가? 경험의 종류가 핵심이 아니다. 그것은 문제에 대한 하나님의 위로의 해결책이다. 긍휼이나 연민은 충분하지가 않다. 성경적인 공감이 필요하다. 성경적 공감 안에서 상담자는 내담자보다 문제를 더 깊게 바라보며 내담자의 문제 안에 들어간다. 그는 매우 깊게 들어가서 단지 내담자의 문제의 범위를 보고 내담자처럼 느끼게 되는 것뿐 아니라 그것을 넘어 그 문제에 대한 하나님의 해결책을 보게 된다.

D7에서 에드는 내담자들이 '죄와의 전쟁터에서 예수님을 바라보라'고 가르침을 받지 못한 두려움에 대해 언급한다. 그 무엇도 진리를 앞서갈 수는 없는 법이다. 그가 말하는 믿음은 '새로운 습관을 세우는 일'로 우리에 의해 '정의되는' 것이 아니다. 믿음은 당신 자신을 말씀 위에 두시는 그 하나님을 신뢰하는 것이다. 하나님이 기뻐하시는 변화를 위해서 하나님의 말씀을 믿고

그 위에서 행동하는 것이다. 믿음은 상담자나 상담자의 말(D6)에 있는 것이 아니라 오직 하나님과 그분의 약속 위에 있다.

D9에서는 '가르침'이 '기계적 암기'와 같다고 간주된다. 나는 그렇게 말한 적도 행한 적도 없다! 다시 말하지만 에드의 잘못된 반박은 '하나님의 지식에서 자라감'에 맞선 생각 속에서 구축된 것이다. 나의 영적인 성장에 대해 생각할 때면 배움(가르침의 반대) 없이는 결코 자랄 수 없음을 깨닫는다! 예를 들면, 회개는 단지 행동의 변화뿐 아니라 생각의 변화를 포함하는 것이다. 내담자가 예수 그리스도를 아는 것은 어떤 신비로운 힘이나 성경 외의 관계를 개발하여 예수 그리스도를 더 잘 '알도록 하는' 것이 아니다. 가르침은 내담자가 예수님을 더 잘 알고 그를 더욱 신실하게 섬기도록 돕기 위해서 때때로 필요하다. 에드가 개탄한 것처럼 가르침은 힘이 든다. 그러나 '기계적인 암기'라고 했는가? 그런 생각은 어디에서 오는 것인가? 그것은 결코 내 글이나 내 사역에서 온 것이 아니다!

에드가 정리한 목록들과 관련하여 내가 앞에서 말했던 것이 계속해서 적용된다. D10에서 에드가 언급한 대로 권면적 상담에서는 양자택일이라는 것이 없다.

D11에 대해서는 더 깊게 논하고 싶다. 에드는 동기에 강조점을 두었다. 성경이 다른 사람들의 마음을 아는 것이 불가능하다고 가르치고 있음을 기억하는 것은 중요하다. 사람은 다른 사람의 동기를 알 수 없다. 그러나 인간에 비할 수 없는 전능하신 하나님은 '마음을 아시는 분'이라고 불린다(행 1:24; 삼상 16:7 참

조). 마음은 오직 하나님께 속한 것이다. '마음의 우상' 쟁점(D13)에 대하여는 다른 기회에 이야기하고자 하며 여기서는 논평을 유보한다. 에드의 글에는 비성경적인 해설과 생각들이 언급되어 있기 때문에 할 말이 많이 남아 있다.

누가 내 모델이 동기를 살펴보도록 사람들을 유도하지 않는다고 했는가? 내 모델은 내담자에게 동기를 살펴보도록 촉구한다. 그러나 분명히 알아야 할 것은, 내담자는 스스로 자기 자신의 동기를 살펴보도록 요청받는다는 것이다. 이 주제도 반드시 D13의 개념이 더 자세히 검토된 후 다른 기회에 논하도록 남겨두어야겠다.

D15에서 진술된 내용은 권면적 상담을 설명하는 데 실패하였다. 약물의 투여가 종종 반대에 부딪히는 이유 중 하나는 그것이 참된 문제를 가리는 데 사용되거나 하나님의 방법을 피하는 데 사용되기 때문이다.

D17은 사람의 과거 행동이 그 사람의 내적인 삶, 곧 습관적으로 생각하고 드러내는 데에 영향을 미치지 못한다는 사실을 무시하는 것처럼 보인다. 사람은 보통 이전에 느꼈던 두려움 때문에 현재 마음껏 탐욕을 채우는 행위를 삼갈 것이다. 베드로는 탐욕에 길들여진 마음을 가진 사람들에 대하여 말한다(벧후 2:14). 베드로는 또한 어떻게 그들의 눈이 계속해서 죄를 찾는지를 이야기한다. 이것은 훈련된 지체의 몸을 가진 마음의 문제가 아닌가?

D18은 '죄를 짓는 새로운 방법'의 개발이 그 자체로 습관적 패턴이 될 것이라는 말을 이해하지 못한 것이다.

D19는 그야말로 권면적 상담을 정직하게 말하고 있지 않다.

D20은 은밀한 패턴에 대해서 가르친 것과 그 이야기를 쓴 자료들을 무시하고 있다.

내가 웰치의 비판 중 몇 가지에 대해 부인한다는 것을 그가 수긍하여 다행이라고 생각한다. 나는 분명히 웰치의 비판을 부인한다. 전부는 아니지만 그중 대부분을 분명히 부인한다.

다시 묻는다. 만약 습관의 과정이 아니라면 어떻게 몸과 육신, 지체의 죄가 나오는가? 만약 하나님께 옳은 것에 대하여 순종하게 도와달라고 요청하면서 성경에 대해서 배우는 것이 없다면 어떻게 그것을 벗고 새로운 방법을 입는가? 바울이 '내 지체 속의 법'이라는 말을 썼을 때(롬 7:23), 그의 마음속에 무엇이 있었는가? 이 법은 그의 마음속에 있는 법을 대항하는 능력이다. 그의 더 선한 의도(내 마음의 법)가 제압할 때까지 그는 사로잡힌 바 되었다. 다시 말해, 그것을 극복하기가 어렵다는 것을 안 것이다. 신자들이 내면의 영적 전쟁을 경험할 때 어떤 능력이 육신의 죄에 영향력을 행사할 수 있는가? 습관 아니면 어떤 것이 이것을 할 수 있는가?

## 1장 성경적 상담의 역사와 발전

1  지그문트 프로이트에 관한 토론은 아래를 참고하길 바란다.

2  논란이 있을 수 있지만 통합주의적 접근은 오늘날 기독교 상담의 주된 접근
   방법이다. 하나의 운동으로서 통합주의는 신학적으로 일관성 있는 접근을 추
   구하고자 한다. 그러나 통합주의의 신학적 기초는 구속신학의 핵심과는 잘 통
   합되지 않는 면이 있다. 세속 심리학의 중요성과 가치에 대한 잘못된 강조, 성
   경의 충분성에 관한 오해, 일반계시와 특별계시의 구분에 관한 혼란, 통합의
   미숙함 때문에 통합주의 운동은 신학적으로 실행 가능하다고 여길 수 없다.

3  Richard Baxter, *The Christian Directory*, 4 vols. (Morgan, PA: Soli Deo Gloria,
   1997).

4  John Owen, *The Mortification of Sin* (Carlisle, PA: Banner of Truth, 2004).《죄
   죽임》(부흥과개혁사, 2009).

5  William Bridge, *A Lifting up for the Downcast* (Carlisle, PA: Banner of Truth,
   2001).

6  Jonathan Edward, *A Treatise Concerning the Religious Affections* (Sioux falls, SD:
   NuVision, 2007).《신앙감정론》(부흥과개혁사, 2005).

7  Ichabod Spencer, *A Pastor's Sketches* (Vestavia Hills, AL: Solid Ground, 2001).

8  이 문장은 주의 깊게 작성된 것이다. 여기서 지적하는 것은 기독교인들이 상
   담과 같은 대인 사역을 하지 않았다는 것이 아니라 주의 깊게 그리스도인의
   특성을 보여주는 사역이 아니었다는 것이다. 기독인들은 교회에서 그들의 자
   원을 사용하여 (비록 상담이란 용어를 사용하지는 않았지만) 상담과 연관된
   쟁점들에 대해 고민하고 논의하였다. 이후에는 심리학과 세속 이론가들을 따
   랐고 성경적 원리들을 하나의 추가적 내용으로 사용하였다.

9  David Powlison, "A Biblical Counseling View," in *Psychology and Christianity:
   Four Views*, ed. Eric L. Johnson and Stanton L. Jones (Downers Grove, IL:

InterVarsity, 2000), 219.

10 Iain H. Murray, *Revival and Revivalism* (Carlisle, PA: Banner of Truth, 1994), xvii.

11 같은 책, xviii.

12 Kenneth O. Brown, *Holy Ground: A Study of the American Camp Meeting* (New York: Garland. 1992), vii.

13 다음을 보라. Murray, *Revival and Revivalism*, 255-274; Samuel J. Baird, *A History of the New School, and of the Questions Involved in the Disruption of the Presbyterian Church in 1838* (Philadelphia, 1868), 19.

14 George M. Marsden, *Understanding Fundamentalism and Evangelicalism* (Grand Rapids, MI: Eerdmans, 1991), 12-13.

15 Benjamin Warfield, *The Inspiration and Authority of the Bible*. Phillipsburg, NJ: Presbyterian and Reformed, 1948).

16 R. A. Torrey and A. C. Dixon, eds., *The Fundamentals* (Grand Rapids, MI: Baker, 1993).

17 더 깊은 논의를 위해서는 다음의 자료를 참고하라. Donald Capps, *Biblical Approaches to Pastoral Counseling* (Philadelphia: Westminster, 1981); Harry Emerson Fosdick, *The Living of These Days* (New York: Harper & Row, 1956), 214-215, 280; Seward Hiltner and Lowell Colston, *The Context of Pastoral Counseling* (Nashville: Abingdon, 1961).

18 E. G. Boring, *A History of Experimental Psychology*, 2nd ed. (New York: Appleton-Century-Crofts, 1950), 317, 322, 344-345.

19 Wilhelm Wundt, *Principles of Physiological Psychology*, trans. Edward Bradford Titchener (New York: Macmillan, 1904), 2.

20 Sigmund Freud, *The Question of Lay Analysis* (New York: Norton, 1950). 또한 Sigmund Freud, *Psychoanalysis and Faith* (New York: Basic, 1964), 104쪽을 보라.

21 이와 같은 남성성이 강조되는 이유들은 아래에서 논의된다.

22 E. Brooks Holifield, *A History of Pastoral Care in America* (Nashville: Abingdon, 1983), 167-168.

23 같은 책, 268-269.

24 같은 책, 167.

25 Newman Smyth, *Christian Ethics* (New York: Charles Scribner's Sons. 1982), 479, 495; Washington Gladden, *Ruling Ideas of the Present Age* (Boston: Houghton Mifflin, 1895), 294쪽을 보라.

26 이 용어는 2차 대전에서 '전쟁피로증'이라는 용어로 대체되었다. 오늘날 이와 같은 문제는 '외상 후 스트레스 장애'로 불린다.

27 Holifield, *History of Pastoral Care*, 269-270.

28 같은 책, 260-263.

29 Jay Adams, *Competent to Counsel* (Grand Rapids, MI: Zondervan, 1970). 《목회 상담학》(총신대학교출판부, 2001).

30 Jay Adams, *A Theology of Christian Counseling* (Grand Rapids, MI: Zondervan, 1979), 13. 《기독교 상담 신학》(크리스챤출판사, 2002).

31 Jay Adams, *The Christian Counselor's Manual* (Grand Rapids, MI: Zondervan, 1973), 9-10. 여기서 논의되는 아담스의 입장에 근본적으로 동의하지만, 이 책의 목적은 아담스의 논지를 칭찬하거나 비난하는 것이 아니다. 중립적인 관점에서 아담스의 입장을 이해하는 것이다.

32 Adams, *Competent*, 28.

33 Adams, *Manual*, 11.

34 Adams, *Theology*, ix.

35 Adams, *Competent*, xxi. Adams, *Manual*, 9-11. Jay Adams, *What about Nouthetic Counseling?* (Grand Rapids, MI: Baker, 1976), 31. Jay Adams, *Counseling and the Sovereignty of God* (Philadelphia: Westminster Theological Seminary, 1975), 12.

36 아담스는 심리학과 정신의학의 용어 사용에 있어서 일관적이지 않았으며, 종종 용어를 바꿔 사용하였다. 이 책에서의 '심리학'은 세속적 세계관에 따르는 정신의학, 이론화 작업들, 상담 등을 포괄하는 일반적인 의미이다.

37 아담스 신학의 포괄적인 논의를 이 부분에서 다루기는 불가능하다. 아담스 신학에 대한 충분한 논의는 데이비드 폴리슨의 책에서 찾을 수 있다. David Powlison, *Competent Counsel? The History of the Conservative Protestant Biblical Counseling Movement* (Glenside, PA: Christian Counseling and Educational Foundation, 1996). 이 부분에서 아담스가 주장하는 신학적 회복의 중요한 요소들의 요약을 제공한다.

38  Adams, *Manual*, 40-41.

39  Adams, *Theology*, 143.

40  Adams, *Manual*, 29.

41  Adams, *Theology*, 177.

42  Adams, *Manual*, 39.

43  나중에 이 운동이 어떻게 전개되었는가를 고찰할 것이다.

44  Adams, *Theology*, 177.

45  Adams, *Manual*, 178.

46  Jay Adams, *Shepherding God's Flock: A Handbook on Pastoral Ministry, Counseling, and Leadership* (Grand Rapids, MI: Zondervan, 1975), 174.

47  Adams, *Manual*, 11-13.

48  Adams, *Shepherding*, 172-176.

49  Adams, *Competent*, 17-19.

50  *Competent to Counsel* (1970).《목회상담학》(총신대학교출판부, 2001), *The Christian Counselor's Manual* (1973), *Shepherding God's Flock* (1974), *A Theology of Christian Counseling* (1979).《기독교 상담 신학》(크리스찬출판사, 2002).

## 2장  성경적 상담과 인간 이해

1  이 개념들은 성경적 상담에 헌신된 사람들의 핵심적 입장을 형성하게 하고, 1세대와 2세대 사이에 발전이 있더라도 두 세대를 연결시키는 근본적이며 포괄적인 일치가 존재함을 보여준다.

2  Jay Adams, *Competent to Counsel* (Grand Rapids, MI: Zondervan, 1970), xvi.《목회상담학》(총신대학교출판부, 2001).

3  같은 책, 51-52.

4  Jay Adams. *The Christian Counselor's Manual* (Grand Rapids, MI: Zondervan, 1973), 124-125.

5  Adams, *Competent*, 26-36.

6  같은 책, 40. 아담스는 신체적인 문제 때문에 당하는 고통을 인정했지만 그럼에도 하나님 앞에서 합당한 삶을 살 책임이 있음을 분명히 하였다.

7  Jay Adams, *A Theology of Christian Counseling* (Grand Rapids, MI: Zondervan,

1979), 139-140.《기독교 상담 신학》(크리스찬출판사, 2002).

8 아담스는 이 주제에 대해 다음의 두 책을 집필하기도 하였다. *How to Handle Trouble* (Phillipsburg, NJ: P&R, 1992); *Christ and Your Problems* (Phillipsburg, NJ: P&R, 1999).

9 아담스 동료들의 비판은 앞으로 다루게 될 것이다. 반면 아담스와 대응하는 이론가들의 예는 다음을 참고하라. Larry Crabb, *Understanding People* (Grand Rapid, MI: Zondervan, 1987), 7-10; Tim Clinton and George Ohlschlager, *Competent Christian Counseling : Pursuing and Practicing Compassionate Soul Care* (Colorado Springs, CO: Waterbook), 44-45.

10 아담스에 관한 이런 비판은 다음을 참고하라. David G. Benner, *Psychotherapy and the Spiritual Quest* (Grand Rapids, MI: Baker, 1988), 46; Bruce Narramore, *No Condemnation: Rethinking Guilt Motivation in Counseling; Preaching, and Parenting* (Grand Rapids, MI: Zondervan, 1984), 129; Gray R. Collins, *The Rebuilding of Psychology: An Integration of Psychology and Christianity* (Wheaton, IL: Tyndale, 1977), 182; Gray R. Collins, *The Biblical Basis of Christian Counseling for People Helpers* (Colorado Springs, CO: NavPress, 1993), 110-112. Larry Crabb, *Inside Out* (Colorado Springs, CO: NavPress, 1988).

11 Adams, *Competent*, 29.

12 물론 아담스는 신체적인 질병도 고난의 원인이 됨을 인정할 것이다. 그러나 그는 결코 이 부분을 언급하지 않았다.

13 Adams, *Manual*, 9.

14 위의 참고 문헌을 보라.

15 http://www.nouthetic.org/resources/bibliography

16 이 같은 사실은 가장 영향력 있는 아담스의 책 세 권을 검토할 때도 검증된다. 아담스가 권면적 상담의 기초를 놓았던 《목회상담학》을 보면 고난에 관해서는 4쪽에 걸쳐 단 2회만 언급했다. 반면 죄에 관한 내용은 37회가 나오고 약 97쪽의 분량을 차지한다. 성경적 상담을 다룬 《기독교 상담 매뉴얼》에서도 아담스는 고난과 불행에 대해 2쪽에 걸쳐 각 1회씩 언급했지만, 죄에 대해서는 총 35쪽에 걸쳐 8회를 언급하였다. 이 책 전체에서 상처 입은 사람들의 고난을 어떻게 상담해야 하는지에 대한 논의는 거의 찾아볼 수 없다. 《기독교 상담 신학》은 앞의 다른 책들에 비해 그나마 포괄적으로 고난을 논하고 있다.

이 책의 색인을 보면 고난과 불행에 관련된 언급이 12회 나오는데, 이것은 피할 수 없는 고난, 고난에 관한 십자가 소망, 고난의 한시적 속성, 고난 뒤에 있는 목적 등을 다룬 것이다. 그러나 여전히 아담스는 죄와 죄의 행위에 대해서 19회나 언급하며 6장(章)에 걸쳐 죄의 내용을 더 비중 있게 다루었다.

17  Jay Adams, *Counsel from Psalm 119* (Woodruff, SC: Timeless Texts, 1998), 59.

18  Jay Adams, *Compassionate Counseling* (Woodruff, SC: Timeless Texts, 2007), 1. 이 책은 특별히 새로운 주제를 담고 있지는 않다. 이 책이 다루는 주제는 수년간 아담스가 다루었던 주제들(교회에서 상담의 중요성, 죄와 연관된 직면의 중요성, 새로운 삶에 대한 가르침)을 포함하며 이 주제들이 긍휼을 보여준다고 주장한다.

19  같은 책, 1쪽 주석 1.

20  비록 아담스가 인용하지는 않았지만, 2세대 성경적 상담 운동의 저자들은 주로 고난과 긍휼에 대해 글을 썼다는 것을 주지해야 한다.

21  Adams, *Competent*, 17.

22  Adams, *Manual*, 136.

23  욥 1-2; 23:10; 시 94:12; 전 3:11-12; 5:12; 10:17; 12:1; 12:4; 렘 31:18; 마 5:11-12; 눅 22:31; 요 9:1-3; 11:1이하; 21:19; 롬 5:3-5; 9; 12:3; 고전 11:29-32; 고후 1:3-7; 8:13-15; 12:7; 빌 1:12; 3:10; 딤후 2:12; 히 12:7-11; 약 1:2-4; 2:17; 벧전 1:6-7; 4:13-14; 5:6-7; 계 5:12을 보라.

24  Sigmund Freud, *New Introductory Lectures on Psychoanalysis* (London: Lund Humphries, 1933), 107-143.

25  B. F Skinner, *About Behaviorism* (New York: Knopf, 1974), 9-20.

26  Alfred Adler, *Understanding Human Nature* (New York: Greenburg, 1946), 69-90.

27  David Powlison, "Crucial Issues in Contemporary Biblical Counseling," *Journal of Pastoral Practice* 9. no. 3 (1988): 61.

28  같은 책, 62.

29  같은 책, 63.

30  David Powlison, "God's Grace and Your Sufferings," in *Suffering and the Soveeignty of God*, ed, John Piper and Justin Taylor (Wheaton, IL: Crossway, 2006), 157.

31 Edward Welch, "Exalting Pain? Ignoring Pain? What do we do with Suffering?," *Journal of Biblical Counseling* 12, no. 3 (1994): 4.

32 같은 책, 5.

33 Timothy S. Lane and Paul David Tripp. *How People Change* (Winston-Salem, NC: Punch, 2006), 133-165. 《사람은 어떻게 변화되는가》(생명의말씀사, 2009).

34 같은 책, 167-192.

35 같은 책, 193-223.

36 같은 책, 99.

37 같은 책, 105-106.

38 웰치는 또한 모든 고난의 뒤에 사탄이 있는 것이 아님을 지적하고 있다. 그의 이러한 주의 깊은 지적은 고난의 원인을 나열할 때도 드러난다.

39 Welch, *"Exalting Pain? Ignoring Pain?,"* 6-7.

40 Paul David Tripp, *Instruments in the Redeemer's Hands* (Phillipsburg, NJ: P&R, 2002), 158. 《치유와 회복의 동반자》(디모데, 2007).

41 같은 책, 145.

42 같은 책.

43 Welch, "Exalting Pain? Ignoring Pain?," 5.

44 Tripp, *Instruments*, 150.

45 같은 책, 155.

46 폴리슨은 이와 같은 새로운 생각을 자신의 책 *Seeing with New Eyes* (Philipsburg, NJ: P&R, 2003), 91-108에서 나누고 있다. 《성경적 관점으로 본 상담과 사람》(그리심, 2009).

47 물론 예외는 있다. 모러(Mowrer)의 책임에 대한 강조는 아담스에게 책임의 중요성을 일깨워주었다. 인지행동치료도 책임의 강조를 포함한다. 심지어 잘 알려진 방송인 필(Phillip McGraw) 박사도 개인의 문제를 위한 책임의 중요성을 대중화하였다. 그러나 문제는 믿지 않는 자들은 책임을 강조할 때 하나님을 언급하지 않는다는 것이다.

48 Adams, *Theology*, 163.

49 같은 책, 161.

50 같은 책, 160-161.

51  Adams, *Manual*, 177.

52  같은 책, 178.

53  아담스에게 탈습관화와 재습관화를 통한 변화의 과정은 어려운 작업이며 통합적인 작업이다. 즉, 단순히 한 문제만이 아니라 문제들이 어떻게 연결되어 있는지를 보여주며 변화하는 과정이다. Adams, *Competent*, 153-155, 156쪽을 보라.

54  Adams, *Competent*, 47.

55  같은 책, 48.

56  같은 책.

57  Powlison, "Crucial Issues," 12.

58  같은 책.

59  Edward Welch, "How Theology Shapes Ministry," *Journal of Biblical Counseling* 20, no. 3 (2002): 16-25; George M. Schwab, "Critique of 'Habituation' as a Biblical Model of Change," *Journal of Biblical Counseling* 14, no. 1 (1995): 67-83.

60  Welch, "How Theology Shapes Ministry," 19-20. Anthony A. Hoekema, *Created in God's Image* (Grand Rapids. MI: Eerdmans, 1986), 108-109, 151, 215-216; Thomas Schreiner, *Romans, Baker Exegetical Commentary on the New Testament*, vol. 6 (Grand Rapids, MI: Baker Academic, 1998), 303-394; Douglas J. Moo, *The Epistle to the Romans, New International Commentary on the New Testament*, vol. 6 (Grand Rapids, MI: Eerdmans, 1996), 411-496; Leon Morris, *Epistle to the Romans, Pillar New Testament Commentary*, vol. 6 (Grand Rapids, MI: Eerdmans, 1988), 243-342; John Calvin, *Epistle to Romans, Calvin's Commentaries*, vol. 14 (Grand Rapids, MI: Baker, 2003), 217-302.

61  슈압은 아담스가 인용한 모든 성경 구절(예를 들면, 렘 13:23; 22:21; 롬 7:22-23; 엡 4:22-32; 히 5:13-14)을 고찰한 후 "아담스가 그의 습관화 이론을 지지하기 위해 인용한 성경은 모두 문맥에 벗어난 인용이거나 주제와 겨우 연결되는 구절들이다"라고 결론지었다. Schwab, "Critique of 'Habituation,'" 79.

62  같은 책.

63  같은 책, 68.

64  같은 책, 69.

65  같은 책, 22-23.

66 같은 책.

67 Adams, *Theology*, 41-42. Jay Adams, *Shepherding God's Flock; A Handbook on Pastoral Ministry, Counseling, and Leadership* 9 Grand Rapids, MI: Zondervan, (1975), 164-165.

68 Jay Adams, "Letter to the Editor," *Journal of Biblical Counseling* 22, no. 3 (2003): 66.

69 Adams, *Manual*, 177.

70 같은 책, 186. 아담스의 다음과 같은 저작에서도 볼 수 있다. "Change them?... Into What?" *Journal of Biblical Counseling* 13, no. 2 (1995): 17.

71 Jay Adams, *Critical Stages of Biblical Counseling* (Stanley, NC: Timeless Texts, 2002), 136.

72 David Powlison, "Idols of the Heart and 'Vanity Fair," *Journal of Biblical Counseling* 13, no. 2 (1995): 35.

73 같은 책, 36. 폴리슨은 이와 같은 맥락에서 '욕구'나 '육체의 소욕'은 구약의 우상숭배와 연결되는 신약의 표현이라고 지적한다.

74 같은 책, 38.

75 Tedd Tripp, *Shepherding a Child's Heart* (Wapwollopen, PA: Shepherd, 1995), 21.

76 Paul David Tripp, *Instruments*, 66.

77 Edward T. Welch, *When People Are Big and God Is Small* (Phillipsburg, NJ: P&R, 1997), 44-45. 《큰 사람 작은 하나님》(CLC, 2012)

78 Edward T. Welch, *Addictions: A Banquet in the Grave* (Phillipsburg, NJ: P&R, 2001), 47.

79 Edward T. Welch, *Depressions: A Stubborn Darkness* (Greensboro, NC: New Growth, 2004), 125.

80 Elyse Fitzpatrick, *Idols of the Heart* (Phillipsburg, NJ: P&R, 2001), 23. 《내 마음의 우상》(미션월드라이브러리, 2009)

81 Powlison, *Seeing with New Eyes*, 130-131.

82 같은 책, 138-139.

## 3장 성경적 상담과 상담 방법

1　Jay Adams, *The Christian Counselor's Manual* (Grand Rapids, MI: Zondervan, 1973), vii-viii.

2　Jay Adams, *Shepherding God's Flock: A Handbook on Pastoral Ministry, Counseling, and Leadership* (Grand Rapids, MI: Zondervan, 1975), 159-160.

3　Adams, *Manual*, xi-xii.

4　물론 이는 매우 강한 주장이지만, 이 부분에서 언급하듯이, 정보 수집의 중요성을 받아들이지 않는 성경적 상담자의 사례는 없다.

5　Paul David Tripp, *Instruments in the Reader's Hands* (Phillipsburg, NJ: P&R, 2002), 168.

6　Wayne A. Mack, "Taking Counselee Inventory: Collecting Data," in *Introduction to Biblical Counseling*, ed. John F. MacArthur Jr. and Wayne A. Mack(Nashville: W Publishing, 1994), 210.

7　David Powlison, *Speaking Truth in Love* (Winston-Salem, NC: Punch, 2005), 55-56. 그가 던진 두 가지 질문은 "삶에서 당신이 직면한 것은 무엇인가?"와 "하나님은 당신이 직면한 상황에 대하여 무엇이라고 말씀하시는가?"이다.

8　Jay Adams, *Competent to Counsel* (Grand Rapids, MI: Zondervan, 1970), 51. 《목회상담학》(총신대학교출판부, 2001).

9　같은 책, 45.

10　Carl Rogers, *Counseling and Psychotherapy: Newer Concepts in Practice* (Boston: Houghton Mifflin, 1942); Carl Rogers, *Client-Centered Therapy: Its Crurrent Practice, Implications, and Theory* (Boston: Houghton Mifflin, 1951).

11　Adams, *Manual*, 84-85.

12　같은 책, 86.

13　Wayne A. Mack, "Providing Instruction through Biblical Counseling," in *Introduction to Biblical Counseling*, 250. 맥은 잠 6:23; 마 22:29, 엡 4:11-12; 딤전 4:6; 딤후 2:16-18; 딛 1:10-11 등을 언급했다.

14　Wayne A. Mack, "Implementing Biblical Instruction," in *Introduction to Biblical Counseling*, 297.

15　Paul David Tripp, "Homework and Biblical Counseling, Part 1," *Journal of Biblical*

*Counseling* 11, no. 2 (1993): 21-25; Paul David Tripp, "Homework and Biblical Counseling, Part 2", *Journal of Biblical Counseling* 11, no. 3 (1993): 5-18.

16  Jay Adams, *How to Help People Change : The Four-Step Biblical Process* (Grand Rapids, MI: Zondervan, 1986), 169-200.

17  Tripp, *Instruments*, 239-276.

18  이에 대하여는 2장을 보라.

19  Adams, *Shepherding*, 105.

20  같은 책, 176.

21  같은 책, 주석 15.

22  어떤 이는 아담스가 상담자는 위세를 부려서는 안 된다고 한 것에 대해 감사하지만, 어떤 이는 그의 다른 언급을 고려하여 이 말의 의미에 의문을 품는다.

23  아담스가 말하는 이 접근에 대한 이유들이 다음에 언급된다.

24  Jay Adams, *Lectures on Counseling* (Grand Rapids, MI: Zondervan, 1977), 251-252.

25  Adams, *Competent*, 55.

26  Adams, *Competent*, 41, 42, 45, 55-59; Adams, *Manual*, 15-17; Jay Adams, *A Theology of Christian Counseling* (Grand Rapids, MI: Zonedervan, 1979), 18-23. 《기독교 상담 신학》(크리스챤출판사, 2002); Jay Adams, *Teaching to Observe* (Hackettstown, NJ: Timeless Texts, 1995), 58-64.

27  이 권위적인 요소는 아래에 더 자세히 언급될 것이다.

28  Adams, *Competent*, 58.

29  같은 책.

30  목회 연구실 내에서 이루어지는 상담에 대한 이유들도 그가 내담자들을 돕고자 하는 실제 상담의 적용에 대한 고민에서 나온 것이다.

31  Adams, *Manual*, 15.

32  위의 논쟁과 1장을 보라.

33  Adams, *Competent*, 58.

34  롬 12:10, 16; 14:19; 15:7, 14; 고전 6:7; 12:25; 갈 5:26; 엡 4:25, 32; 5:21; 빌 2:3; 골 3:9, 13, 16; 살전 3:12; 4:18; 5:11, 13, 15; 딤전 2:1; 히 10:24; 약 4:11; 5:9, 16; 벧전 4:9-10; 5:5, 14; 요일 1:7.

35  David Powlison, "Crucial Issues in Comtemporary Biblical Counseling," *Journal of Pastoral Practice* 9, no. 3 (1988): 65-55.

36  David Powlison, "Review of Hebrews, James, I&II Peter,Jude, by Jay E. Adams." *Journal of Biblical Counseling* 15, no. 1 (1996): 64.

37  David Powlison, *"Familial Counseling :The Paradigm for Counselor-Counselee Relationships in 1 Thessalonians 5."* Journal of Biblical Counseling 25, no. 3 (2007): 2.

38  Wayne A. Mack, "Developing a Helping Relationship with Counselees," in *Introduction to Biblical Counseling*, 178.

39  Powlison, "Review of Hebrews, James, I&II Peter, Jude," 63.

40  Tripp, *Instruments*, 117.

41  같은 책, 120.

42  예를 들어 다음과 같은 책을 보라. Jay Adams, *Ready to Restore: The Layman's Guide to Christian Counseling* (Phillipsburg, NJ: Presbyterian & Reformed, 1981), 24-31.

43  Mack, "Developing a Helping Relationship," 173.

44  같은 책, 173-174.

45  Tripp, *Instruments*, 126.

46  Powlison, "Review of *Hebrews, James, I&II Peter, Jude*," 63.

47  제이 아담스는 *Ready to Restore*라는 책의 7쪽에서 이 주제에 대한 토론에 관심을 보였다. 그는 우리가 내담자들과 같은 사람이라고 인정했다. 그러나 이 언급은 2세대가 말한 것과 다르다. 아담스가 말하고자 하는 것은 그 다음으로 일방적인 권면이 필요한 사람은 상담자일 수 있다는 것이었다.

48  Mack, "Developing a Helping Relationship," 179.

49  Tripp, *Instruments*, 146.

50  같은 책, 146-147.

51  같은 책, 147.

52  Mack, "Developing a Helping Relationship," 178.

53  Tripp, *Instruments*, 126-127.

54  같은 책, 127-128.

55  Adams, *Shepherding*, 159.

## 4장 성경적 상담과 변증

1 David Powlison, *Seeing with New Eyes* (Phillipsburg, NJ: P&R, 2003), 6.

2 이 부분에 대한 노력은 수차례 진행됐다. 주의 깊게 살펴볼 만한 예는 다음 과 같다. Powlison, *Seeing with New Eyes*, 171-252; Douglas Bookman, "The Scriptures and Biblical Counseling," in *Introduction to Biblical Counseling*, ed. John F. MacArthur and Wayne A. Mack (Nashville : W Publishing, 1994), 63-97; Ed Hindson and Howard Eyrich, *Totally Sufficient* (Ross-Shire, Great Britain: Christian Focus, 2004); Alfred J. Poirier, "Taking Up the Challenge," *Journal of Biblical Counseling* 18, no. 1 (1999): 30-37; David Powlison, "Critiquing Modern Integrationists," *Journal of Biblical Counseling* 11, no. 3 (1993): 24-34.

3 내부적으로 진행되었던 수많은 업적들과 아담스가 설교학 강의를 통해 그의 상담 모델을 제시한 부분들은 이 책에 포함되지 않았다. Jay Adams, *The Big Umbrella* (Grand Rapids, MI: Baker, 1972)를 보라.

4 Jay Adams, *The Christian Counselor's Manual* (Grand Rapids, MI: Baker, 1973), xiii.

5 David Powlison, *Competent to Counsel? The History of a Conservative Protestant Biblical Counseling Movement* (Glenside, PA: Christian Counseling and Educational Foundation, 1996), 8.

6 이에 대한 보충 설명은 같은 책, 8-9쪽을 보라.

7 이 프로젝트에서 상담에 대한 다른 기독교적 입장들을 체계적으로 정리하 려는 시도는 하지 않았다. 그러나 통합주의 운동은 사람들의 문제를 돕는 과 정에서 세속 심리학의 내용 중 의미 있는 부분만 걸러내는 작업을 성경적으 로 하려고 시도하면서 사람들을 도울 수 있는 하나의 일관된 기독교적 모델 을 찾으려고 노력했다. 전체 내용은 Stanton L. Jones and Richard E. Butman, *Modern Psychotherapies* (Downerns Grove, IL: InterVarsity, 1991), 17-38쪽을 보라.

8 이 부분에 대한 내용은 모두 Powlison, *Competent to Counsel?*, 86-88쪽에서 발 췌하였다.

9 참석했던 사람들 중에는 Maurice Wagner, William Donaldson, Fred Donehoo, Paul Walder와 Vernon Grounds가 있었다.

10  Powlison, *Competent to Counsel?*, 87.

11  이 부분에 대한 내용은 연대순으로 Powlison, *Competent to Counsel?*, 123-132 쪽에 기록되어 있다.

12  이 부분에 대한 상세한 설명은 Powlison, *Competent to Counsel?*, 126-129쪽에 나와 있다.

13  같은 책, 130.

14  같은 책.

15  Jay Adams, "Response to the Congress on Christian Counseling," *Journal of Pastoral Practice* 10, no. 1 (1989): 3.

16  같은 책.

17  같은 책, 3-4.

18  Peter A. Magaro, *The Construction of Madness* (Elmsford, NY: Pergamon, 1976), x. 마가로는 케네스 럭스(Kenneth Lux)에게 정신분열증의 신비적이고 초자연적인 부분과 함께 아담스와 마찬가지로 영적인 부분을 포함한 설명을 요청했다. 마가로가 사용한 단어들은 전혀 다른 이 두 관점을 소개하려는 의도였다.

19  Jay Adams, "The Christian Approach to Schizophrenia," in *The Construction of Madness*, 133.

20  같은 책, 136-137.

21  같은 책, 141. 아담스는 정신분열증에 대해 더 많은 설명을 하고 있지만, 그의 상담 모델의 핵심인 죄와 책임이라는 특성으로 정신분열증을 설명하고 있다.

22  Jay Adams, "Change Them?...Into What?," *Journal of Biblical Counseling* 13, no. 2 (1995): 13-16.

23  같은 책, 15.

24  같은 책, 16-17.

25  같은 책, 16.

26  같은 책, 17.

27  David Powlison, "Crucial Issues in Contemporary Biblical Counseling," *Journal of Pastoral Practice* 9, no. 3 (1988): 70. 폴리슨은 특별히 기독교 학자들이 새로운 청중이 되어야 한다고 주장했다. 이것은 더 나아가 통합주의자들과 세속 심리학자들에게도 새로운 문을 열어주는 발언이 되었다.

28  Edward Welch, "A Discussion among Clergy: Pastoral Counseling Talks with

Secular Psychology," *Journal of Biblical Counseling* 13, no. 2 (1995): 23-34.

29  같은 책, 34.

30  이 책의 재판은 2010년에 출간되었다.

31  David Powlison, "A Biblical Counseling View," in *Psychology and Christianity: Four Views*, ed. Eric L. Johnson and Stanton L. Jones (Downers Grove, IL: InterVarsity, 2000), 197.

32  같은 책, 224. 여기서 주목할 것은 폴리슨이 심리학을 지칭할 때 복수명사를 사용한다는 점이다. 단수로서의 심리학을 여섯 개 복수의 심리학으로 구분하는 것이 그의 주요 논점이다. 그러나 각각 어떻게 구분하는지를 설명하는 것은 여기에서의 목적이 아니다.

33  같은 책, 192-193.

34  Gary R. Collins, "An Integration Response," in *Psychology and Christianity*, 232, 234; Robert C. Roberts, "A Christian Psychology Response," in *Psychology and Christianity*, 238-239, 242; David G. Myers, "A Levels-of-Explanation Response," in *Psychology and Christianity*, 226-231.

35  Myers, "A Levels-of-Explanation Response," 227. 주의해야 할 것은 마이어스가 본문의 맥락을 벗어나 폴리슨을 인용했다는 점이다. 폴리슨은 인간이 허구나 짐승이 아니라 피조물로서 가지고 있는 하나님과의 관계성이 사라지고 있다는 의미였다. 폴리슨은 심리학뿐만 아니라 그 어떤 것이라도 하나님과 멀어지게 하는 것은 인간에게서 가장 중요한 요소를 제거하는 것임을 설명한 것이다.

36  Collins, "An Integration Response," 232.

37  Mark R. McMinn and Timothy R. Phillips, "Introduction: Psychology, Theology and Care for the Soul," in *Care for the Soul*, ed. Mark R. McMinn and Timothy R. Phillips (Downers Grove, IL: InterVarsity, 2001), 12-13.《영혼 돌봄의 상담학》(CLC, 2009).

38  다양한 논의는 2장에 나와 있다.

39  David Powlison, "Questions at the Crossroads: The Care of Souls and Modern Psychotherapies," in *Care for the Soul*, 14-15.

40  이 부분에 대해서는 죄의 이성적인 영향에 대한 성경적 이해가 반드시 수반되어야 한다. 진실한 의구심이라 할지라도 죄로 오염되어 있다고 보아야 한다.

41  이 부분은 폴리슨의 또 다른 핵심 주제를 다룬다. 그의 여섯 번째 주제는 세속 심리학과 성경적 상담의 관계가 공식적으로 명확해져야 한다는 것이다. 폴리슨은 "역설적으로 들리지 모르겠지만 현대의 성경적 상담의 가장 궁극적인 핵심 주제는 세속 학문과의 관계를 명확하게 정의하는 것이다. … 성경적 상담은 올바르게 정리된 관계가 어떤 구조로 어떤 영향을 미칠지에 대해서는 아직까지 아무런 노력도 하지 않았다"라고 말했다. David Powlison, "Crucial Issues in Contemporary Biblical Counseling," *Journal of Pastoral Practice* 9, no. 3 (1988): 74. 폴리슨이 제시했던 몇 가지 기본적인 윤곽(75쪽)은 *Care for Souls* 프로젝트에서 처음으로 변증법적 맥락을 사용하여 소개했다.

42  스튜어트 스콧(Stuart Scott)이 InterVarsity 출판사를 통해 출판될 책에 참여하게 되지만, 9년 동안 시도하지 않았던 일이 일어났다는 것은 의미가 있다.

43  Powlison, "Crucial Issues," 70.

44  Powlison, *Competent to Counsel*, 131.

45  Jay Adams, *Shepherding God's Flock: A Handbook on Pastoral Ministry, Counseling, and Leadership* (Grand Rapids, MI: Zondervan, 1975), 159-313.

46  이 부분에 대한 정보는 Faith Ministries 웹사이트(http://www.faithlafayette.org)와 사이트에서 다운로드 할 수 있는 목회전략 계획에 나와 있다.

47  Powlison, "Questions at the Crossroads," 52.

48  이 부분을 증명할 수 있는 근거는 관련 문헌이다. 성경적 상담 문헌은 지난 20여 년 동안 폭발적으로 늘었고 대부분은 특정한 목회 쟁점에 대한 부분들을 돕기 위해 쓰였다. 상대적으로 성경적 상담에 대한 헌신의 원리를 설명한 저자나 문헌은 매우 적다. 폴리슨의 인식론적 우선순위가 이 부분을 강조한다. 40여 년 동안 성경적 상담 리더들의 변증법적 시도는 우선순위에서 제외되었고 성경적인 구성에 대한 설명이 핵심을 이루었다.

## 5장  성경의 충분성에 관한 진보

1  존슨은 'the Psychotherapy Awareness Network'라는 세 번째 그룹에 대해서도 언급했다. 그러나 이 그룹은 소수의 극단주의자들 외에는 영향이 미미하므로 그의 글에서 평가하지 않는다. Eric Johnson, *Foundations for Soul Care: A Christian Psychology Proposal* (Downers Grove, IL: IVP Academic, 2007), 111.

《기독교 심리학》(CLC, 2012).

2 같은 책, 109.

3 같은 책.

4 같은 책, 120.

5 같은 책, 121.

6 같은 책, 185.

7 같은 책, 113.

8 같은 책, 117. 이 부분에 관한 주석에서 존슨은 이것을 "엄격한 '오직 성경' 입장"이라 칭한다.

9 존슨은 Doug Bookman, Jay Adams, Lance Quinn과 같은 저자들도 언급한다. 그러나 그의 논지에서 이들을 언급하지 않기 때문에 이 글에서는 맥의 입장만을 참고한다.

10 Johnson, *Foundations*, 113.

11 같은 책, 117.

12 같은 책.

13 같은 책, 118-119; 182-186.

14 같은 책, 119.

15 같은 책, 121.

16 같은 책, 187.

17 같은 책, 124.

18 같은 책, 110.

19 같은 책.

20 같은 책.

21 같은 책, 122.

22 같은 책.

23 같은 책.

24 David Powlison, "The Sufficiency of Scripture to Diagnose and Cure Souls," *Journal of Biblical Counseling* 23, no. 2 (2005): 2-14.

25 같은 주장이 다음의 글에도 제기되었다. David Powlison, "A Biblical Counseling View," in *Psychology and christianity: Four Views*, ed. Eric L. Johnson and Stanton L, Jones (Downers Grove, IL: InterVarsity, 2000), 221-224.

26 Powlison, "The Sufficiency of Scripture," 2.

27 같은 책, 2-3.

28 폴리슨은 다른 여러 글에서도 이와 같은 내용을 주장한다. "Is the Adonis Complex in Your Bible?" *Journal of Biblical Counseling* 22, no. 2 (2204): 42-58; "What is Ministry of the Word?," *Journal of Biblical Counseling* 20, no. 2 (2003): 2-6; "Does the Shoe Fit?," *Journal of Biblical Counseling* 20, no. 3 (2002): 2-15. 다른 예들도 있지만, 중요한 것은 이 글의 참고 문헌에 인용된 폴리슨의 모든 저작들이 성경의 포괄적 충분성을 주장한다는 것이다. 그러나 폴리슨은 결코 '총망라한', '백과사전' 식의 성경의 충분성을 의미한 것이 아니다.

29 Edward Welch, "What Is Biblical Counseling, Anyway?," *Journal of Biblical Counseling* 16, no. 1 (1997): 3.

30 Jay Adams, *Competent to Counsel* (Grand Rapids, MI: Zondervan, 1970), xxi.《목회 상담학》(총신대학교출판부, 2001).

31 Jay Adams, *What about Nouthetic Counseling?* (Grand Rapids, MI: Zondervan, 1976), 31.

32 Johnson, *Foundations*, 113.

33 다수의 예들 중 하나로서 Wayne Mack and Joshua Mack, *God's Solutions to Life's Problems* (Tulsa, OK: Hensley, 2002)가 있다.

34 Wayne A. Mack, "What Is Biblical Counseling?," in *Totally Sufficient*, ed. Ed Hindson and Howard Eyrich (Ross-shire: Christian Focus, 2004), 25, 30, 39, 41, 43, 45, 46, 47, 49, 50, 51.

35 같은 책, 50.

36 같은 책, 51. 이 부분에서 맥은 그의 논지를 진보시킬 것이라고 여긴 폴리슨의 주장들을 교차적으로 인용하고 있다.

37 같은 책, 41.

38 Mack, "What Is Biblical Counseling?," 38.

39 같은 책, 50-51.

40 Johnson, *Foundations*, 122.

41 같은 책, 123.

42 같은 책.

43 James Beck, *review of Psychology and christianity: Four Views*, ed. Eric L. Johnson

and Stanton L. Jones, *Denver Journal of Biblical and Theological Studies* 4 (2001).

44 Eric L. Johnson and Stanton L. Jones eds., *Christianity and Psychology: Four Views* (Downers Grove, IL: InterVarsity, 2000).

45 David Powlison, "Does the shoe Fit?," *Journal of Biblical Counseling* 20, no. 3 (2002): 10-12.

46 Jay Adams, *The Christian Counselor's Manual* (Grand Rapids, MI: Zondervan, 1973), 80쪽 주석 15, 105쪽 주석 5.

47 David Powlison, "Educating, Licensing, and Overseeing Counselors," *Journal of Biblical Counseling* 25, no. 1 (2007): 30.

48 *Counseling the Hard Cases*, ed. Heath Lambert and Stuart Scott (Nashville, TN, forthcoming)를 보라.

## 6장 동기 이론과 우상숭배

1 2장에서 언급된 바와 같이, 폴리슨은 "Idols of Heart and 'Vanity Fair'"에서 이 아이디어를 소개했다. *Journal of Biblical Counseling* 13, no. 2 (1995): 35-50.

2 위에서 인용된 이사야 44장 20절은 진실로 행동으로 이끄는 것은 곧 유혹된 마음이라는 것을 표현하고 있으며, 이사야의 글은 이러한 마음의 쟁점들이 무엇인지에 대한 질문을 제기한다.

3 민수기 15장, 에스겔 23장, 사사기 3장을 같이 보라.

4 Moshe Halbertal and Margalit, *Idolatry* (Cambridge, MA: Harvard University Press, 1992), 13-14. 이것은 동시에 에스겔서 14장에 나타나는 쟁점이기도 하다. 이 '마음의 우상'이 주제로 다루어지는 것은 새로운 일이 아니다. 에스겔 앞에서의 장로들은 겉으로 하나님 말씀을 원하는 것처럼 보이지만 속으로는 하나님을 믿지 않고 바벨론의 우상을 믿었다. 이것이 문맥 속에서 그 비유가 상징하는 것이다. 그것은 (위에서 트립이 언급한 바와 대비했을 때) 과거에 나타나지 않았던 새롭고 더 깊은 죄에 대한 것이 아니다. Iain M. Duguid, *Ezekiel*, NIV Application Commentary, vol. 23 (Grand Rapids, MI: Zondervan, 1999), 183-184; Leslie C. Allen, *Ezekiel*, Word Biblical Commentary, vol. 29 (Dallas: Word, 1994), 205; Margaret S. Odell, *Ezekiel*, Smyth and Helwys Bible Commentary, vol. 23 (Macon, GA: Smyth and Helwys, 2005), 160.

5  사실, 이 부분이 빌립보서의 주제 구절로서 표현된 이유 중 하나는 이 일 후에 바울이 자기 자신을 포함하여 디모데, 에바브로디도와 같이 희생적으로 섬기는 사람들의 더 많은 사례를 제공하기 위한 것이다. 바울은 예수님을 다시 언급하며 결론을 맺는다.

6  정확한 뜻은 마가복음 10장에도 나온다.

7  우리가 폴리슨의 논문에 나오는 "허영의 도시"의 요소와 연관이 없다고 하더라도 이곳이 이러한 상호작용이 일어날 수 있는 장소가 될 수 있다.

8  Powlison, "Idols of the Heart," 38.

9  A. W. Tozer, *The Knowledge of Holy* (San Francisco: Harper-Collins, 1961), 29-30.

10  David Powlison, "Crucial Issues in Contemporary Biblical Counseling," *Journal of Pastoral* 9, no. 3 (1998): 57.

11  David Powlison, "Idols of the Heart," 39.

12  같은 책, 45. 또한 폴리슨은 *Speaking Truth in Love* (Winston-Salem, NC: Punch, 2005), 33-40쪽에서 유사한 사실을 언급하고 있다.

13  Edward Welch, *Addictions: A Banquet in the Grave* (Phillipsburg, NJ: P&R, 2001), 49.

14  2장을 참조하라.

15  폴리슨이 램버트에게 보낸 이메일 메시지(2007년 11월 26일).

16  David Powlison, "Idols of the Heart," 36.

17  Dan B. Allender and Tremper Longman Ⅲ, *Breaking the Idols of Your Heart: How to Navigate the Temptations of Life* (Deerfield, IN: InterVarsity, 2007).


## 맺음말


1  1장에서 언급된 바와 같이, 사실은 과거 여러 세기 동안 존재해오던 것을 아담스가 재발견한 것이다.

2  David Powlison, Jay E. Adams, John F. Bettler, "25 Years of Biblical Counseling: An Interview with Jay Adams and John Bettler," *Journal of Biblical Counseling* 12, no. 1 (1993): 8.

3  David Powlison, *Competent to Counsel? The History of the Conservative Protestant*

*Biblical Counseling Movement* (Glenside, PA: Christian Counseling and Educational Foundation, 1996), 36.

4   사람들은 4장에서 언급된 '기독교 상담 회의'(the Congress of Christian Counselors)에서의 아담스의 접근을 특별하게 생각한다. 회개를 위한 그의 외침을 모두가 이해하지만, 만일 그것이 모욕을 주는 식으로 이루어진다 면 득보다는 해를 끼친다는 것이다. "Jay Adams's Response to the Congress on Christian Counseling," *Journal of Pastoral Practice* 10, no. 1 (1989): 2–4.

5   Jay Adams, *A Theology of Christian Counseling* (Grand Rapids, MI: Zondervan, 1979), 97. 《기독교 상담 신학》(크리스챤출판사, 2002). 이에 대한 정확한 핵 심은 아담스에 의해 다른 말로 언급된다. *The Christian Counselor's Manual* (Grand Rapids, MI: Zondervan, 1973), 92–93. 참조.

6   Adams, *The Christian Counselor's Manual*, 92.

7   Jay Adams, *What about Nouthetic Counseling?* (Grand Rapids, MI: Baker, 1976), 6.

## 저서

Adams, Jay. *I & II Corinthians*. The Christian Counselor's Commentary. Hackettstown, NJ: Timeless Texts, 1994.

_____. *The Biblical View of Self‑Esteem, Self‑Love, Self‑Image*. Eugene, OR: Harvest, 1986.

_____. *The Big Umbrella and Other Essays and Addresses on Christian Counseling*. Phillipsburg, NJ: Presbyterian & Reformed, 1972.

_____. *Christ and Your Problems*. Nutley, NJ: Presbyterian & Reformed, 1971.

_____. *Christ and Your Problems*. Phillipsburg, NJ: P&R, 1999.

_____. "The Christian Approach to Schizophrenia." In *The Construction of Madness: Emerging Conceptions and Interventions into the Psychotic Process*. Edited by Peter A. Magaro, 133‑150. New York: Pergamon, 1976.

_____. *The Christian Counselor's Manual*. Grand Rapids, MI: Zondervan, 1973.

_____. *The Christian Counselor's New Testament: A New Translation in Everyday English with Notations*. Phillipsburg, NJ: Presbyterian & Reformed, 1977.

_____. *The Christian Counselor's Wordbook: A Primer of Nouthetic Counseling*. Phillipsburg, NJ: Presbyterian & Reformed, 1981.

_____. "Comments." In *Prophets of Psychoheresy I*. Edited by Martin Bobgan and Deidre Bobgan, 105‑106. Santa Barbara, CA: Eastgate. 1989.

_____. *Compassionate Counseling*. Woodruff, SC: Timeless Texts, 2007.

_____. *Competent to Counsel*. Grand Rapids, MI: Zondervan, 1970. 《목회상담학》(총신대학교출판부, 2001).

_____. *Coping with Counseling Crises: First Aid for Christian Counselors*. Phillipsburg, NJ: Presbyterian & Reformed, 1976.

_____. *Counsel from Psalm 119*. Woodruff, SC: Timeless Texts, 1998.

_____. *Counseling and the Five Points of Calvinism.* Phillipsburg, NJ: Presbyterian & Reformed, 1981.

_____. *Counseling and the Sovereignty of God.* Philadelphia: Westminster Theological Seminary, 1975.

_____. *Critical Stages of Biblical Counseling.* Stanley, NC: Timeless Texts, 2002.

_____. *Four Weeks with God and Your Neighbor: A Devotional Workbook for Counselees and Others.* Phillipsburg, NJ: Presbyterian & Reformed, 1978.

_____. *Hebrews, James, I & II Peter, and Jude.* The Christian Counselor's Commentary. Woodruff, SC: Timeless Texts, 1996.

_____. *How to Handle Trouble.* Phillipsburg, NJ: P&R, 1992.

_____. *How to Handle Trouble: God's Way.* Phillipsburg, NJ: Presbyterian & Reformed, 1982.

_____. *How to Help People Change: The Four-Step Biblical Process.* Grand Rapids, MI: Zondervan, 1986.

_____. *Insight and Creativity in Christian Counseling.* Woodruff, SC: Timeless Texts, 1982.

_____. *The Language of Counseling.* Phillipsburg, NJ: Presbyterian & Reformed, 1981.

_____. *Lectures on Counseling.* Grand Rapids, MI: Zondervan, 1977.

_____. *The Power of Error: Demonstrated in an Actual Counseling Case.* Phillipsburg, NJ: Presbyterian & Reformed, 1978.

_____. *Prayers for Troubled Times.* Grand Rapids, MI: Baker, 1979.

_____. *Ready to Restore: The Layman's Guide to Christian Counseling.* Phillipsburg, NJ: Presbyterian & Reformed, 1981.

_____. "Reflections on the History of Biblical Counseling." In *Practical Theology and the Ministry of the Church, 1952-1984: Essays in Honor of Edmund P. Clowney.* Edited by Harvie Conn, 203-217. Phillipsburg, NJ: Presbyterian & Reformed. 1990.

_____. *Romans, Phillippians, and 1 & II Thessalonians.* Hackettstown, NJ: Timeless Texts, 1995.

_____. *Shepherding God's Flock: A Handbook on Pastoral Ministry, Counseling, and Leadership.* Grand Rapids, MI: Zondervan, 1975.

_____. *Solving Marriage Problems: Biblical Solutions for Christian Counselors.* Phillipsburg, NJ: Presbyterian & Reformed, 1983.

_____. *Teaching to Observe.* Hackettstown, NJ: Timeless Texts, 1995.

_____. *A Theology of Christian Counseling.* Grand Rapids, MI: Zondervan, 1979. 《기독교 상담 신학》(크리스챤출판사, 2002).

_____. *What about Nouthetic Counseling?* Grand Rapids, MI: Baker, 1976.

_____. *What Do You Do When Anger Gets the Upper Hand?* Phillipsburg, NJ: Presbyterian & Reformed, 1975.

_____. *What Do You Do When Fear Overcomes You?* Phillipsburg, NJ: Presbyterian & Reformed, 1975.

_____. *What Do You Do When You Become Depressed?* Phillipsburg, NJ: Presbyterian & Reformed, 1975.

_____. *What Do You Do When You Know That You're Hooked?* Phillipsburg, NJ: Presbyterian & Reformed, 1975.

_____. *What Do You Do When You Worry All the Time?* Phillipsburg, NJ: Presbyterian & Reformed, 1975.

_____. *What Do You Do When Your Marriage Goes Sour?* Phillipsburg, NJ: Presbyterian & Reformed, 1975.

_____. *What to Do about Worry.* Phillipsburg, NJ: Presbyterian & Reformed, 1980.

_____. *Your Place in the Counseling Revolution.* Nutley, NJ: Presbyterian & Reformed, 1975.

Adler, Alfred. *Understanding Human Nature.* New York: Greenburg, 1946.

Allen, Leslie C. *Ezekiel.* Word Biblical Commentary, vol. 29. Dallas: Word, 1994.

Allender, Dan B., and Tremper Longman III. *Breaking the Idols of Your Heart: How to Navigate the Temptations of Life.* Deerfield, IN: InterVarsity, 2007.

Baird, Samuel J. *A History of the New School, and of the Questions Involved in the Disruption of the Presbyterian Church in 1838.* Philadelphia: Claxton, Remsen & Haffelfinger, 1868.

Baxter, Richard. *A Christian Directory: The Practical Works of Richard Baxter.* Morgan, PA: Soli Deo Gloria, 2000.

Benner, David G. *Psychotherapy and the Spiritual Quest.* Grand Rapids, MI: Baker, 1988.

Bookman, Douglas. "The Scriptures and Biblical Counseling." In *Introduction to Biblical Counseling,* ed. John F. MacArthur and Wayne A. Mack, 63-97. Nashville: Thomas Nelson, 1994.

Boring, E. G. *A History of Experimental Psychology.* 2nd ed. New York: Appleton-Century Crofts, 1950.

Bridge, William. *A Lifting Up for the Downcast.* Carlisle, PA: Banner of Truth, 2001.

Brown, Kenneth O. *Holy Ground: A Study of the American Camp Meeting.* New York: Garland, 1992.

Calvin, John. *Epistle to the Romans.* Calvin's Commentaries, vol. 14. Grand Rapids, MI: Baker, 2003.

Capps, Donald. *Biblical Approaches to Pastoral Counseling.* Philadelphia: Westminster, 1981.

Carter, John D., and Bruce Narramore. *The Integration of Psychology and Theology.* Grand Rapids, MI: Zondervan, 1979.

Clinton, Tim, and George Ohlschlager. *Competent Christian Counseling: Pursuing and Practicing Compassionate Soul Care.* Colorado Springs, CO: Waterbrook, 2002.

Collins, Gary R. *The Biblical Basis of Christian Counseling for People Helpers.* Colorado Springs, CO: NavPress, 1993.

_____. "An Integration Response." In *Psychology and Christianity: Four Views.* Edited by Eric L. Johnson and Stanton L. Jones, 232-237. Downers Grove, IL: Inter Varsity, 2000.

_____. *The Rebuilding of Psychology: An Integration of Psychology and Christianity.* Wheaton, 1L: Tyndale, 1977.

Crabb, Larry. *Inside Out.* Colorado Springs, CO: NavPress, 1988.

_____. *Understanding People.* Grand Rapids, MI: Zondervan, 1987.

Duguid, Iain M. *Ezekiel.* Vol. 23, NIV Application Commentary. Edited by Terry Muck. Grand Rapids, MI: Zondervan, 1999.

Edwards, Jonathan. *A Treatise Concerning the Religious Affections.* Sioux Falls, SD: NuVision, 2007.《신앙감정론》(부흥과개혁사, 2005).

Eyrich, Howard, ed. *What to Do When.* Phillipsburg, NJ: Presbyterian & Reformed, 1978.

Fosdick, Harry Emerson. *The Living of These Days.* New York: Harper & Row, 1956.

Freud, Sigmund. *Introductory Lectures on Psychoanalysis.* London: Lund Humphries, 1933.

_____. *Psychoanalysis and Faith.* New York: Basic, 1964.

_____. *The Question of Lay Analysis.* New York: Norton, 1950.

Ganz, Richard. *Psychobabble: The Failure of Modern Psychology and the Biblical Alternative.* Wheaton, IL: Crossway, 1993.

Gladden, Washington. *Ruling Ideas of the Present Age.* Boston: Houghton Mifflin, 1895.

Halbertal, Moshe, and Avishai Margalit. *Idolatry.* Cambridge, MA: Harvard University Press, 1992.

Higgens, Elford. *Hebrew Idolatry and Superstition.* Port Washington, NY: Kennikat, 1971.

Hiltner, Seward, and Lowell Colston. *The Context of Pastoral Counseling.* Nashville: Abingdon, 1961.

Hindson, Ed, and Howard Eyrich, eds. *Totally Sufficient.* Ross-shire: Christian Focus, 2004.

Hoekema, Anthony A. *Created in God's Image.* Grand Rapids, MI: Eerdmans, 1986.

Holifield, E. Brooks. *The History of Pastoral Care in America: From Salvation to Self-Realization.* Nashville: Abingdon, 1983.

Hunter, Rodney, ed. *Dictionary of Pastoral Care and Counseling.* Nashville: Abingdon, 2005.

Johnson, Eric L. *Foundations for Soul Care: A Christian Psychology Proposal.* Downers Grove, IL: IVP Academic, 2007.《기독교 심리학》(CLC, 2012).

Johnson, Eric L., and Stanton L. Jones, eds. *Psychology and Christianity: Four Views.* Downers Grove, IL: Inter Varsity, 2000.

Jones, Stanton L. "An Apologetic Apologia for the Integration of Psychology and Theology." In *Care for the Soul.* Edited by Mark R. McMinn and Timothy R. Phillips, 62-77. Downers Grove, IL: InterVarsity, 2001.《영혼 돌봄의 심리학》(CLC, 2006).

Jones, Stanton L., and Richard E. Butman. *Modern Psychotherapies.* Downers Grove,

IL: InterVarsity, 1991.

Lane, Timothy S., and Paul David Tripp. *How People Change*. Winston-Salem, NC: Punch, 2006. 《사람은 어떻게 변화되는가》(생명의말씀사, 2009).

MacArthur, John. *Counseling*. Nashville: Thomas Nelson, 2005.

Mack, Wayne A. "Developing a Helping Relationship with Counselees." In *Introduction to Biblical Counseling*. Edited by John F. MacArthur Jr. and Wayne A. Mack, 173-188. Nashville: W Publishing, 1994.

_____. "Implementing Biblical Instruction." In *Introduction to Biblical Counseling*. Edited by John F. MacArthur Jr. and Wayne A. Mack, 284-300. Nashville: W Publishing, 2004.

_____. "Providing Instruction through Biblical Counseling." In *Introduction to Biblical Counseling*. Edited by John F. MacArthur and Wayne A. Mack, 250-267. Nashville: W Publishing, 1994.

_____. "Taking Counselee Inventory: Collecting Data." In *Introduction to Biblical Counseling*. Edited by John F. MacArthur and Wayne A. Mack, 210-230. Nashville: W Publishing, 1994.

_____. "What Is Biblical Counseling?" In *Totally Sufficient*. Edited by Ed Hindson and Howard Eyrich, 25-52. Ross-shire: Christian Focus, 2004.

Mack, Wayne, and Joshua Mack. *God's Solutions to Life's Problems*. Tulsa, OK: Hensley, 2002.

Magaro, Peter A. *The Construction of Madness*. Elmsford, NY: Pergamon, 1976.

Marsden, George M. *Understanding Fundamentalism and Evangelicalism*. Grand Rapids, MI: Eerdmans, 1991.

McMinn, Mark R., and Timothy R. Phillips, eds. *Care for the Soul*. Downers Grove, EL: InterVarsity, 2001. 《영혼 돌봄의 심리학》(CLC, 2006).

Moo, Douglas J. *The Epistle to the Romans*. Vol. 6, The New International Commentary on the New Testament. Grand Rapids, MI: Eerdmans, 1996.

Moore, Russell D. *Counseling and the Authority of Christ*. Louisville, KY: The Southern Baptist Theological Seminary, 2005.

Morris, Leon. *Epistle to the Romans*. Vol. 6, Pillar New Testament Commentary. Grand Rapids, MI: Eerdmans, 1988.

Murray, Iain H. *Revival and Revivalism*. Carlisle, PA: Banner of Truth, 1994.

Myers, David G. "A Levels-of-Explanation Response." In *Psychology and Christianity: Four Views*. Edited by Eric L. Johnson and Stanton L. Jones, 226-231. Downers Grove, IL: InterVarsity, 2000.

Narramore, Bruce. *No Condemnation: Rethinking Guilt Motivation in Counseling, Preaching, and Parenting*. Grand Rapids, MI: Zondervan, 1984.

Nash, Ronald H. *Great Divides: Understanding the Controversies That Come Between Christians*. Colorado Springs, CO: NavPress, 1993.

Odell, Margaret S. *Ezekiel*. Vol. 23, Smyth and Helwys Bible Commentary. Edited by R. Scott Nash. Macon, GA: Smyth and Helwys, 2005.

Ortlund, Raymond C., Jr. *God's Unfaithful Wife*. Downers Grove, IL: InterVarsity, 1996.

Owen, John. *The Mortification of Sin*. Carlisle, PA: Banner of Truth, 2004.《죄 죽임》(부흥과개혁사, 2009).

Phua, Richard Liong-Seng. *Idolatry and Authority*. London: T&T Clark, 2005.

Powlison, David. "A Biblical Counseling View." In *Psychology and Christianity: Four Views*. Edited by Eric L. Johnson and Stanton L. Jones, 196-224. Downers Grove, EL: InterVarsity, 2000.

_____. *Competent to Counsel? The History of the Conservative Protestant Biblical Counseling Movement*. Glenside, PA: Christian Counseling and Educational Foundation, 1996.

_____. "God's Grace and Your Sufferings." In *Suffering and the Sovereignty of God*. Edited by John Piper and Justin Taylor, 145-174. Wheaton, IL: Crossway, 2006.

_____. "Integration or Inundation?" In *Power Religion*. Edited by Michael Horton, 191-218. Chicago: Moody. 1992.

_____. *Power Encounters: Reclaiming Spiritual Warfare*. Grand Rapids, MI: Baker, 1995.

_____. "Questions at the Crossroads: The Care of Souls and Modern Psychotherapies." In *Care for the Soul*. Edited by Mark R. McMinn and Timothy R. Phillips, 23-61. Downers Grove, IL: InterVarsity, 2001.《영혼 돌봄의 심리학》(CLC,

2006).

_____. *Seeing with New Eyes.* Phillipsburg, NJ: P&R, 2003.《성경적 관점으로 본 상담과 사람》(그리심, 2009).

_____. *Speaking Truth in Love.* Winston-Salem, NC: Punch, 2005.

Roberts, Robert. "A Christian Psychology Response." In *Psychology and Christianity: Four Views.* Edited by Eric L. Johnson and Stanton L. Jones, 238-242. Downers Grove, IL: InterVarsity, 2000.

Rogers, Carl. *Client-Centered Therapy: Its Current Practice, Implications, and Theory.* Boston: Houghton Mifflin, 1951.

_____. *Counseling and Psychotherapy: Newer Concepts in Practice.* Boston: Houghton Mifflin, 1942.

Schreiner, Thomas. *Romans.* Vol. 6, Baker Exegetical Commentary on the New Testament. Grand Rapids, MI: Baker Academic, 1998.

Scipione, George C. *Timothy, Titus, and You: A Workbook for Church Leaders.* Phillipsburg, NJ: Pilgrim, 1975.

Shogren, Gary, and Edward Welch. *Running in Circles.* Grand Rapids, MI: Baker, 1995.

Skinner, B. F. *About Behaviorism.* New York: Knopf, 1974.

Smyth, Newman. *Christian Ethics.* New York: Charles Scribner's Sons, 1892.

Spencer, Ichabod. *A Pastor's Sketches.* Vestavia Hills, AL: Solid Ground, 2001.

Tripp, Paul David. *Instruments in the Redeemer's Hands.* Phillipsburg, NJ: P&R, 2002. 《치유와 회복의 동반자》(디모데, 2007).

Tripp, Tedd. *Shepherding a Child's Heart.* Wapwollopen, PA: Shepherd, 1995.

Torrey, R. A., and A. C. Dixon, eds. *The Fundamentals.* Grand Rapids, MI: Baker, 1993.

Tozer, A. W. *The Knowledge of the Holy.* San Francisco: HarperCollins, 1961.

Warfield, B. B. *The Inspiration and Authority of the Bible.* Phillipsburg, NJ: Presbyterian & Reformed, 1948.

Welch, Edward T. *Addictions: A Banquet in the Grave.* Phillipsburg, NJ: P&R, 2001.

_____. *Blame It on the Brain.* Phillipsburg, NJ: P&R, 1998.

_____. *Depression: A Stubborn Darkness.* Greensboro, NC: New Growth, 2004.

_____. *Running Scared*. Greensboro, NC: New Growth, 2007.

_____. *When People Are Big and God Is Small*. Phillipsburg, NJ: P&R, 1997. 《큰 사람 작은 하나님》(CLC, 2012).

Wicks, Robert J., ed. *Clinical Handbook of Pastoral Counseling*. 2 vols. New York: Integration, 1993.

Wundt, Wilhelm. *Principles of Physiological Psychology*. Translated by Edward Bradford Titchener. New York: Macmillan, 1904.

## 논문

Ackley, Tim. "Real Counsel for Real People." *Journal of Biblical Counseling* 21, no. 2 (2003): 37-44.

Acocella, Joan. "The Empty Couch." *Journal of Biblical Counseling* 19, no. 1 (2000): 49-55.

Adams, Jay E. "Balance in the Ministry of the Word." *Journal of Pastoral Practice* 6, no. 2 (1983): 1-2.

_____. "Biblical Interpretation and Counseling." *Journal of Biblical Counseling* 16, no. 3 (1998): 5-9.

_____. "Biblical Interpretation and Counseling, Part 2." *Journal of Biblical Counseling* 17, no. 1 (1998): 23-30.

_____. "Change Them Into What?" *Journal of Biblical Counseling* 13, no. 2 (1995): 13-17.

_____. "The Christian Approach to Schizophrenia." *Journal of Biblical Counseling* 14, no. 1 (1995): 27-33.

_____. "Christian Counsel: An Interview with Jay Adams." *New Horizons in the Orthodox Presbyterian Church* 14, no. 3 (1993): 3-5.

_____. "Counseling and the Sovereignty of God." *Journal of Biblical Counseling* 11, no. 2 (1993): 4-9.

_____. "Editorial." *Journal of Pastoral Practice* 1, no. 1 (1977): 1-2.

_____. "Integration." *Journal of Pastoral Practice* 6, no. 1 (1982): 3-8.

_____. "The Key to the Casebook." *Journal of Pastoral Practice* 4, no. 3 (1980):

18-20.

_____. "The Key to the Christian Counselor's Casebook." *Journal of Pastoral Practice* 4, no. 4 (1980): 15-17.

_____. "The Key to the Casebook." *Journal of Pastoral Practice* 5, no. 1 (1981): 31-36.

_____. "The Key to the Casebook—'The Job Hunter.'" *Journal of Pastoral Practice* 5, no. 2 (1981): 12-14.

_____. "The Key to the Casebook." *Journal of Pastoral Practice* 5, no. 3 (1982): 42-46.

_____. "The Key to the Casebook." *Journal of Pastoral Practice* 5, no. 4 (1982): 83-86.

_____. "Key to the Casebook: Case No. 7." *Journal of Pastoral Practice* 6, no. 1 (1982): 43-44.

_____. "Key to the Casebook." *Journal of Pastoral Practice* 6, no. 2 (1983): 54-55.

_____. "Key to the Casebook." *Journal of Pastoral Practice* 6, no. 3 (1983): 59-60.

_____. "Key to the Casebook." *Journal of Pastoral Practice* 7, no. 1 (1984): 51-52.

_____. "Key to the Casebook." *Journal of Pastoral Practice* 7, no. 2 (1984): 62-63.

_____. "Key to the Casebook." *Journal of Pastoral Practice* 7, no. 3 (1984): 59-60.

_____. "Jay Adams's Response to the Congress on Christian Counseling." *Journal of Pastoral Practice* 10, no. 1 (1989): 2-4.

_____. "A Letter to the Editor." *Journal of Biblical Counseling* 22, no. 3 (2003): 66.

_____. "Looking Back." *Journal of Pastoral Practice* 9, no. 3 (1988): 3-4.

_____. "The Motivation of Rejuvenation." *Journal of Pastoral Practice* 11, no. 1 (1992): 22-26.

_____. "The Physician, The Pastor, Psychotherapy, and Counseling." *Journal of Biblical Ethics in Medicine* 3, no. 2 (1989): 21-26.

_____. "Potential for Change." *Journal of Pastoral Practice* 8, no. 2 (1986): 13-14.

_____. "Proper Use of Biblical Theology in Preaching." *Journal of Pastoral Practice* 9, no. 1 (1987): 47-49.

_____. "A Reply to the Response." *Journal of Pastoral Practice* 9, no. 1 (1987): 1-5.

_____. "What about Emotional Abuse?" *Journal of Pastoral Practice* 8, no. 3 (1986):

1-10.

_____. "Why Is Biblical Counseling So Concerned about the Labels Used to Describe People's Problems?" *Journal of Biblical Counseling* 14, no. 2 (1996): 51-53.

Adams, Jay E., and David Powlison. "The Editor's Baton." *Journal of Pastoral Practice* 11, no. 1 (1992): 1-3.

Almy, Gary L. "Psychology." *Journal of Pastoral Practice* 9, no. 4 (1989): 8-11.

Babler, John. "A Biblical Critique of the DSM-IV." *Journal of Biblical Counseling* 18, no. 1 (1999): 25-29.

Beck, James. "Review of *Psychology and Christianity: Four Views*," *Denver Journal of Biblical and Theological Studies* 4 (2001).

Bettler, John F. "Biblical Counseling: The Next Generation." *Journal of Pastoral Practice* 8, no. 4 (1987): 3-10.

_____. "CCEF: The Beginning." *Journal of Pastoral Practice* 9, no. 3 (1988): 45-51.

_____. "Counseling and the Doctrine of Sin." *Journal of Biblical Counseling* 13, no. 1 (1994): 2-4.

_____. "Counseling and the Problem of the Past." *Journal of Biblical Counseling* 12, no. 2 (1994): 5-23.

_____. "Gaining an Accurate Self-Image, Part I." *Journal of Pastoral Practice* 6, no. 4 (1983): 46-52.

_____. "Gaining an Accurate Self-Image, Part II." *Journal of Pastoral Practice* 7, no. 1 (1984): 41-50.

_____. "Gaining an Accurate Self-Image, Part III." *Journal of Pastoral Practice* 7, no. 2 (1984): 52-61.

_____. "Gaining an Accurate Self-Image, Part IV." *Journal of Pastoral Practice* 7, no. 3 (1984): 50-58.

_____. "Gaining an Accurate Self-Image, Part V." *Journal of Pastoral Practice* 7, no. 4 (1985): 46-55.

_____. "Gaining an Accurate Self-Image, Conclusion." *Journal of Pastoral Practice* 8, no. 2 (1987): 24-26.

_____. "Jesus Our Wisdom." *The Journal of Biblical Counseling* 19, no. 2 (2001): 20-23.

____. "Keep the Truth Alive." *Journal of Biblical Counseling* 15, no. 2 (1997): 2-5.

____. "Make Every Effort: Ephesians 4:1-5:2." *The Journal of Biblical Counseling* 17, no. 2 (1999): 38-41.

____. "Sometimes You Get It Right." *Journal of Biblical Counseling* 15, no. 2 (1997): 44-47.

____. "When the Problem Is Sexual Sin: A Counseling Model." *Journal of Biblical Counseling* 13, no. 3 (1995): 16-18.

Bjornstad, James. "The Deprogramming and Rehabituation of Modern Cult Members." *Journal of Pastoral Practice* 2, no. 1 (1978): 113-128.

Black, Jeffrey S. "Making Sense of the Suicide of a Christian." *Journal of Biblical Counseling* 18, no. 3 (2000): 11-20.

Boswell, Andrew. "The Counselor and Pride." *Journal of Pastoral Practice* 4, no. 1 (1980): 11-15.

Boyd, Jeffrey H. "An Insider's Effort to Blow Up Psychiatry." *Journal of Biblical Counseling* 15, no. 3 (1997): 21-31.

Brand, Henry. "How to Deal with Anger." *Journal of Biblical Counseling* 16, no. 1 (1997): 28-31.

Bryant, Timothy A. "How to Live by Truth (Not Feelings)." *Journal of Biblical Counseling* 18, no. 3 (2000): 50-53.

Carter, John. "Adams' Theory of Nouthetic Counseling." *Journal of Psychology and Theology* 3 (1975): 143-155.

____. "Nouthetic Counseling Defended: A Reply to Ganz." *Journal of Psychology and Theology* 4 (1976): 206-216.

Cole, Steven J. "How John Calvin Led Me to Repent of Christian Psychology." *Journal of Biblical Counseling* 20, no. 2 (2002): 31-39.

____. "An Integration View." In *Christianity and Psychology*. Edited by Eric L. Johnson and Stanton L. Jones, 102-129. Downers Grove, IL: InterVarsity, 2000.

Davis, Marc. "*Listening to Prozac* by Peter Kramer." *Journal of Biblical Counseling* 18, no. 3 (2000): 58-60.

Dial, Howard E. "'Sufferology': Counseling Toward Adjustment in Suffering." *Journal of Pastoral Practice* 3, no. 2 (1979): 19-24.

Emlet, Michael R. "Understanding the Influences on the Human Heart." *Journal of Biblical Counseling* 20, no. 2 (2001): 47-52.

Eyrich, Howard A. "Practice What You Preach and Counsel." *Journal of Biblical Counseling* 17, no. 3 (1999): 25-26.

_____."Some Thoughts on the Tongue and Counseling." *Journal of Pastoral Practice* 8, no. 1 (1985): 16-21.

_____. "Why Should Pastors Do the Time-Consuming Work of Counseling?" *Journal of Biblical Counseling* 14, no. 1 (1995): 65-66.

Fisher, Dick. "Anorexia—What?" *Journal of Pastoral Practice* 4, no. 4 (1980): 10-14.

Forrey, Jeffrey. "The Concept of 'Glory' as It Relates to Criticism." *Journal of Pastoral Practice* 10, no. 4 (1992): 26-49.

Ganz, Richard. "Confession of a Psychological Heretic." *Journal of Biblical Counseling* 13, no. 2 (1995): 18-22.

Gavrilides, Gregory. "Secular Psychologies and the Christian Perspective." *Journal of Pastoral Practice* 3, no. 4 (1979): 5-10.

Going, Lou. "Modem Idolatry: Understanding and Overcoming the Attraction of Your Broken Cisterns." *Journal of Biblical Counseling* 20, no. 3 (2002): 46-52.

Guinness, Os. "America's Last Men and Their Magnificent Talking Cure." *Journal of Biblical Counseling* 15, no. 2 (1997): 22-33.

Hadley, Richard K. "Electroshock: A Christian Option?" *Journal of Pastoral Practice* 4, no. 4 (1980): 18-25.

Hamill, Pete. "Crack the Box." *Journal of Biblical Counseling* 14, no. 3 (1996): 43-45.

Hindson, Ed. "Biblical View of Man (The Basis for Nouthetic Confrontation)." *Journal of Pastoral Practice* 3, no. 2 (1979): 33-58.

_____. "Nouthetic Counseling." *Journal of Pastoral Practice* 3, no. 4 (1979): 11-31.

_____. "The Use of the Scripture in Nouthetic Counseling." *Journal of Pastoral Practice* 3, no. 2 (1979): 28-39.

Hinman, Nelson E. "Healing of Memories? Inner Healing? Is There a Better Way?" *Journal of Pastoral Practice* 8, no. 4 (1987): 24-31.

Johnson, Eric L. "A Place for the Bible within Psychological Science." *Journal of*

*Psychology and Theology* 20 (1992): 346–355.

Jones, Robert D. "Anger against God." *Journal of Biblical Counseling* 14, no. 3 (1996): 21–23.

_____. "'Just Can't Forgive Myself.'" *Journal of Pastoral Practice* 10, no. 4 (1992): 3–9.

_____. "Getting to the Heart of Your Worry." *Journal of Biblical Counseling* 17, no. 3 (1999): 21–24.

_____. "Resolving Conflict Christ's Way." *Journal of Biblical Counseling* 19, no. 1 (2000): 13–17.

_____. "*When People Are Big and God Is Small* by Edward T. Welch." *Journal of Biblical Counseling* 16, no. 1 (1997): 56–57.

Lane, Timothy. "Normal Sunday Mornings and 24/7." *Journal of Biblical Counseling* 21, no. 2 (2003): 7–17.

Lutz, Susan. "Love One Another as I Have Loved You." *Journal of Biblical Counseling* 21, no. 3 (2003): 8–23.

MacArthur, John. "Biblical Counseling and Our Sufficiency in Christ." *Journal of Biblical Counseling* 11, no. 2 (1993): 10–15.

Mack, Wayne A. "Biblical Help for Solving Interpersonal Conflicts." *Journal of Pastoral Practice* 2, no. 1 (1978): 42–53.

_____. "Biblical Help for Overcoming Despondency, Depression." *Journal of Pastoral Practice* 2, no. 2 (1978): 31–48.

_____. "Some Suggestions for Preventing Homosexuality." *Journal of Pastoral Practice* 3, no. 3 (1979): 42–55.

Masri, Addam, Andy Smith, James Schaller, and Bob Smith. "Christian Doctors on Depression." *Journal of Biblical Counseling* 18, no. 3 (2000): 35–43.

Medinger, Alan P. "How Can Accountability Relationships Be Used to Encourage a Person in Biblical Change?" *Journal of Biblical Counseling* 13, no. 3 (1995): 54–55.

Megilligan, Keith. "The Ministry of Rebuking." *Journal of Pastoral Practice* 5, no. 2 (1981): 22–28.

Menand, Louis. "The Gods Are Anxious." *Journal of Biblical Counseling* 16, no. 2

(1998): 42–44.

Newheiser, Jim. "The Tenderness Trap." *Journal of Biblical Counseling* 13, no. 3 (1995): 44–47.

Nicole, Roger R. "Polemic Theology, or How to Deal with Those Who Differ from Us." *Journal of Biblical Counseling* 19, no. 1 (2000): 5–12.

Oakland, James A. "An Analysis and Critique of Jay Adams's Theory of Counseling." *Journal of the American Scientific Affiliation* (September 28, 1976): 101–109.

Patten, Randy. "A Tribute to Pastor William Goode." *Journal of Biblical Counseling* 16, no. 1 (1997): 7–8.

Piper, John. "Counseling with Suffering People." *Journal of Biblical Counseling* 21, no. 2 (2003): 18–27.

_____. "God's Glory Is the Goal of Biblical Counseling." *Journal of Biblical Counseling* 20, no. 2 (2002): 8–21.

Plumlee, Gary G. "Adlerian Theory and Pastoral Counseling." *Journal of Pastoral Practice* 3, no. 4 (1979): 32–36.

Poirier, Alfred J. "Taking Up the Challenge." *Journal of Biblical Counseling* 18, no. 1 (1999): 30–37.

Powlison, David. "*I and II Corinthians* by Jay E. Adams." *Journal of Biblical Counseling* 13, no. 2 (1995): 62–63.

_____. "Affirmations and Denials: A Proposed Definition of Biblical Counseling." *Journal of Biblical Counseling* 19, no. 1 (2000): 18–25.

_____. "The Ambiguously Cured Soul." *Journal of Biblical Counseling* 19, no. 3 (2001): 2–7.

_____. "Anger Part 2: Lies about Anger and the Transforming Truth." *Journal of Biblical Counseling* 14, no. 2 (1996): 12–21.

_____. "Answers to the Human Condition: Why I Chose Seminary for Training in Counseling." *Journal of Biblical Counseling* 20, no. 1 (2001): 46–54.

_____. "Biblical Counseling in Korea: An Interview with Kyu Whang and Ed Welch." *Journal of Biblical Counseling* 17, no. 3 (1999): 30–34.

_____. "Biblical Ministry in a Rescue Mission: Interview with Bob Emberger." *Journal of Biblical Counseling* 17, no. 1 (1998): 15–22.

_____. "Biological Psychiatry." *Journal of Biblical Counseling* 17, no. 3 (1999): 2-8.

_____. "Can Philosophical Counseling Cure Psychotherapy of Its Medical Pretensions? A Review of Books on Philosophical Counseling." *Journal of Biblical Counseling* 17, no. 3 (1999): 57-59.

_____. "Contemporary Confessions." *Journal of Biblical Counseling* 17, no. 1 (1998): 2-6.

_____. "Counsel Ephesians." *Journal of Biblical Counseling* 17, no. 2 (1999): 2-11.

_____. "Counsel the Word." *Journal of Biblical Counseling* 11, no. 2 (1993): 2-3.

_____. "Counseling Is the Church." *Journal of Biblical Counseling* 20, no. 2 (2002): 2-7.

_____. "Counseling Ministry Within Wider Ministry: Interview with John Babler and David Powlison." *Journal of Biblical Counseling* 18, no. 1 (1999): 17-24.

_____. "Counseling under the Influence (Of the X-Chromosome!)" *Journal of Biblical Counseling* 21, no. 3 (2003): 2-7.

_____. "Critiquing Modem Integrationists." *Journal of Biblical Counseling* 11, no. 3 (1993): 24-34.

_____. "Crucial Issues in Contemporary Biblical Counseling." *Journal of Pastoral Practice* 9, no. 3 (1988): 53-78.

_____. "Do You Have Any Idea?" *Journal of Biblical Counseling* 14, no. 1 (1995): 2-5.

_____. "Do You See?" *Journal of Biblical Counseling* 11, no. 3 (1993): 3-4.

_____. "Do You Ever Refer to Psychologists or Psychiatrists?" *Journal of Biblical Counseling* 13, no. 2 (1995): 64-65.

_____. "Does the Shoe Fit?" *Journal of Biblical Counseling* 20, no.3 (2002): 2-15.

_____. "Don't Worry." *Journal of Biblical Counseling* 21, no. 2 (2003): 54-65.

_____. "Educating, Licensing, and Overseeing Counselors." *Journal of Biblical Counseling* 25, no. 1 (2007): 29-36.

_____. "Exegete the Bible; Exegete the Person: An Interview with John Street." *Journal of Biblical Counseling* 16, no. 2 (1998): 7-13.

_____. "The Fear of Christ Is the Beginning of Wisdom: Ephesians 5:21-6:9." *Journal of Biblical Counseling* 17, no. 2 (1999): 49-50.

_____. "Getting to the Heart of Conflict: Anger Part 3." *Journal of Biblical Counseling* 16, no. 1 (1997): 32-42.

_____. "*Hebrews, James, I and II Timothy, Jude* by Jay E. Adams." *Journal of Biblical Counseling* 15, no. 1 (1996): 62-64.

_____. "Hope for a 'Hopeless Case': A Case Study." *Journal of Biblical Counseling* 18, no. 2 (2000): 32-39.

_____. "How Do You Help a 'Psychologized' Counselee?" *Journal of Biblical Counseling* 15, no. 1 (1996): 2-7.

_____. "How Healthy Is Your Preparation?" *Journal of Biblical Counseling* 14, no. 3 (1996): 2-5.

_____. "How to Hear the Gospel." *Journal of Biblical Counseling* 11, no. 2 (1993): 29-30.

_____. "Human Defensiveness: The Third Way." *Journal of Pastoral Practice* 8, no. 1 (1985): 40-55.

_____. "Idols of the Heart and 'Vanity Fair.'" *Journal of Biblical Counseling* 13, no. 2 (1995): 35-50.

_____. "Illustrative Counseling." *Journal of Biblical Counseling* 16, no. 2 (1998): 49-53.

_____. "Incarnational Ministry: An Interview with Elizabeth Hernandez." *Journal of Biblical Counseling* 16, no. 1 (1997): 20-24.

_____. "Intimacy with God." *Journal of Biblical Counseling* 16, no. 2 (1998): 2-6.

_____. "Is the Adonis Complex in Your Bible?" *Journal of Biblical Counseling* 22, no. 2 (2004): 42-58.

_____. "The Law Written on Your Heart." *Journal of Biblical Counseling* 12, no. 2 (1994): 32.

_____. "Let Me Draw a Picture: Picturing the Heart of Conflict." *Journal of Biblical Counseling* 16, no. 1 (1997): 43-45.

_____. "Let's Talk!" *Journal of Biblical Counseling* 14, no. 2 (1996): 2-5.

_____. "Love Speaks Many Languages Fluently." *Journal of Biblical Counseling* 21, no. 1 (2002): 2-11.

_____. "Make 'Good News for the Sick' Good News for You." *Journal of Biblical*

Counseling 11, no. 3 (1993): 41–42.

_____. "Ministry in Mainland China." *Journal of Biblical Counseling* 19, no. 3 (2001): 31–35.

_____. "Modern Therapies and the Church's Faith." *Journal of Biblical Counseling* 15, no. 1 (1996): 32–41.

_____. "*Morning and Evening* by Charles Spurgeon and *The Christian Life* by Sinclair Ferguson." *Journal of Biblical Counseling* 17, no. 1 (1998): 57.

_____. "A Nigerian Pastor Talks about Counseling." *Journal of Biblical Counseling* 19, no. 1 (2000): 33–39.

_____. "A Nouthetic Philosophy of Ministry." *Journal of Biblical Counseling* 20, no. 3 (2002): 26–37.

_____. "On a Personal Note." *Journal of Biblical Counseling* 19, no. 2 (2001): 2–3.

_____. "'Peace, Be Still': Learning Psalm 131 by Heart." *Journal of Biblical Counseling* 18, no. 3 (2000): 2–10.

_____. "Predator, Prey and Protector: Helping Victims Think and Act from Psalm 10." *Journal of Biblical Counseling* 16, no. 3 (1998): 27–37.

_____. "Ready to Speak, with Gentleness and Fear." *Journal of Biblical Counseling* 13, no. 2 (1995): 2–8.

_____. "The River of Life Flows Through the Slough of Despond." *Journal of Biblical Counseling* 18, no. 2 (2000): 2–4.

_____. "The Sufficiency of Scripture to Diagnose and Cure Souls." *Journal of Biblical Counseling* 23, no. 2 (2005): 2–14.

_____. "Talk Incessantly? Listen Intently!" *Journal of Biblical Counseling* 15, no. 3 (1997): 2–4.

_____. "To Take the Soul to Task." *Journal of Biblical Counseling* 12, no. 3 (1994): 2–3.

_____. "Troubling the Waters—and Spreading Oil on the Waves." *Journal of Biblical Counseling* 19, no. 1 (2000): 2–4.

_____. "'Unconditional Love'?" *Journal of Biblical Counseling* 12, no. 3 (1994): 45–48.

_____. "Understanding Anger." *Journal of Biblical Counseling* 14, no. 1 (1995):

40-53.

_____. "What Do You Feel?" *Journal of Pastoral Practice* 10, no. 4 (1992): 50-61.

_____. "What If Your Father Didn't Love You?" *Journal of Biblical Counseling* 12, no. 1 (1993): 2-7.

_____. "What Is the Place of the Gospel and God's Grace in Biblical Counseling?" *Journal of Biblical Counseling* 13, no. 1 (1994): 53-54.

_____. "Who Is God?" *Journal of Biblical Counseling* 17, no. 2 (1999): 12-23.

_____. "X-ray Questions: Drawing Out the Whys and Wherefores of Human Behavior." *Journal of Biblical Counseling* 18, no. 1 (1999): 2-9.

_____. "Your Looks: What the Voices Say and the Images Portray." *Journal of Biblical Counseling* 15, no. 2 (1997): 39-43.

_____. "What Is 'Ministry of the Word'?" *Journal of Biblical Counseling* 21, no. 2 (2003): 2-6.

Powlison, David, Jay E. Adams, and John F. Bettler. "25 Years of Biblical Counseling: An Interview with Jay Adams and John Bettler." *Journal of Biblical Counseling* 12, no. 1 (1993): 8-13.

Powlison, David, and Ernst Gassmann. "A European Looks at Christian Counseling in America: An Interview with Ernst Gassmann." *Journal of Biblical Counseling* 15, no. 1 (1996): 21-25.

Propri, Joseph. "Hypnosis." *Journal of Pastoral Practice* 5, no. 4 (1982): 25-34.

Roberts, Robert. "Psychology and the Life of the Spirit." *Journal of Biblical Counseling* 15, no. 1 (1996): 26-31.

Rosenberger, Glen. "Alcoholism and You." *Journal of Pastoral Practice* 4, no. 4 (1980): 28-29.

Ryan, Skip. "How Jesus Transforms the Church." *Journal of Biblical Counseling* 17, no. 2 (1999): 61-64.

_____. "Bond Slave—Romans 1:1-16." *Journal of Biblical Counseling* 19, no. 3 (2001): 40-46.

Sande, C. Ken. "Reconciliation through Confessing Your Sins." *Journal of Pastoral Practice* 11, no. 1 (1992): 61-62.

Scipione, George C. "Eeny, Meeny, Miny, Moe: Is Biblical Counseling It or No?"

*Journal of Pastoral Practice* 9, no. 4 (1989): 44-57.

_____. "The Limits of Confidentiality in Counseling." *Journal of Pastoral Practice* 7, no. 2 (1984): 29-34.

Schwab, George M. "The Book of Daniel and Godly Counsel: Part 2." *Journal of Biblical Counseling* 15, no. 1 (1996): 52-61.

_____. "The Book of Daniel and the Godly Counselor." *Journal of Biblical Counseling* 14, no. 2 (1996): 32-40.

_____. "The Book of Job and Counsel in the Whirlwind." *Journal of Biblical Counseling* 17, no. 1 (1998): 31-42.

_____. "Critique of 'Habituation' as a Biblical Model of Change." *Journal of Biblical Counseling* 21, no. 2 (2003): 67-83.

_____. "Ecclesiastes and Counsel under the Sun." *Journal of Biblical Counseling* 15, no. 2 (1997): 7-16.

_____. "The Proverbs and the Art of Persuasion." *Journal of Biblical Counseling* 14, no. 1 (1995): 6-17.

Shogren, Gary Steven. "Recovering God in the Age of Therapy." *Journal of Biblical Counseling* 12, no. 1 (1993): 14-19.

Scott, Stuart. "Pursue the Servant's Mindset." *Journal of Biblical Counseling* 17, no. 3 (1999): 9-15.

Smith, Bill. "Authors and Arguments in Biblical Counseling: A Review and Analysis." *Journal of Biblical Counseling* 15, no. 1 (1996): 9-20.

Smith, Robert D. "Alzheimer's Disease." *Journal of Pastoral Practice* 6, no. 1 (1982): 45-56.

_____. "Fearfully and Wonderfully Made." *Journal of Pastoral Practice* 8, no. 2 (1986): 2-12.

_____. "God's Word and Your Health." *Journal of Pastoral Practice* 8, no. 3 (1986): 11-27.

_____. "Illness and a Life View." *Journal of Pastoral Practice* 1, no. 1 (1977): 80-84.

_____. "It's Not What You Eat, It's What Eats You." *Journal of Pastoral Practice* 8, no. 1 (1985): 1-10.

_____. "Lithium and the Biblical Counselor." *Journal of Pastoral Practice* 10, no. 1

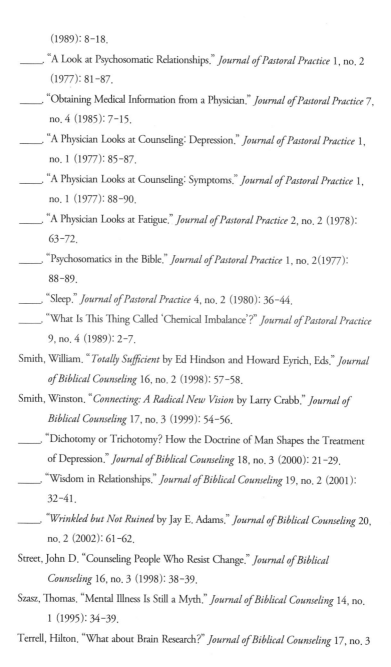

(1989): 8-18.

_____. "A Look at Psychosomatic Relationships." *Journal of Pastoral Practice* 1, no. 2 (1977): 81-87.

_____. "Obtaining Medical Information from a Physician." *Journal of Pastoral Practice* 7, no. 4 (1985): 7-15.

_____. "A Physician Looks at Counseling: Depression." *Journal of Pastoral Practice* 1, no. 1 (1977): 85-87.

_____. "A Physician Looks at Counseling: Symptoms." *Journal of Pastoral Practice* 1, no. 1 (1977): 88-90.

_____. "A Physician Looks at Fatigue." *Journal of Pastoral Practice* 2, no. 2 (1978): 63-72.

_____. "Psychosomatics in the Bible." *Journal of Pastoral Practice* 1, no. 2(1977): 88-89.

_____. "Sleep." *Journal of Pastoral Practice* 4, no. 2 (1980): 36-44.

_____. "What Is This Thing Called 'Chemical Imbalance'?" *Journal of Pastoral Practice* 9, no. 4 (1989): 2-7.

Smith, William. "*Totally Sufficient* by Ed Hindson and Howard Eyrich, Eds." *Journal of Biblical Counseling* 16, no. 2 (1998): 57-58.

Smith, Winston. "*Connecting: A Radical New Vision* by Larry Crabb." *Journal of Biblical Counseling* 17, no. 3 (1999): 54-56.

_____. "Dichotomy or Trichotomy? How the Doctrine of Man Shapes the Treatment of Depression." *Journal of Biblical Counseling* 18, no. 3 (2000): 21-29.

_____. "Wisdom in Relationships." *Journal of Biblical Counseling* 19, no. 2 (2001): 32-41.

_____. "*Wrinkled but Not Ruined* by Jay E. Adams." *Journal of Biblical Counseling* 20, no. 2 (2002): 61-62.

Street, John D. "Counseling People Who Resist Change." *Journal of Biblical Counseling* 16, no. 3 (1998): 38-39.

Szasz, Thomas. "Mental Illness Is Still a Myth." *Journal of Biblical Counseling* 14, no. 1 (1995): 34-39.

Terrell, Hilton. "What about Brain Research?" *Journal of Biblical Counseling* 17, no. 3

(1999): 60-61.

Tripp, Paul D. "A Community of Good Counselors: The Fruit of Good Preaching." *Journal of Biblical Counseling* 21, no. 2 (2003): 45-53.

_____. "Data Gathering Part 2: What the Counselor Brings to the Process." *Journal of Biblical Counseling* 14, no. 3 (1996): 8-14.

_____. "The Great Commission: A Paradigm for Ministry in the Local Church." *Journal of Biblical Counseling* 16, no. 3 (1998): 2-4.

_____. "Grumbling: A Look at a 'Little' Sin." *Journal of Biblical Counseling* 18, no. 2 (2000): 47-52.

_____. "Homework and Biblical Counseling." *Journal of Biblical Counseling* 11, no. 2 (1993): 21-25.

_____. "Homework and Biblical Counseling." *Journal of Biblical Counseling* 11, no. 3 (1993): 5-18.

_____. "Keeping Destiny in View: Helping Counselees View Life from the Perspective of Psalm 73." *Journal of Biblical Counseling* 13, no. 1 (1994): 13-24.

_____. "The Present Glories of Redemption." *Journal of Biblical Counseling* 17, no. 2 (1999): 32-37.

_____. "Opening Blind Eyes: Another Look at Data Gathering." *Journal of Biblical Counseling* 14, no. 2 (1996): 6-11.

_____. "Speaking Redemptively." *Journal of Biblical Counseling* 16, no. 3 (1998): 10-18.

_____. "Strategies for Opening Blind Eyes: Data Gathering Part 3." *Journal of Biblical Counseling* 15, no. 1 (1996): 42-51.

_____. "Take Up Your Weapons: Ephesians 6:10-20." *Journal of Biblical Counseling* 17, no. 2 (1999): 58-60.

_____. "Wisdom in Counseling." *ournal of Biblical Counseling* 19, no. 2 (2001): 4-13.

Tripp, Paul, and David Powlison. "How Should You Counsel a Case of Domestic Violence? Helping the Perpetrator." *Journal of Biblical Counseling* 15, no. 2 (1997): 53-55.

Vander Veer, Joseph R. "Antipsychotic Drugs." *Journal of Pastoral Practice* 3, no. 4 (1979): 65-70.

_____. "Pastoral Psychopharmacology." *Journal of Pastoral Practice* 3, no. 2 (1979): 65-73.

Vernick, Leslie. "Getting to the Heart of the Matter in Marriage Counseling." *Journal of Biblical Counseling* 12, no. 3 (1994): 31-35.

Viars, Steve. "The Discipleship River." *Journal of Biblical Counseling* 20, no. 3 (2002): 58-60.

Wisdom, Christopher H. "Alcoholics Autonomous—A Biblical Critique of AA's View of God, Man, Sin, and Hope." *Journal of Pastoral Practice* 8, no. 2 (1986): 39-55.

Welch, Edward T. "Addictions: New Ways of Seeing, New Ways of Walking Free." *Journal of Biblical Counseling* 19, no. 3 (2001): 19-30.

_____. "*The Bible and Homosexual Practice* by Robert Gagnon." *Journal of Biblical Counseling* 20, no. 3 (2002): 61-68.

_____. "The Bondage of Sin." *Journal of Biblical Counseling* 17, no. 2 (1999): 24-31.

_____. "Counseling Those Who Are Depressed." *Journal of Biblical Counseling* 18, no. 2 (2000): 5-39.

_____. "A Discussion among Clergy: Pastoral Counseling Talks with Secular Psychology." *Journal of Biblical Counseling* 13, no. 2 (1995): 23-34.

_____. "Exalting Pain? Ignoring Pain? What Do We Do with Suffering?" *Journal of Biblical Counseling* 12, no. 3 (1994): 4-19.

_____. "Four Books on Homosexuality." *Journal of Biblical Counseling* 15, no. 2 (1997): 48-50.

_____. "Homosexuality: Current Thinking and Biblical Guidelines." *Journal of Pastoral Practice* 13, no. 3 (1995): 19-29.

_____. "How Should a Christian Counselor Think about Hypnotism?" *Journal of Biblical Counseling* 21, no. 1 (2002): 78-79.

_____. "How Should You Counsel a Case of Domestic Violence? Helping the Victim." *Journal of Biblical Counseling* 15, no. 2 (1997): 51-53.

_____. "How Theology Shapes Ministry: Jay Adams's View of the Flesh and an Alternative." *Journal of Biblical Counseling* 20, no. 3 (2002): 16-25.

_____. "'How Valid or Useful Are Psychiatric Labels for Depression?'" *Journal of*

*Biblical Counseling* 18, no. 2 (2000): 54–56.

_____. "Insight into Multiple Personality Disorder." *Journal of Biblical Counseling* 14, no. 1 (1995): 18–28.

_____. "Is Biblical-Nouthetic Counseling Legalistic? A Reexamination of a Biblical Theme." *Journal of Pastoral Practice* 11, no. 1 (1992): 4–21.

_____. "Learning the Fear of the Lord: A Case Study." *Journal of Biblical Counseling* 16, no. 1 (1997): 25–27.

_____. "A Letter to an Alcoholic." *Journal of Biblical Counseling* 16, no. 3 (1998): 19–26.

_____. "Live as Children of Light: Ephesians 5:3–20." *Journal of Biblical Counseling* 17, no. 2 (1999): 42–48.

_____. "Medical Treatments for Depressive Symptoms." *Journal of Biblical Counseling* 18, no. 3 (2000): 44–49.

_____. "Memories Lost and Found: A Review of Books on Repressed Memories." *Journal of Biblical Counseling* 17, no. 1 (1998): 53–56.

_____. "*Of Two Minds: The Growing Disorder in American Psychiatry* by T. M. Luhrmann." *Journal of Biblical Counseling* 19, no. 3 (2001): 55.

_____. "*Prozac Backlash: Overcoming the Dangers of Prozac, Zoloft, Paxil, and Other Antidepressants with Safe, Effective Alternatives* by Joseph Glenmullen." *Journal of Biblical Counseling* 19, no. 1 (2000): 56–58.

_____. "Research into the Placebo Effect." *Journal of Biblical Counseling* 21, no. 1 (2002): 76–77.

_____. "Self-Control: The Battle Against 'One More.'" *Journal of Biblical Counseling* 19, no. 2 (2001): 24–31.

_____. "Sin or Sickness? Biblical Counseling and the Medical Model." *Journal of Pastoral Practice* 10, no. 2 (1990): 28–39.

_____. "What You Should Know about Attention Deficit Disorder." *Journal of Biblical Counseling* 14, no. 2 (1996): 26–31.

_____. "Who Are We? Needs, Longings, and the Image of God in Man." *Journal of Biblical Counseling* 13, no. 1 (1994): 25–38.

_____. "Why Ask, 'Why?'—Four Types of Causes in Counseling." *Journal of Pastoral*

*Practice* 10, no. 3 (1991): 40-47.

_____. "What Is Biblical Counseling, Anyway?" *Journal of Biblical Counseling* 16, no. 1 (1997): 2-6.

_____. "Words of Hope for Those Who Struggle with Depression." *Journal of Biblical Counseling* 18, no. 2 (2000): 40-46.

Wendling, Woodrow W. "Pharmacology for Pastoral Counselors—Part I." *Journal of Pastoral Practice* 10, no. 1 (1989): 19-24.

_____. "Pharmacology for Pastoral Counselors—Part II." *Journal of Pastoral Practice* 10, no. 2 (1990): 19-27.

_____. "Pharmacology for Pastoral Counselors—Part III." *Journal of Pastoral Practice* 10, no. 3 (1991): 22-36.

Wood, William E. "When Is It 'Too Late' to Change?" *Journal of Pastoral Practice* 9, no. 1 (1987): 39-46.

국제제자훈련원은 건강한 교회를 꿈꾸는 목회의 동반자로서 제자 삼는 사역을 중심으로 성경적 목회 모델을 제시함으로 세계 교회를 섬기는 전문 사역 기관입니다.

# 성경적 상담의 핵심 개념

**초판 1쇄 발행** 2015년 4월 15일
**초판 3쇄 발행** 2022년 9월 15일

**지은이** 히스 램버트
**옮긴이** 김준

**펴낸이** 오정현
**펴낸곳** 국제제자훈련원
**등록번호** 제2013-000170호(2013년 9월 25일)
**주소** 서울시 서초구 효령로68길 98(서초동)
**전화** 02)3489-4300 **팩스** 02)3489-4329
**이메일** dmipress@sarang.org

ISBN 978-89-5731-690-0 03230